安藤高行
Ando Takayuki

憲法と自治体争訟

法律文化社

はしがき

　佐賀大学，九州大学を経て，九州国際大学に勤務し，2012年に40年余の大学教員生活を終えた頃，私は君が代訴訟や政教分離訴訟等の精神的自由権，あるいはいわゆる法人の人権などの人権総論の分野を主な研究対象としていた。そして退職後も少しずつでもそうした研究を継続したいと思って，判例集や法学専門誌に目を通し続けてきた。そうした関心は現在でも変わらないが，本文中にも書いているように，法学部の憲法講義の担当者という肩書きがはずれてしまうと，それ以外の分野にも自然と関心が拡がり，退職後は憲法学プロパーの論文以外にも幾つかの論文を書いた。それらは我が国の研究分野の分類でいえば，行政法や労働法に関するものであるが，本書は私の退職前後の論文のうち，上述の精神的自由権や人権総論についての論文3編と行政法に関する論文3編を選んで一書にしたものである。

　まとめてみると精神的自由権や人権総論に関する論文も憲法学的テーマについて自治体が争訟の当事者となった事例を扱ったものであり，また行政法に関する論文でもプライバシー，表現の自由，思想・良心の自由などの憲法学的テーマや国家賠償，公務員の身分保障，地方自治組織などの憲法に関わるテーマをめぐる自治体と公務員や住民との争訟が主たる検討対象となっているため，本書の表題を『憲法と自治体争訟』とすることにした。ただ第6章の「『法人の人権』に関する一考察」のみは自治体と関わりのないものであるが，それまでの5章は上述のように自治体が関わる争訟の憲法学的，行政法学的な研究であるとともに，副次的には，そうした争訟の判決を通して窺われる裁判官の判断・思考方法の現状や問題点の分析検討でもあり，その点では第6章も同様なので，合わせて本書に収めることにした。

　なお6つの論文は発表時とは題名を若干変更したり，新たにサブタイトルを付したり，また紙幅を考慮して内容を部分的に手直し・短縮したりしている場合もあるが，当然基本的には発表時の論旨をそのまま維持している。発表時の原題名と初出誌は以下のとおりであるが，本書への収録を了承していただいた関係機関に感謝したい。

はしがき

第1章　最近の最高裁の君が代訴訟判決の検討
九州国際大学法学会刊『法学論集』（以下単に『法学論集』）19巻3号　2013年3月
第2章　政教分離原則に関する最高裁の2つの判決
『法学論集』17巻3号　2011年3月
第3章　行政委員の報酬制度について
『法学論集』19巻1・2合併号　2012年12月
第4章　判例にみる公務員・教員の飲酒運転と懲戒免職処分
『判例地方自治』373号～381号（2013年11月号～2014年6月号）
　この論文は初出誌の読者の便宜のため，判例登載誌を本文中に表記しているが，本書でもそのスタイルはそのままにしてある。
第5章　国家賠償事件等最近判例五題
『法学論集』20巻1・2合併号　2013年12月
第6章　「法人の人権」に関する一考察（上）
『法学論集』18巻1・2合併号　2011年12月
　なお，（下）に相当する後半部分—第6章の「Ⅲ　強制加入団体（公益法人）をめぐる事件」—は本書のための書き下ろしである。

　いわゆる後期高齢者に近づきつつある私にとって本書はおそらく最後の著書となるであろうが，ここに収めた6つの論文を書くに当たっての私の基本姿勢は，これまでと同様，ステレオタイプに陥らず，かといって，奇を衒わずに，ということである。そうした趣旨が実際に本書に僅かなりとも出ていれば，あるいはそうした趣旨を本書を繙いて下さる方に少しでも汲み取っていただければ，私としては望外の幸せである。
　3つの大学における長い研究教育の期間中にはときにはいささか前途に不安を抱くことや才能の乏しさに気が萎えることもあったが，学内外の多くの方々のお世話とご好意で今日まで私なりに力を振り絞って学界の中で生活することができた。一々お名前は挙げないが，これまで支えて下さったそうした方々と家族に心から感謝したい。
　なお本書で扱っている判例の収集については，熊本大学大学院法曹養成研究

科の德永達哉准教授，名城大学大学院法務研究科の河北洋介准教授及び九州国際大学職員の赤司南さんに随分とお世話になった。加えて赤司さんには私の手書きの原稿をパソコンで整理するという面倒な仕事まで引き受けていただいた。こうした若い友人の好意と援助がなかったならば，本書が世に出ることはなかったであろう。

　最後に私の二番目の著書である『一七世紀イギリス憲法思想史』以来一貫して私の著書の発行を担当し，世話して下さった法律文化社の秋山泰氏に深甚なる謝意を表するとともに，本書の細かい編集作業を担当して下さった同社の梶原有美子さんに感謝したい。

　　　2014年9月15日

安藤　高行

目　次

はしがき

第1章　君が代訴訟平成23～24年最高裁判決 ……………… 1
　　　　──起立・君が代斉唱の職務命令と懲戒処分

　はじめに　1
　Ⅰ　ピアノ伴奏事件判決とその先例　2
　Ⅱ　平成23年の判決　11
　Ⅲ　平成24年の判決　23
　Ⅳ　君が代訴訟の視角　31

第2章　政教分離原則と住民訴訟最高裁判決 ……………… 37
　　　　──砂川政教分離訴訟と白山比咩神社大祭奉賛会事件

　はじめに　37
　Ⅰ　砂川訴訟　37
　Ⅱ　大祭奉賛会事件　55

第3章　自治体行政委員の報酬制度についての法と判例 …… 69
　　　　──行政委員の月額報酬制度の適法性

　はじめに　69
　Ⅰ　行政委員の報酬に関する規定の変遷と支出差止めの訴え　70
　Ⅱ　1審判決　82
　Ⅲ　2審判決　91
　Ⅳ　下級審関連判決　109
　Ⅴ　最高裁判決　118
　むすび　125

目　次

第4章　判例にみる自治体公務員・教員の飲酒運転と懲戒免職処分 …………………… 131
　　　　――懲戒免職処分と退職金不支給処分の適法性

　はじめに　*131*
　Ⅰ　懲戒処分の意義と懲戒処分に対する裁判所の審査方法　*134*
　Ⅱ　平成17年迄の公務員の飲酒運転と懲戒免職処分に関する判例　*140*
　Ⅲ　平成18年以降の公務員・教員の飲酒運転と懲戒免職処分に関する判例　*146*
　Ⅳ　懲戒免職処分と退職金　*177*
　おわりに　*183*

第5章　判例にみる自治体の国家賠償責任 ……………………………………………… 189
　　　　――情報公開と戸別訪問調査に係る賠償責任

　はじめに　*189*
　Ⅰ　大洲市情報公開事件　*191*
　Ⅱ　渋谷区情報公開事件　*206*
　Ⅲ　関ヶ原町署名者戸別訪問調査事件　*215*

第6章　「法人の人権」に関する一考察 …………………………………………………… 227
　　　　――法人の目的外行為をめぐる紛争を対象に

　はじめに　*227*
　Ⅰ　八幡製鉄政治献金事件　*231*
　Ⅱ　国労広島地本事件　*250*
　Ⅲ　強制加入団体（公益法人）をめぐる事件　*263*

第1章
君が代訴訟平成23年～24年最高裁判決
――起立・君が代斉唱の職務命令と懲戒処分

はじめに

　よく知られているようにここ20数年来，校舎落成式，入学式，卒業式等の学校行事の際に日の丸を掲揚することや，式場に掲揚された日の丸に向って起立し，君が代を斉唱すること（以下「起立斉唱行為」という），あるいは君が代斉唱の際にピアノ伴奏をすること（以下「ピアノ伴奏」という）をめぐる教職員と当局の紛争が頻発している。当初はそれは教職員による日の丸の掲揚の妨害や生徒・保護者らへの印刷物の配布，呼掛け等による起立斉唱行為への非協力の要請，式場からの退席といった，日の丸の掲揚や起立斉唱行為そのものの阻止ないし不完全実施を目指した行動をめぐるものが多かったが，最近はそうした比較的ストレートで積極的な反対行動よりも，式には参加しつつ，起立斉唱行為や求められたピアノ伴奏はしないという消極的な形によって，教職員が自己のそうした日の丸の掲揚や起立斉唱行為，ひいては日の丸や君が代それ自体に対する反対・否定的評価の意思を表すことをめぐる例が圧倒的である。
　つまり教職員がこうした起立斉唱行為やピアノ伴奏を拒否したため職務命令違反として受けた懲戒処分や不利益取扱いについて，憲法19条違反等を理由に取消しや国家賠償を求める（場合によっては起立斉唱行為やピアノ伴奏の義務のないことの確認や懲戒処分の事前差止めを求める）訴訟（以下「君が代訴訟」と総称する）が圧倒的に目につくようになったのである。直接的な実施反対運動が放棄されたわけではないにせよ，学校行事において否応なしに日の丸の掲揚や起立斉唱行為が定着するなかで，それらに対する反対の意思表示や争いの仕方も変化してきているわけである。
　このような起立斉唱行為やピアノ伴奏を拒否した教職員に対する懲戒処分や不利益取扱いをめぐる紛争の多くは，これもよく知られているように東京都で

発生しているが、そうした君が代訴訟について最初に最高裁の判断が示されたのが、平成19年のピアノ伴奏事件判決であった。このピアノ伴奏の職務命令を合憲とした判決はその後の下級審における君が代訴訟においても直接、間接に大きな影響を及ぼしてきたが、さらに平成23年には新たに起立斉唱行為を命じる職務命令の合憲性に関する最高裁各小法廷の判断が相次いで示されるに至った。

そしてさらに平成24年にはそれまでの主として起立斉唱行為やピアノ伴奏を命じる職務命令の合憲性を論じた判決に対し、職務命令の合憲性を認めつつ、それとは別に懲戒処分の適法性に重点を置いて論じる最高裁判決がみられるようになった。

筆者はピアノ伴奏事件判決や近接したその前後の君が代訴訟下級審判決についてはかつて拙著『人権判例の新展開』の第4章「思想・良心の自由関係判例—君が代訴訟—」でかな詳しく扱ったことがあるが、本稿ではこうした平成23年から24年にかけて言い渡された最高裁の新たな君が代訴訟判決を検討することによって、改めて学校行事における教職員の起立斉唱行為やピアノ伴奏に係る問題についての筆者の考えを明らかにすることにしたい。

行論の順序としては最初にピアノ伴奏事件判決をその先例とされる謝罪広告請求事件判決等にもふれながら説明し、次いで平成23年から24年にかけての最高裁の新しい君が代訴訟判決を紹介、検討し、最後に筆者のそうした最高裁判決の動向や内容についての感想といささかの疑問及び試論を述べることにする。

I ピアノ伴奏事件判決とその先例

ピアノ伴奏事件は東京都の日野市立A小学校の音楽専科の教諭であった原告（以下「X」という）が、入学式のプログラムの1つとされた君が代斉唱の際にピアノ伴奏をするように校長から職務命令を受けたにもかかわらずそれに従わなかったところ、地方公務員法32条及び33条に違反するとして、同法29条1項1号ないし3号に基づき戒告処分を受けたことにつき、職務命令は思想及び良心の自由を保障する憲法19条に違反し、したがって戒告処分は違法であるなどとして、その取消しを訴えた事件である。

1，2審ともXの請求を棄却し，最高裁（第三小法廷）も原判決を支持して上告を退けているが，ただその判旨の理解は必ずしも容易ではない。

　最高裁は，Xは君が代が過去の日本のアジア侵略と結び付いており，これを公然と歌ったり，伴奏したりすることはできない，また，子どもに君が代がアジア侵略で果たしてきた役割等の正確な歴史的事実を教えず，子どもの思想及び良心の自由を実質的に保障する措置を執らないまま君が代を歌わせるという人権侵害に加担することはできないなどの思想及び良心を有するから，職務命令はこうした思想及び良心の自由を保障した憲法19条に違反するという主張を，3つの理由を挙げて否定しているが，その理解が簡単ではないのである。

　そのうち比較的分かり易いのは2番目の理由で，最高裁はここで，「本件職務命令当時，公立小学校における入学式や卒業式において，国歌斉唱として『君が代』が斉唱されることが広く行われていたことは周知の事実であり，客観的に見て，入学式の国歌斉唱の際に『君が代』のピアノ伴奏をするという行為自体は，音楽専科の教諭等にとって通常想定され期待されるものであって，上記伴奏を行う教諭等が特定の思想を有するということを外部に表明する行為であると評価することは困難なものであり，特に，職務上の命令に従ってこのような行為が行われる場合には，上記のように評価することは一層困難であるといわざるを得ない。本件職務命令は，上記のように，公立小学校における儀式的行事において広く行われ，A小学校でも従前から入学式等において行われていた国歌斉唱に際し，音楽専科の教諭にそのピアノ伴奏を命ずるものであって，上告人に対して，特定の思想を持つことを強制したり，あるいはこれを禁止したりするものではなく，特定の思想の有無について告白することを強要するものでもなく，児童に対して一方的な思想や理念を教え込むことを強制するものとみることもできない」といっている。

　これを解きほぐしていうと，入学式や卒業式等の学校の儀式的行事の際に君が代斉唱というプログラムを入れることは一般的に広くみられることであり，A小学校限りの特別かつ特異な行事ではないこと，したがってそうしたポピュラーな行事である君が代斉唱においてピアノ伴奏をしても，客観的には，そのことに格別思想的意義があると評価されることはないこと，特に音楽専科の教諭であるXが校長の職務命令に従ってピアノ伴奏をする場合はなおさらその

ピアノ伴奏が特定の思想の表明の意義を持つと評価されることはないこと，また，ピアノ伴奏はそのように思想的意義を持たない行為であるから，X自身の内心との関係でも，職務命令によってピアノ伴奏を求めても，特定の思想を持つことの強制やあるいは逆に持つことの禁止等の影響を及ぼすものとはいえないと最高裁はいうのである。学校の儀式的行事である入学式や卒業式で君が代斉唱は広く行われているとすることによって，最高裁は君が代斉唱が何らかの思想に関わる行為ではなく，儀式的行為であり，また社会的にも特段の思想的意義を持つものとはみなされていないと示唆し，こうした君が代斉唱に際してピアノ伴奏をするという行為も伴奏者の思想や良心とは無関係とみなされ得る，そしてまた実際にもそれをみる人からはそのようにみなされる行為であり，ピアノ伴奏を思想の表明，禁止，強制等と結び付けて捉えるのは妥当ではないとするわけである。

　これはこの判決自身が先例として引用しているように，最高裁の謝罪広告請求事件判決[2]を彷彿とさせるところがある判示である。謝罪広告請求事件は周知のように衆議院議員選挙の際，候補者Yが政見放送等の機会に対立候補Xについて，副知事在職中に汚職をなしたと放送などしたところ，名誉を毀損するものとしてXから新聞紙への謝罪文の掲載等を求められ，1，2審はその請求を基本的に認めたため，Yが自らは現在でも放送などの内容は真実であり，国民の幸福のためになされたものとの確信を持っているのであって，このようなYに全然意図しない言説をYの名前で新聞に掲載せしむることは，その良心の自由を侵害するものであること，すなわち国民が良心から自分の是とする考え方を判決で以てその訂正を強制することは，憲法19条の規定の趣旨に反するとして上告したものであったが，1審が命じ，2審が維持したYの名によるX宛ての「謝罪広告」の内容は次のようなものであった。

「私は昭和27年10月1日施行された衆議院議員の総選挙に際し日本共産党公認候補として徳島県より立候補し，その選挙運動に当って，同年9月21日午後9時20分より同25分，同月25日午後9時30分より同35分及び同月27日午後9時20分より同25分にいたる各5分間宛3回に亘り日本放送協会徳島放送局で候補者政見放送を行った際，右放送中に『X前副知事は坂州の発電所の発電機購入に関し8百万円の周旋料をとっている』旨述べ，又同月29日発行の徳島新聞紙

上で前徳島県知事Ａ氏が『公開状』と題して右放送事実を指摘し之についての釈明を求めたのに対し，翌30日附同紙上に私は同じく『公開状』と題しその文中に『当時東芝が多数の業者の競争をよそに高い値段で県に売りつける権利を獲得し，Ｘ君がこの斡旋に奔走して８百万円のそでの下をもらった事実は打ち消すことが出来ない』及び『Ｘ君はわが党が３ヶ月も以前から曝露しているにも拘らず一言の申訳も出来ないのはどうしたわけか』と記載いたしましたが右放送及び記事は真実に相違して居り，貴下の名誉を傷け御迷惑をおかけいたしました。ここに陳謝の意を表します」。

　繰り返していえば，このような内容の謝罪広告の掲載を裁判所が命じて，Ｙが現在でもなお正しいと信じ，それがまた国民の幸福のためであると固く良心に従って信じてがえんじないことを，その良心に反して「ここに陳謝の意を表します」などといわせることは，明らかに憲法19条の規定に違反するというのが，本稿に関わるＹの上告理由であった。

　それに対し最高裁は，「民法723条にいわゆる『他人の名誉を毀損した者に対して被害者の名誉を回復するに適当な処分』として謝罪広告を新聞紙等に掲載すべきことを加害者に命ずることは，従来学説判例の肯認するところであり，また謝罪広告を新聞紙等に掲載することは我国民生活の実際においても行われているのである。尤も謝罪広告を命ずる判決にもその内容上，これを新聞紙に掲載することが謝罪者の意思決定に委ねるを相当とし，これを命ずる場合の執行も債務者の意思のみに係る不代替作為として民訴734条に基き間接強制によるを相当とするものもあるべく，時にはこれを強制することが債務者の人格を無視し著しくその名誉を毀損し意思決定の自由及至良心の自由を不当に制限することとなり，いわゆる強制執行に適さない場合に該当することもありうるであろうけれど，単に事態の真相を告白し陳謝の意を表明するに止まる程度のものにあっては，これが強制執行も代替作為として民訴733条の手続によることを得るものといわなければならない。そして原判決の是認した被上告人の本訴請求は，上告人が判示日時に判示放送，又は新聞紙において公表した客観的事実につき上告人名義を以て被上告人に宛て『右放送及記事は真相に相違しており，貴下の名誉を傷け御迷惑をおかけいたしました。ここに陳謝の意を表します』なる内容のもので，結局上告人をして右公表事実が虚偽且つ不当であった

ことを広報機関を通じて発表すべきことを求めるに帰する。されば少くともこの種の謝罪広告を新聞紙に掲載すべきことを命ずる原判決は，上告人に屈辱的若くは苦役的労苦を科し，又は上告人の有する倫理的な意思，良心の自由を侵害することを要求するものとは解せられないし，また民法723条にいわゆる適当な処分というべきであるから所論は採用できない」として上告を退けたのである。

　ここで最高裁が先ずいっているのは，謝罪広告の掲載命令は従来学説判例が適法と認めてきたところであり，また国民生活においても謝罪広告を掲載することは日常的に行われており，決して特別かつ特異なことではないということである。これは上に示したピアノ伴奏事件判決の第2の理由のうちの，「本件職務命令当時，公立小学校における入学式や卒業式において，国歌斉唱として『君が代』が斉唱されることが広く行われていたことは周知の事実であり」という部分に相当するが，その場合と同じように，ここでも，この謝罪広告は特別かつ特異なことではなく，社会的に広くみられるという判断が，判決全体のバックボーンとなっている。

　ただ謝罪広告請求事件判決もそのことから直ちにすべての謝罪広告命令を適法とするわけではない。判決の言をそのまま引用すれば，その内容が，「これを強制することが債務者の人格を無視し著しくその名誉を毀損し意思決定の自由及至良心の自由を不当に制限」することになる場合，いい換えれば，「上告人に屈辱的若くは苦役的労苦を科し，又は上告人の有する倫理的な意思，良心の自由を侵害することを要求する」場合は，適法とは認められないこともあるというのである。

　しかし最高裁は本件謝罪広告命令の内容はそのようなものではなく，放送又は新聞紙において公表した客観的事実について，当該「公表事実が虚偽且つ不当であったことを広報機関を通じて発表すべきを求めるに帰する」のであり，いわば，「単に事態の真相を告白し陳謝の意を表明するに止まる程度」のものであって，上に挙げた適法とは認められないケースには該当しないとするのである。

　こうした最高裁の判断の元になっているのは，違憲と主張された行為が当事者の立場からではなく，客観的な立場からみた場合，どのように評価されるか

を先ず確かめるという態度である。いい換えれば最高裁は何よりも客観的にみて，問題の行為に真に思想や良心に影響を与えたり，それに関わったりする要素や側面が存在するとみなされるかどうかを先ず確定しようとするのである。そして学説判例がそれを命じることを従来適法とし，また国民生活においてもポピュラーな行為であることからすれば，客観的評価としては，そもそも謝罪広告はその内容に特別のものがない限り，法的問題性を持つものとは思われないのがふつうであり，本件謝罪広告命令も陳謝を命じてはいるものの，本旨は汚職の有無という客観的事実について，自らの判断が誤っていた旨を発表させるところにあり，それ以上特段当事者の倫理的意思や良心を強制するものとはみなされないから，上告人Yの主張は採用できないとするのである。

　付け加えていうと，同様な判断方法が用いられているのが，労働委員会のポストノーティス命令の合憲性に関する最高裁の判決である。行政委員会である労働委員会は使用者が労働組合法7条によって禁じられている不当労働行為を行ったと認定した場合，それを是正するために救済命令を発するが，その際解雇の取消しや団交応諾と並んで，組合に宛てて，不当労働行為を行ったことを陳謝ないしは反省し，再びそうした行為を繰り返さないことを誓約する旨を書いた文書（notice）を会社の正門等の見易い場所に掲示する（post）よう使用者に命じることがある。こうした救済命令のうちのポストノーティス命令といわれる部分について，謝罪広告請求事件同様，行政機関である労働委員会がその意思がない使用者に陳謝や反省を命じることは憲法19条に違反するとの主張がなされたが，最高裁はそれを退け，ポストノーティス命令を合憲とした。

　最高裁はその理由を，「本件救済命令の主文第3項は，上告人に対し，誓約書という題の下に，『当社団が行った次の行為は，神奈川県地方労働委員会により不当労働行為と認定されました。当社団は，ここに深く反省するとともに今後，再びかかる行為を繰り返さないことを誓約します。』との文言を墨書した白色木板を上告人経営の病院の建物入口附近に掲示するように命じているところ，右ポストノーティス命令が，労働委員会によって上告人の行為が不当労働行為と認定されたことを関係者に周知徹底させ，同種行為の再発を抑制しようとする趣旨のものであることは明らかである。右掲示文には『深く反省する』，『誓約します』などの文言が用いられているが，同種行為を繰り返さない旨の

約束文言を強調する意味を有するにすぎないものであり，上告人に対し反省等の意思表明を要求することは，右命令の本旨とするところではないと解される」としているが，ここでも「誓約書」の掲示という行為が客観的にみてどのように評価されるかを先ず確かめるという態度が看取される。より具体的にいえば，それは先ず「誓約書」の掲示の本旨を確定するということであるが，そのことは謝罪広告請求事件において，先ず謝罪広告の掲載が客観的にみてどのような意義を持つと評価されるかを確認しようとしたことと共通するのである。

ただポストノーティス命令についての最高裁判決はさらに進んで，「してみると，右命令は上告人に対し反省等の意思表明を強制するものであるとの見解を前提とする憲法19条違反の主張は，その前提を欠くというべきである」としているのに対し，謝罪広告請求事件判決はそこまでいい切ってはいないが，後者も含意としてはそういう趣旨であろう。

このような憲法19条違反が主張されるケースでは，争点となっている行為が客観的にみてどのように評価されるか，その本旨はどのように理解されるかを先ず確かめるという従来の最高裁の態度がピアノ伴奏事件判決でもそのまま継承され，上にみたように，「客観的に見て，入学式の国歌斉唱の際に『君が代』のピアノ伴奏をするという行為自体は，音楽専科の教諭等にとって通常想定され期待されるものであって，上記伴奏を行う教諭等が特定の思想を有するということを外部に表明する行為であると評価することは困難なものであり，特に，職務上の命令に従ってこのような行為が行われる場合には，上記のように評価することは一層困難であるといわざるを得ない」と判示されるのである。

そしてピアノ伴奏という行為がこのように評価されるとすれば，それを命じてもXに対して特定の思想を持つことを強制したり，禁止したり，特定の思想の有無の告白を強要することにはならないと判決はいうのである。客観的にみて思想や良心の表明とみられない行為は，それを命じても当事者の思想や良心の自由に影響を与えるものとはみなされないというわけである。

繰り返していえば，学校における儀式的行事である入学式や卒業式のプログラムの1つとして君が代斉唱を行うことは広く一般にみられることであり，そのように君が代斉唱が常態化していることを踏まえてみれば，そうしたプログラムに当該学校の教員が参加することは，客観的評価としては何らかの思想の

表明と受け取られることはないと判決はいうのである。特にその参加が音楽専科の教諭としてピアノ伴奏をするという形であり，しかも校長の職務命令によるものであるならば，なおさらそれは外部からはただ職務上の行為とみなされ，思想の表明と評価されることはないはずであると判決は念を押す。

そしてこれも繰り返していえば，このように客観的にみてピアノ伴奏が特定の思想を有することを外部に表明する行為とは評価されないとするならば，ピアノ伴奏を命じられた者との関係でも，それが特定の思想の強制や禁止，あるいは特定の思想の有無の告白の強制になることはないと判決はするのである。ここには外部からは思想に関わるような行為にはみえなくても，当事者には思想の強制や告白と受け取られる行為が存在し得るのではないかという発想はみられない。

ともあれピアノ伴奏事件判決の第2の理由はこのように，憲法19条違反が主張されるケースでは先ず争点である行為が客観的にみて真に思想や良心に関わるとみなされるか否かを確定し，関わらないとみなされるのが常であるならば，当該行為を命じても19条違反とはならないとする先例を踏襲するものであり，比較的容易にその意が理解できるものである。

それに比べてやや分かり難いのは，「上告人は，『君が代』が過去の日本のアジア侵略と結び付いており，これを公然と歌ったり，伴奏したりすることはできない。また，子どもに『君が代』がアジア侵略で果たしてきた役割等の正確な歴史的事実を教えず，子どもの思想及び良心の自由を実質的に保障する措置を執らないまま『君が代』を歌わせるという人権侵害に加担することはできないなどの思想及び良心を有すると主張するところ，このような考えは，『君が代』が過去の我が国において果たした役割に係わる上告人自身の歴史観ないし世界観及びこれに由来する社会生活上の信念等ということができる。しかしながら，学校の儀式的行事において『君が代』のピアノ伴奏をすべきでないとして本件入学式の国歌斉唱の際のピアノ伴奏を拒否することは，上告人にとっては，上記の歴史観ないし世界観に基づく一つの選択ではあろうが，一般的には，これと不可分に結び付くものということはできず，上告人に対して本件入学式の国歌斉唱の際にピアノ伴奏を求めることを内容とする本件職務命令が，直ちに上告人の有する上記の歴史観ないし世界観それ自体を否定するものと認めること

はできないというべきである」という第1の理由である。

　これはおそらく，君が代が過去の日本のアジア侵略の一翼を担ったという歴史観，世界観と，学校の儀式的行事である入学式におけるピアノ伴奏とは連結して捉えられるものではないということであろう。より具体的にいえば，ピアノ伴奏をしたからといって君が代が過去に日本のアジア侵略において果たしたという役割を肯定し，あるいはそうした歴史観，世界観を放棄したと受け止められることはないと判決はいっているのであろう。いわば踏絵を踏むかどうかとキリスト教徒であるかどうかは不可分につながっており，両者のそうしたつながりは誰もが認め，知るところであるが，君が代についての歴史観とピアノ伴奏との間にはそうした踏絵すなわち思想・信仰の表明あるいは否定というような強い不可分のつながりは認められないとするわけである。X自身はそうしたつながりを主張するのに対し，判決がこのようにそのことを否定する理由は，「一般的には」両者は不可分に結び付くものということはできないということである。

　判決はこのように行為者にとって当該行為が思想の表明，あるいは抱いている思想の否定を強く迫るものであるかどうか検討し，当事者からはともかく，一般人からはそうしたものとはみなされないとするわけである。いわば第2の理由がピアノ伴奏という行為自体がどのように評価されるかを客観的立場から論じて，その思想的意義を否定するのに対し，この第1の理由は行為者，それも当該行為者ではなく，抽象的に想定された行為者にとってピアノ伴奏は思想の吐露や否定を迫るものであるかを一般的立場から論じて，そうした意義は存在しないとするわけである。

　ただ筆者がよく理解できないのは，この2つの理由相互の関わりである。両者を分けて述べているのであるから，判決自身は2つの理由は区別されるものとしているのであろうが，筆者には，客観的にみてピアノ伴奏は特定の思想を有するということを外部に表明する行為とは評価されないのであるから，必然的に一般的には歴史観や世界観と不可分とはいえず，切離して捉えられるという風に両者は連動しているようにみえる。いい換えると，両者は同じことを別の言葉で表現しているにすぎないようにみえ，そうだとすれば，第1の理由と第2の理由は分けずに一まとめにしてもよかったのではないかと思われる。

ともあれこうして判決は謝罪広告請求事件やポストノーティス命令事件の場合と同じように，争点となっている行為が客観的，一般的にみて思想や良心の表明あるいは強制といった意義を持つとみなされるか否かを論じ，それを否定するのであり，それとは明言はされていないものの，実質的にはポストノーティス命令事件判決同様，「憲法19条違反の主張は，その前提を欠くというべきである」とするものであろう。

　なお判決は，加えて，職務命令は地方公務員法，学校教育法，小学校学習指導要領等の憲法以下の法令の規定の趣旨にも適うものであり，またA小学校では従来から入学式等において音楽専科の教諭によるピアノ伴奏で君が代斉唱が行われてきたことに照らしても，その目的及び内容において不合理であるということはできないというべきであるとし，結論として，「以上の諸点にかんがみると，本件職務命令は，上告人の思想及び良心の自由を侵すものとして憲法19条に反するとはいえないと解するのが相当である」とする。

　しかし第3の理由は単に職務命令には法令違反はないとするものであるから，憲法違反の主張を退ける理由としては第1と第2の理由のみを掲げるのが（さらに上述のように両者を一まとめにするのが），妥当だったのではなかろうか（なおこの第3の理由の理解については後にもふれる）。

II　平成23年の判決

　上に述べたように平成23年に最高裁の各小法廷は相次いで起立斉唱行為を命じる校長の職務命令の憲法19条適合性について判決を言い渡した。それはすべてそうした職務命令を合憲とするものであったが，そのうち主なものは5月から6月にかけての4判決であるので，本節では7月以降に言い渡された分は省略して，この4判決，すなわち5月30日の第二小法廷判決（以下①判決という），6月6日の第一小法廷判決（以下②判決という），6月14日の第三小法廷判決（以下③判決という），及び6月21日の同じく第三小法廷判決（以下④判決という）について検討することにする。

　この4判決（以下では総称的に「起立斉唱事件判決」ということがある）の対象事案はそれぞれ起立斉唱行為を命じる職務命令に従わず，起立しなかったところ

(以下「不起立行為」という），定年退職後の非常勤の嘱託員等の採用選考において，その不起立行為を理由に不合格とされたことにつき国家賠償法1条1項に基づく損害賠償等を求めたもの（①，②判決），不起立行為を理由に受けた戒告処分とこの戒告処分に対する審査請求を棄却した東京都人事委員会の裁決の取消し並びに国家賠償法1条1項に基づく損害賠償を求めたもの（③判決），及び不起立行為を理由として受けた戒告処分の取消しを求めたもの（④判決）であり，このように事案も，また，起立斉唱行為を命じる職務命令が憲法19条に違反することがその主張の中心であることもほぼ同様であるが，判決そのものも，法廷を異にするにもかかわらず，その構成や結論のみならず，文言そのものすら，極めて酷似しており，あたかも最高裁全体の統一判断が予め協議・準備されていたかのような観すら呈するものとなっている。

　代表例として①判決を取り出して，ピアノ伴奏事件判決とも比較しながら，起立斉唱行為を命じる職務命令の憲法19条適合性についての最高裁の判断の内容を具体的に説明すると次のようになる。

　判決は事案の概要等の説明に続く判断の冒頭の3（1）で先ず，「上告人は，卒業式における国歌斉唱の際の起立斉唱行為を拒否する理由について，日本の侵略戦争の歴史を学ぶ在日朝鮮人，在日中国人の生徒に対し，『日の丸』や『君が代』を卒業式に組み入れて強制することは，教師としての良心が許さないという考えを有している旨主張する。このような考えは，『日の丸』や『君が代』が戦前の軍国主義等との関係で一定の役割を果たしたとする上告人自身の歴史観ないし世界観から生ずる社会生活上ないし教育上の信念等ということができる」という。すでに示したようにピアノ伴奏事件判決でもやはり判断の冒頭の3（1）でほぼ同様のことが述べられている。

　ところがピアノ伴奏事件判決では3（1）は改行されることなく，そのまま，「しかしながら，学校の儀式的行事において『君が代』のピアノ伴奏をすべきでないとして本件入学式の国歌斉唱の際のピアノ伴奏を拒否することは，上告人にとっては，上記の歴史観ないし世界観に基づく一つの選択であろうが，一般的には，これと不可分に結び付くものということはでき」ないと続けられて，ピアノ伴奏の職務命令を合憲とする理由の第1とされ，ピアノ伴奏を客観的にみた場合，そうした伴奏を行う教諭が特定の思想を有するということを外部に

表明する行為であると評価することは困難であるという職務命令を合憲とする第2の理由は3(2)としてそれと分けて述べられている。

　筆者は先にこのように基本的には相重なるところのある理由を態々2つに分けて述べることに疑問を呈したが、①判決は同じような疑問を持ったのか、あるいは他の理由によるものかは不明であるものの、ピアノ伴奏事件判決がピアノ伴奏の職務命令を合憲としたのと同じ2つの理由を分けずに一まとめにして述べ、起立斉唱行為の職務命令を合憲とする。すなわち判決は、上述の「……上告人自身の歴史観ないし世界観から生ずる社会生活上ないし教育上の信念等ということができる」という判示にそのまま続けるのではなく、改行して、「しかしながら、本件職務命令当時、公立高等学校における卒業式等の式典において、国旗としての『日の丸』の掲揚及び国歌としての『君が代』の斉唱が広く行われていたことは周知の事実であって、学校の儀式的行事である卒業式等の式典における国歌斉唱の際の起立斉唱行為は、一般的、客観的に見て、これらの式典における慣例上の儀礼的な所作としての性質を有するものであり、かつ、そのような所作として外部からも認識されるものというべきである。したがって、上記の起立斉唱行為は、その性質の点から見て、上告人の有する歴史観ないし世界観を否定することと不可分に結び付くものとはいえず、上告人に対して上記の起立斉唱行為を求める本件職務命令は、上記の歴史観ないし世界観それ自体を否定するものということはできない。また、上記の起立斉唱行為は、その外部からの認識という点から見ても、特定の思想又はこれに反する思想の表明として外部から認識されるものと評価することは困難であり、職務上の命令に従ってこのような行為が行われる場合には、上記のように評価することは一層困難であるといえるのであって、本件職務命令は、特定の思想を持つことを強制したり、これに反する思想を持つことを禁止したりするものではなく、特定の思想の有無について告白することを強要するものということもできない」(傍点筆者)と、ピアノ伴奏事件判決が3(1)と3(2)に分けて説いたのと同じ理由を3(1)で一括して述べるのである。

　さらに、子細にみると、傍点で示しているように、職務命令を合憲とする理由を一まとめにしていること以外にも①判決にはピアノ伴奏事件判決を変更したり、新たな判断を付け加えたりしている点が幾つかある。例えばピアノ伴奏

事件判決では,「一般的には」という語は争点となっている行為(ピアノ伴奏)と歴史観や世界観(の否定)は不可分一体ではないことを論証するために用いられ,「客観的に見て」という語は,争点となっている行為が特定の思想を外部に表明するという評価を受けるものではないことを論証するために用いられている。つまり第1の理由を根拠づけるために「一般的には」という視点が用いられ,第2の理由を根拠づけるために「客観的に見て」という視点が用いられているのであるが,①判決では両者は合わせて争点の行為(起立斉唱行為)と歴史観や世界観(の否定)は不可分一体ではないという第1の理由を根拠づけるために用いられており,争点である行為が特定の思想又はこれに反する思想の表明とは評価されないという第2の理由は,「その外部からの認識という点から見ても」という語で説明されている。前述のように,「一般的には」という視点と,「客観的に見て」という視点は筆者にはほとんど同じに思えるから,①判決の判断方法の方が自然にみえる。

ただこれも前述したようにそもそもこのようにピアノ伴奏事件では「一般的には」と「客観的に見て」という風に,①判決では,「一般的,客観的に見て」(さらに「その性質の点から見て」)と「その外部からの認識という点から見ても」という風に2つに分けて争点となっている行為には特に思想的意義は認められないということをいう必要があるのか,そういう区別は不要であり,まとめて説明できるのではないかという疑問は依然として残る(例えば,「学校の儀式的行事である卒業式等の式典における国歌斉唱の際の起立斉唱行為は,一般的,客観的に見て,これらの式典における慣例上の儀礼的な所作としての性質を有するものであり,かつ,そのような所作として外部からも認識されるものというべきである」〔傍点筆者〕という判断と,「上記の起立斉唱行為は,その外部からの認識という点から見ても,特定の思想又はこれに反する思想の表明として外部から認識されるものと評価することは困難であり」〔傍点筆者〕という判断の間に実質的にどれほどの差があるか甚だ疑問であろう)。

またピアノ伴奏事件判決にはみられなかった表現として,起立斉唱行為を卒業式等の「式典における慣例上の儀礼的な所作」としていることも注目される点であろう。同じ君が代斉唱に係る行為であっても,ピアノ伴奏と起立斉唱行為の動作の性質を区別しているわけである。ただこの表現は一見すると起立斉

唱行為の方がピアノ伴奏よりも単純な肉体的動作であって，その分思想や良心の自由に関わる度合いもより少ないとするものと受け取られかねないが，後に述べるように判決の意は決してそのように単純ではない。

さらにまた，「本件職務命令が，直_・ち_・に_・上告人の有する上記の歴史観ないし世界観それ自体を否定するものと認めることはできないというべきである」(傍点筆者) という判断，ないしそれに類する判断の位置もピアノ伴奏事件判決と①判決では異なっている。すなわち前者ではこの判示は，ピアノ伴奏と君が代についての歴史観ないし世界観（の否定）は不可分一体ではないという第1の理由の最後，つまり第2の理由の直前に置かれているのに対し，①判決では，第1の理由と第2の理由をのべた後，それを受けて，「そうすると，本件職務命令は，これらの観点において，個人の思想及び良心の自由を直_・ち_・に_・制約するものと認めることはできないというべきである」とされているのである。

この違いは単なる位置の違いに止まらない意味を持っている。ピアノ伴奏事件判決の場合は，「直ちに」という語は実は特段の意義は持っておらず，文章の流れの中でいわば修辞的に用いられているという趣きが強いが，①事件ではそれに続く判示と照らし合せてみると，「直ちに」という語は，「直接的には」とか，「ストレートには」とかいった具体的な意味を持つものとして使われていることが分かるのである。

そしてこの最後のことが，ピアノ伴奏事件判決と①判決の最大の違いにつながっている。

すなわち①判決では上記の，「そうすると，本件職務命令は，これらの観点において，個人の思想及び良心の自由を直ちに制約するものと認めることはできないというべきである」という判示の次に，行を改め，3（2）として，「もっとも，上記の起立斉唱行為は，教員が日常担当する教科等や日常従事する事務の内容それ自体には含まれないものであって，一般的，客観的に見ても，国旗及び国歌に対する敬意の表明の要素を含む行為であるということができる。そうすると，自らの歴史観ないし世界観との関係で否定的な評価の対象となる『日の丸』や『君が代』に対して敬意を表明することには応じ難いと考える者が，これらに対する敬意の表明の要素を含む行為を求められることは，その行為が個人の歴史観ないし世界観に反する特定の思想の表明に係る行為そのものでは

ないとはいえ，個人の歴史観ないし世界観に由来する行動（敬意の表明の拒否）と異なる外部的行為（敬意の表明の要素を含む行為）を求められることとなり，その限りにおいて，その者の思想及び良心の自由についての間接的な制約となる面があることは否定し難い」という判断が加えられているのである。

ピアノ伴奏事件判決にはなかったこうした新たな判断を加えた理由，つまりピアノ伴奏事件との事案の違いについて①判決自身は特に語っていないが，③判決と④判決（すなわち第三小法廷）は，「なお，たとえば音楽専科の教諭が上記国歌斉唱の際にピアノ伴奏をする行為であれば，音楽専科の教諭としての教科指導に準ずる性質を有するものであって，敬意の表明としての要素の希薄な行為であり，そのように外部から認識されるものであるといえる」としている。音楽専科の教諭のピアノ伴奏は職業上の行為という要素が強く，日の丸や君が代に対する敬意の表明という要素は乏しいのに対し，一般の教員の起立斉唱行為はそうした敬意の表明という要素を含む行為であり，したがって同じ君が代訴訟であっても両事案には違いがあり，それ故また新たな判断を付け加える必要もあるというわけである。

そしてこれが①判決が（そして②判決も）ピアノ伴奏事件と異なり，起立斉唱行為を命じる職務命令が「思想及び良心の自由についての間接的な制約となる面があることは否定し難い」とする理由でもあると推測されるが，平成23年の起立斉唱事件4判決の最大の特徴はそのような理由で付け加えられた，この「思想及び良心の自由についての間接的な制約となる面があることは否定し難い」という新たな判断であろう。

しかしこの判断には様々な疑問が感じられる。起立斉唱行為を命じる職務命令が直ちに思想及び良心の自由を制約するものではないとする第1の理由と第2の理由は，上述のように，起立斉唱行為を，「一般的，客観的に」，あるいは「外部からの認識という点から」みて導かれたものであり，謝罪広告請求事件判決等の先例に沿うものである。それはいわば争点である行為を当事者の立場からみた場合の判断ではなく，一般人がみたとした場合に想定される判断である。ところが「……間接的な制約となる面があることは否定し難い」という判断は当事者が主張する歴史観や世界観に即してみた場合の判断である。

このように当事者の立場からみた場合の判断にも注意を払うということにな

ると，当然当事者が憲法19条違反を主張する限り，裁判所は争点である行為の憲法19条適合性を審査しなければならないのかという疑問が生じるであろう。謝罪広告請求事件判決やポストノーティス命令事件判決はそのような展開を避けるために争点である行為を客観的，一般的にみた場合の評価や当該行為の本旨に限って考察し，合憲性審査を行っているのであるが，それと比較してみると，①判決やそれと同旨の残りの起立斉唱事件3判決は，憲法19条適合性の判断方法において従来より一歩踏み出しているような印象を受ける。

むろん最高裁は当事者が憲法19条違反を主張すれば常に争点となっている行為の憲法19条適合性について判断せねばならないということにならぬよう慎重に2つの布石を打ってはいる。その1つは，「上記の起立斉唱行為は，教員が日常担当する教科等や日常従事する事務の内容それ自体には含まれないものである」ということであり，もう1つは，起立斉唱行為は「一般的，客観的に見ても，国旗及び国歌に対する敬意の表明の要素を含む行為であるということができる」ということである。判決は前述のようにこの連動する2点において音楽専科の教諭によるピアノ伴奏と一般の教員の起立斉唱行為は差異があるとするとともに，この2点を強調することによって，憲法19条違反の主張の安易な拡大に歯止めをかけようとしているのである。

しかし最高裁のこうした判旨には首肯し難いところがある。学校の教員が自校の入学式や卒業式というルーティンの行事に参加し，そのプログラムの一環である起立斉唱行為を行うことが，判決がいうほど，「日常担当する教科等や日常従事する事務の内容それ自体には含まれないもの」と明確に断言できるのであろうか。むしろ教員の日常の教育活動の中に，あるいはその延長線上に起立斉唱行為を位置づける方がふつうなのではなかろうか。あるいはまた音楽専科の教諭のピアノ伴奏は，「教科指導に準ずる性質を有するもの」であるが，一般の教員の起立斉唱行為はそうした性質を持たない非日常的なものであるといえるほどの画然たる差が両者の間にあるといえるであろうか。音楽専科の教諭のピアノ伴奏と一般の教員の起立斉唱行為は，学校のルーティンの儀式的行事への参加という性質の点ではそれほど本質的な差はないというべきではなかろうか。

また逆に判決がいうように当該業務ないし事務が非日常的なものであると

し，そのことが行為の法的評価において何らかの意味を持つことを認めるなら，謝罪広告掲載命令やポストノーティス命令もそれを命じられた側からすれば，謝罪広告の掲載やポストノーティスは非日常的なことであり，法的判断においてそのことにつき何らかの考慮が払われてしかるべきということにもなるが，そうした配慮がなされた形跡はないのである。

　しかしそれらのこと以上に，起立斉唱行為の職務命令が「思想及び良心の自由についての間接的な制約となる面があることは否定し難い」とする最高裁の判断の理由について疑問が抱かれるのは，起立斉唱行為は，「一般的，客観的に見ても，国旗及び国歌に対する敬意の表明の要素を含む行為であるということができる」という2番目の理由である（なお③判決と④判決では，「一般的，客観的に見ても，国旗及び国歌に対する敬意の表明の要素を含む行為であり，そのように外部から認識されるものであるということができる」〔傍点筆者〕とされていて，「外部からの認識」という視点も加えられている）。

　判決は先に，「学校の儀式的行事である卒業式等の式典における国歌斉唱の際の起立斉唱行為は，一般的，客観的に見て，これらの式典における慣例上の儀礼的な所作としての性質を有するものであり，かつそのような所作として外部からも認識されるものというべきである」としているのである。

　すなわち同様に一般的，客観的にみながら（さらに判決によってはそれに「外部からの認識」というやはり第1と第2の理由を根拠づけた視点を重ね合わせながら），起立斉唱という同じ行為を一方では，「式典における慣例上の儀礼的な所作」といい，他方では，「国旗及び国歌に対する敬意の表明の要素を含む行為」としているのである。最高裁は当然こうした2つの評価は整合性を持つと考えているのであろうが，果たしてそのように簡単に整合性を肯定できるか甚だ疑問であろう。ふつうにみれば，「慣例上の儀礼的な所作」というのは内心の作用とは関わりのない単純かつ形式的な肉体的動作という意味合いが強く，「敬意の表明の要素を含む行為」という場合は，少なくとも一定程度の内心の吐露という意味に理解されるからである。このように同じ行為の内心の作用との関わりについて，一方では否定的に評価し，他方では肯定的に評価するというのはやはり矛盾であり，混乱であって，一般的，客観的見地からの考察と併せて，当事者の立場からの考察をも取り込もうとした判決の構成がこうした結果をも

たらすことになったのではないかと筆者には思われる。

　また判決がいうような意味で、「一般的，客観的に見ても」起立斉唱行為は国旗及び国歌に対する敬意の表明の要素を含む行為であり，そのように外部から認識されるものであるとするならば，同様に謝罪広告命令やポストノーティス命令が求める「陳謝」や「反省」の念の表明も，第三者からは，単なる事態の真相の告白や同種行為を繰り返さない旨の約束文言の強調という意義を超えて，あるいはそれとは別に当事者の倫理的意思の表明と受け取られる（少なくともそうした可能性のある）行為であるといえよう。さらにまた起立斉唱行為が一般的，客観的にみて，また外部の認識からして国旗及び国歌に対する敬意の表明の要素を含む行為であるとするならば，ピアノ伴奏も同様に評価される余地は充分にあるであろう。ピアノ伴奏はいわば起立斉唱行為をリードする役割を果たすわけで，両者が合わさって１つのプログラムになるのであるから，起立斉唱行為には敬意の表明の要素が含まれているが，ピアノ伴奏には起立斉唱行為の場合と異なり，何ら内心の作用を窺わせるものはないとするのは，いささか機械的で偏った区別というべきではなかろうか。[8]

　それにまたそもそも「間接的な制約」という意味も必ずしも明確ではない。判決は，「そうすると，自らの歴史観ないし世界観との関係で否定的な評価の対象となる『日の丸』や『君が代』に対して敬意を表明することには応じ難いと考える者が，これらに対する敬意の表明の要素を含む行為を求められることは，その行為が個人の歴史観ないし世界観に由来する行動（敬意の表明の拒否）と異なる外部的行為（敬意の表明の要素を含む行為）を求められることとなり，その限りにおいて，その者の思想及び良心の自由についての間接的な制約となる面があることは否定し難い」と「間接的な制約」について解説しているが，このことからすると，ある特定の主義・主張を持つ者に対して，それを放棄し，対立する主義・主張を支持するようストレートに求めたり，その求めに応じないため不利益を科すことが直接的な制約に当たり，例えば対立する主義・主張のグループの集会に参加したり，そのグループのためのカンパに応じることを求めたりすることが間接的な制約になるとするもののようである。

　しかし当事者からすれば自分が反対する主義・主張のグループの集会に参加したり，カンパに応じたりすることは，実質的には自分の主義・主張を放棄し，

反対していた主義・主張を支持することであり，「直接的な制約」と「間接的な制約」の区別など何ら意味を持つものではないであろう。筆者には結局判決は，当事者の立場に即した判断を行っている風を装っているものの，その実意味のないレトリックを駆使しているにすぎないようにみえる。

しかしこのように様々の疑問があるにせよ，こうした起立斉唱行為の職務命令は歴史観ないし世界観に基づきそれに応じ難いと考える者にとっては，「その者の思想及び良心の自由についての間接的な制約となる面があることは否定し難い」という判断がそのまま最後まで貫徹されるのであれば，判決はピアノ伴奏事件判決を大きく変更し，実質的には原告の主張を容れたものとなったはずである。

ところが判決はこの「……間接的な制約となる面があることは否定し難い」という判断で終わるのではなく，さらにそのことについて縷々述べ，最後にはこうした判断の意義を実質的にはほとんど無にしてしまうのである。すなわち①判決は続けて，「そこで，このような間接的な制約について検討するに，個人の歴史観ないし世界観には多種多様なものがあり得るのであり，それが内心にとどまらず，それに由来する行動の実行又は拒否という外部的行動として現れ，当該外部的行動が社会一般の規範等と抵触する場面において制限を受けることがあるところ，その制限が必要かつ合理的なものである場合には，その制限を介して生ずる上記の間接的な制約も許容され得るものというべきである。そして，職務命令においてある行為を求められることが，個人の歴史観ないし世界観に由来する行動と異なる外部的行為を求められることとなり，その限りにおいて，当該職務命令が個人の思想及び良心の自由についての間接的な制約となる面があると判断される場合にも，職務命令の目的及び内容には種々のものが想定され，また，上記の制限を介して生ずる制約の態様等も，職務命令の対象となる行為の内容及び性質並びにこれが個人の内心に及ぼす影響その他の諸事情に応じて様々であるといえる。したがって，このような間接的な制約が許容されるか否かは，職務命令の目的及び内容並びに上記の制限を介して生ずる制約の態様等を総合的に較量して，当該職務命令に上記の制約を許容し得る程度の必要性及び合理性が認められるか否かという観点から判断するのが相当である」とするのである。

判決はこのように起立斉唱行為を命じる職務命令に必要性及び合理性が認められれば、そのことから生じる個人の思想及び良心の自由についての間接的制約も許容されるとし、この必要性と合理性の判断は職務命令の目的及び内容並びに制約の態様等を総合的に較量してなされるべきであるという総合較量論を説いている。起立斉唱行為を命じる職務命令が個人の思想及び良心の自由についての間接的な制約となる面があることは否定し難いという判断は、したがって職務命令は違憲であるという最終判断ではなく、中間判断にすぎないのであって、職務命令の合憲性の最終判断は諸要素の総合較量によるべきであるというわけである。

　そして判決は、上記の総合較量の対象となる諸要素について、本件職務命令は、一般的、客観的な見地からは式典における慣例上の儀礼的な所作とされる行為を求めるものであり、それが結果としてその歴史観ないし世界観に由来する行動との相違を生じさせることになるという点で、その限りで上告人の思想及び良心の自由についての間接的な制約となる面があるものということができるとして、制約の態様は重大ではないことを示唆するとともに、他方で、「本件職務命令は、公立高等学校の教諭である上告人に対して当該学校の卒業式という式典における慣例上の儀礼的な所作として国歌斉唱の際の起立斉唱行為を求めることを内容とするものであって、高等学校教育の目標や卒業式等の儀式的行事の意義、在り方等を定めた関係法令等の諸規定の趣旨に沿い、かつ、地方公務員の地位の性質及びその職務の公共性を踏まえた上で、生徒等への配慮を含め、教育上の行事にふさわしい秩序の確保とともに当該式典の円滑な進行を図るものであるということができる」と述べて、目的及び内容の妥当性という要件も充足するとする。

　その結果、「以上の諸事情を踏まえると、本件職務命令については、前記のように外部的行動の制限を介して上告人の思想及び良心の自由についての間接的な制約となる面はあるものの、職務命令の目的及び内容並びに上記の制限を介して生ずる制約の態様等を総合的に較量すれば、上記の制約を許容し得る程度の必要性及び合理性が認められるものというべきである」と結論される。

　したがって中間段階では、起立斉唱行為の職務命令は、「思想及び良心の自由についての間接的な制約となる面があることは否定し難い」とされはするも

のの，結論としては，「本件職務命令は，上告人の思想及び良心の自由を侵すものとして憲法19条に違反するとはいえないと解するのが相当である」ということになるのである。

　総合較量といいながら，その実較量らしい較量は行われないまま，こうした結論に至っている。すなわち判決がいっているのは，本件職務命令は結果として歴史観ないし世界観に由来する行動との相違を生じさせることとなるという点で，その限りで思想及び良心の自由についての間接的な制約となるのであるから，制約の態様は重大ではなく，また本件職務命令は学校教育法，同法施行規則，学習指導要領，地方公務員法に根拠を持ち，その趣旨に沿うものであるから，その目的及び内容は妥当であって，「間接的な制約」は許容されるということだけである。いい換えると，総合較量とは名ばかりであり，また，起立斉唱行為の職務命令は「思想及び良心の自由についての間接的な制約となる面があることは否定し難い」という判断は実際にはリップサービス以上の意義はほとんど持たないのである。

　このことはさらに①判決は一見したところでは差異があるようにみえるものの，実際には結局はピアノ伴奏事件判決とさしたる差異はないのではないかという感想すらも抱かせる。すなわちピアノ伴奏事件判決も前述のように第1と第2の合憲の理由を述べた後，地方公務員法，学校教育法，同法施行規則，学習指導要領等を挙げて，ピアノ伴奏の職務命令は，その目的及び内容において不合理であるということはできないとしているのである。

　ただこれも前述のように，この第3の理由はいかなる意味で付け加えられたのか定かでないところがあるが，「仮に第1と第2の理由のみでは間隙がある」と想定しても（すなわちピアノ伴奏を命じる職務命令が思想及び良心の自由に関わるところがあると想定しても）やはり職務命令は適法であるとする趣旨と読めなくもない[9]。そのように読んで，その比較で①判決の「間接的な制約」の部分を考慮すれば，①判決はピアノ伴奏事件判決が「仮に……」と想定した部分を進めて，一応「間接的な制約」となる面があることを明示的に認めた上で，結局はピアノ伴奏事件判決と同旨を展開しているといえるのではないだろうか。つまり同旨を展開する前提には差異があり，その分①判決では総合較量論が述べられてはいるが，その本旨においてはピアノ伴奏事件判決の第3の理由も，①判

決の「間接的な制約」に係る部分も同じではないかと思われるのである。そう考えれば，平成23年の起立斉唱事件判決はピアノ伴奏事件判決を一歩進め，君が代訴訟に新しい展開をみせたという評価そのものにも充分な留保が必要ということになろう。

Ⅲ　平成24年の判決

　本節で扱う平成24年の最高裁の君が代訴訟判決は，いずれも平成24年1月16日に第一小法廷によって言い渡された2つの判決である[10]。

　上にみたピアノ伴奏事件判決や平成23年の起立斉唱事件4判決が主としてピアノ伴奏や起立斉唱行為を命じる職務命令の合憲性（憲法19条適合性）について判断するものであったのに対し，この2つの判決は職務命令の合憲性については簡単に違憲との主張を退けつつ，ピアノ伴奏の拒否や不起立行為等を理由になされた戒告，減給，停職等の懲戒処分が裁量権の範囲を超え又はこれを濫用するものであるか否かについて詳細に判断している点に特色がある。

　筆者はかねてより君が代訴訟においては職務命令の合憲性とともに懲戒処分の適法性も重要な問題として論じられ，判断されるべきことを主張してきたから[11]，このような平成24年の最高裁の2つの判決はそうした主張に応えるものとして評価するが，2つの判決（以下では24年①判決，24年②判決という）はピアノ伴奏拒否や不起立行為等を理由になされる懲戒処分のあり方について詳細に述べ，結論として上告人らになされた処分の一部を裁量権の範囲を超える違法なものとして取り消している。

　そのうち24年①事件は，不起立行為，ピアノ伴奏拒否，式場への不入場，国歌斉唱の際の式場からの退席，式への欠席，国歌斉唱途中の着席等を理由に戒告処分や減給処分をなされた160人余の教職員らが処分の取消しと国家賠償法1条1項に基づく損害賠償を請求したものであるが（ただしうち1名は損害賠償のみを請求し，また減給処分を受けた者は1名だけである―なお本稿では24年②事件も含めて，損害賠償請求に係る判断にはふれずに，もっぱら取消請求に係る判断のみを対象とする），判決は上述のように職務命令の合憲性については謝罪広告請求事件以来の先例を引用し，またピアノ伴奏事件判決や23年の起立斉唱事件4判決の

参照を指示して，簡単に退けている。

　しかし懲戒処分の適法性については，先ず，「懲戒権者は，懲戒事由に該当すると認められる行為の原因，動機，性質，態様，結果，影響等のほか，当該公務員の上記行為の前後における態度，懲戒処分等の処分歴，選択する処分が他の公務員及び社会に与える影響等，諸般の事情を考慮して，懲戒処分をすべきかどうか，また，懲戒処分をする場合にいかなる処分を選択すべきか，を決定することができるものと考えられるのであるが，その判断は，右のような広範な事情を総合的に考慮してなされるものである以上，平素から庁内の事情に通暁し，部下職員の指揮監督の衝にあたる者の裁量に任せるのでなければ，とうてい適切な結果を期待することができないものといわなければならない。それ故，公務員につき，国公法に定められた懲戒事由がある場合に，懲戒処分を行うかどうか，懲戒処分を行うときにいかなる処分を選ぶかは，懲戒権者の裁量に任されているものと解すべきである。もとより，右裁量は，恣意にわたることを得ないものであることは当然であるが，懲戒権者が右の裁量権の行使としてした懲戒処分は，それが社会観念上著しく妥当を欠いて裁量権を付与した目的を逸脱し，これを濫用したと認められる場合でない限り，その裁量権の範囲内にあるものとして，違法とならないものというべきである。したがって，裁判所が右の処分の適否を審査するにあたっては，……懲戒権者の裁量権の行使に基づく処分が社会観念上著しく妥当を欠き，裁量権を濫用したと認められる場合に限り違法であると判断すべきものである」とした最高裁の神戸税関事件判決，[12]及び同旨を述べた伝習館事件判決[13]の趣旨をそのまま繰り返して，「公務員に対する懲戒処分について，懲戒権者は，懲戒事由に該当すると認められる行為の原因，動機，性質，態様，結果，影響等のほか，当該公務員の上記行為の前後における態度，懲戒処分等の処分歴，選択する処分が他の公務員及び社会に与える影響等，諸般の事情を考慮して，懲戒処分をすべきかどうか，また，懲戒処分をする場合にいかなる処分を選択すべきかを決定する裁量権を有しており，その判断は，それが社会観念上著しく妥当を欠いて裁量権の範囲を逸脱し，又はこれを濫用したと認められる場合に，違法となるものと解される」と述べ，次いでここに掲げられた諸事情について詳細に検討するのである。

　その結果原審東京高裁[14]が，都教委がこれまで行った処分等の実績からすれば，

戒告処分であっても，一般には，非違行為の中でかなり情状の悪い場合にのみ行われるものであること，控訴人らの不起立行為等はその歴史観ないし世界観又は信条及びこれに由来する社会生活上の信念等に基づく真摯な動機によるものであり，やむにやまれぬ行動であったということができること，不起立行為等によって式が混乱したという事実は主張立証されていないこと，学説等でも起立斉唱・ピアノ伴奏の強制は憲法19条違反というのが通説的見解であり，控訴人らの考えが必ずしも独自の見解ということはできないこと，短期間のうちに処分が累積して戒告処分よりも重い懲戒処分がされる結果につながることが当然予想されるが，控訴人らの行為をそのような結果を招くほどに重大な非違行為というのは相当ではないこと等を挙げて，「不起立行為等を理由として控訴人らに懲戒処分を科すことは，社会観念上著しく妥当を欠き，重きに失するというべきであり，懲戒権の範囲を逸脱し，又はこれを濫用するものというのが相当である」としたのに対し，24年①判決は，戒告処分については，こうした原判決を破棄しつつ，1名の減給処分については，原判決を是認した。

このような戒告処分は適法とし，減給処分は違法とした24年①判決の結論の基礎になっているのは，同じ懲戒処分であっても，戒告処分とそれを超える減給以上の処分との間には大きな懸隔があるとの認識である。すなわち戒告処分は，教職員の規律違反の責任を確認してその将来を戒める処分であり，学校の規律や秩序の保持等の見地からその相当性が基礎づけられるものであり，法律上，処分それ自体によって教職員の法的地位に直接の職務上ないし給与上の不利益を及ぼすものではない（ただし将来の昇給等への影響や条例や規則による勤勉手当への影響はある）のに比べて，減給処分は処分それ自体によって教職員の法的地位に一定の期間における本給の一部の不支給という直接の給与上の不利益が及ぶ上，毎年度2回以上の卒業式や入学式等の式典の度に懲戒処分が累積して加重されると短期間で反復継続的にこうした不利益が拡大していくとされるのである。いわば戒告処分は直接的には単に戒めを受けるという事実行為的影響しか持たないのに対し，減給以上の処分は直接的に法的影響を与えるのであり，そこには大きな差があるというわけである。

そしてこのように考えれば，不起立行為等に対する懲戒において戒告を超えて減給処分を選択することが許容されるのは，過去の非違行為による懲戒処分

等の処分歴や不起立行為等の前後における態度等に鑑み，学校の規律や秩序の保持等の必要性と処分による不利益の内容との権衡の観点から当該処分を選択することの相当性を基礎づける具体的な事情が認められる場合であることを要すると解すべきであるということになるのである。これは戒告処分においては前述のようにその不利益は小さいから，特に不利益との権衡ということを考慮する必要はないが，減給以上の処分においては不利益が重大であることに鑑み，権衡を充分考慮せねばならないということであろう（判決が戒告処分については，「過去の同種の行為による懲戒処分等の処分歴の有無等にかかわらず，基本的に懲戒権者の裁量権の範囲内に属する事柄ということができると解される」といい切っているのも，こうした理解を基礎づける）。

　こうした一般論を受けて，具体的には判決は注意を払うべき諸事情のうち不起立行為等の性質と態様については，職務命令違反であり，学校の儀式的行事としての式典の秩序や雰囲気を一定程度損なう作用をもたらすものであって，それにより式典に参列する生徒への影響も伴うことは否定し難いこと，不起立行為等の動機，原因については，個人の歴史観ないし世界観等に起因するものであること，性質，態様については，前述のように式典の秩序や雰囲気を一定程度損ない，参列する生徒への影響もあった一方，積極的な妨害等の行為ではなく，物理的に式次第の遂行を妨げるものではなく，結果，影響も，式典の進行に具体的にどの程度の支障や混乱をもたらしたかは客観的な評価の困難な事柄であるといえることを述べ，結論として，戒告処分については，「本件職務命令の違反に対し懲戒処分の中で最も軽い戒告処分をすることが裁量権の範囲の逸脱又はその濫用に当たるとは解し難い。また，本件職務命令の違反に対し１回目の違反であることに鑑みて訓告や指導等にとどめることなく戒告処分をすることに関しては，これを裁量権の範囲内における当不当の問題として論ずる余地はあり得るとしても，その一事をもって直ちに裁量権の範囲の逸脱又はその濫用として違法の問題を生ずるとまではいい難い」と述べる。

　判決はこうして原判決の戒告処分を違法とした部分を破棄しているが，筆者はこうした判断には賛成できない。宮川裁判官は反対意見で，不起立行為等は消極的不作為にすぎないのであって，式典を妨害する等の積極的行為を含まず，したがって，式典の円滑な遂行に物理的支障をいささかも生じさせず，法益の

侵害はほとんどないこと，戒告処分は法定の懲戒処分の中では確かに最も軽いが，処分を受けると履歴に残り，勤勉手当は減額され，昇給延伸の可能性（それは退職金や年金支給額等への影響の可能性もある）もあるなど，その不利益は過小評価されるべきではないこと，原審の判断では東京都の教職員について戒告処分が科されるのは非違行為の中でもかなり情状の悪い場合であること等を指摘して，結論として，「以上を総合すると，多数意見がいう不起立行為等の性質，態様，影響を前提としても，不起立行為等という職務命令違反行為に対しては，口頭又は文書による注意や訓告により責任を問い戒めることが適切であり，これらにとどめることなくたとえ戒告処分であっても懲戒処分を科すことは，重きに過ぎ，社会通念上著しく妥当性を欠き，裁量権の範囲を逸脱し，又はこれを濫用するものであって，是認することはできない」と述べているが，戒告処分の適法性についてはむしろこの反対意見の方に説得力があるというべきであろう。

　入学式や卒業式は実質的意義のない儀式的行事にすぎないのであって，しかも不起立行為等がそうした行事の積極的な妨害等の行為ではなく，またその進行にどの程度の支障や混乱をもたらしたかも定かではないとしながら，戒告処分は懲戒権者の裁量権の範囲内に属する事柄であるとし，訓告や指導等に止めるか，戒告処分に及ぶかは裁量権の範囲内の当不当の問題であるとする多数意見は，戒告処分が法定の懲戒処分の1つとされていることを過小評価し，また戒告処分についてはほぼ全面的な懲戒権者の判断の尊重を説くものとして適切ではないと思われるのである。

　しかし判決は減給処分については，先に述べた一般論を受けてさらに，「したがって，不起立行為等に対する懲戒において減給処分を選択することについて，上記の相当性を基礎付ける具体的な事情が認められるためには，例えば過去の1回の卒業式等における不起立行為等による懲戒処分の処分歴がある場合に，これのみをもって直ちにその相当性を基礎付けるには足りず，上記の場合に比べて過去の処分歴に係る非違行為がその内容や頻度等において規律や秩序を害する程度の相応に大きいものであるなど，過去の処分歴等が減給処分による不利益の内容との権衡を勘案してもなお規律や秩序の保持等の必要性の高さを十分に基礎付けるものであることを要するというべきである」とした上で，

過去に同種の非違行為による戒告処分を受けているとして量定を加重して減給処分を受けた被上告人のその過去の懲戒処分の対象は，約2年前に入学式の際の服装及びその後の事実確認に関する校長の職務命令に違反した行為であって積極的に式典の進行を妨害する行為ではなく，当該1回のみに限られており，本件の不起立行為の前後における態度において特に処分の加重を根拠づけるべき事情も窺われないこと等を指摘する。そしてこうした点に鑑みると，「学校の規律や秩序の保持等の必要性と処分による不利益の内容との権衡の観点から，なお減給処分を選択することの相当性を基礎付ける具体的な事情があったとまでは認め難いというべきである」として，減給処分の取消請求を認容すべきものとした原判決は是認できるとした。

本件処分当時不起立等の職務命令違反行為に対し，1回目で戒告処分，2回目で減給1か月，3回目で減給6か月，4回目以降は停職処分というのが都教委の懲戒処分の量定方針であったといわれているが，それをいわば機械的にすぎ，また単純にすぎるとして認容しなかったわけである。

上にも述べたように24年①判決の結論には賛成し難いところもあるが，判決が従来ともすれば軽視されてきた懲戒処分の適法性そのものについて詳細に論じるようになった点についてはそれなりに評価されよう。

24年②判決事件は，東京都の市立中学校と都立養護学校の教員であった2名が，不起立行為につきそれぞれ停職処分を受けたため，その取消しと国家賠償法1条1項に基づく損害賠償を求めた事案であるが，判決はうち1名(以下「X_1」という)については取消請求を退け，1名(以下「X_2」という)については請求を認容した。

X_1，X_2ともに平成18年3月都教委より，それぞれ卒業式及び創立30周年記念式典における国歌斉唱の際の不起立行為を理由に，3か月と1か月の停職処分を受けたが，免職に次ぐ重い懲戒処分である停職処分がなされたのは，両名の過去の処分歴によるものであった。

すなわちX_1は，平成6年から17年までの間に卒業式において校長が国旗を掲揚するのを妨害し，掲揚された国旗を引き降ろした行為や不起立行為，あるいは国歌斉唱の際の途中着席等を理由に，停職処分1回，減給処分4回，合計5回の懲戒処分を受け，また，校長を批判・非難する文書を生徒に配布し，読

み上げるなどしたことを理由に２回の文書による訓告を受けた処分歴があり，X_2は本件停職処分を受けるまでに卒業式及び入学式の国歌斉唱の際の不起立行為を理由に１回の戒告処分と２回の減給処分を受けた処分歴があったのである。

　原審東京高裁[15)]はこうした過去の処分歴を受けてなされた本件停職処分について，いずれも懲戒権者としての裁量権の範囲を逸脱し又はこれを濫用するものではなく適法であるとして，取消しの請求を退けたが，24年②判決はX_1の停職処分については原判決を是認したものの，X_2の停職処分については社会観念上著しく妥当を欠き，懲戒権者としての裁量権の範囲を超えるものとして違法の評価を免れないとした。

　具体的には判決は懲戒処分のあり方やそれと司法審査の関係については24年①判決と同旨を述べた上で，その原因，動機，性質，態様，結果，影響等の諸事情について検討し，やはり24年①判決と同様のことを述べる。ただ24年①判決がそれらを受けて，「本件職務命令の違反に対し，教職員の規律違反の責任を確認してその将来を戒める処分である戒告処分をすることは，学校の規律や秩序の保持等の見地からその相当性が基礎付けられているのであって，……基本的に懲戒権者の裁量権の範囲内に属する事柄ということができると解される」としつつ，減給以上の処分については慎重な考慮が必要となるとしているのに対し，24年②判決は，停職処分が対象であるという違いがあるため，結局は同趣旨であるが，「本件職務命令の違反に対し，学校の規律や秩序の保持等の見地から重きに失しない範囲で懲戒処分をすることは，基本的に懲戒権者の裁量権の範囲内に属する事柄ということができると解される。他方……戒告を超えてより重い減給以上の処分を選択することについては，……慎重な考慮が必要となるものといえる」（傍点筆者）としている。

　このようにあたかも戒告処分については特に重きに失しないかどうかの審査の必要はないが，減給以上の処分についてはそれが必要だとするかのような判示については，前述のように筆者は賛成しないが，こうした判旨からすれば，さらに，「不起立行為に対する懲戒において戒告，減給を超えて停職の処分を選択することが許容されるのは，過去の非違行為による懲戒処分等の処分歴や不起立行為の前後における態度等……に鑑み，学校の規律や秩序の保持等の必

要性と処分による不利益の内容との権衡の観点から当該処分を選択することの相当性を基礎付ける具体的な事情が認められる場合であることを要すると解すべきである」ということになる。そして24年②判決は例えば過去の1，2年度に数回の卒業式等における不起立行為による懲戒処分の処分歴がある場合でも，それのみでは停職処分を選択することの相当性を基礎づける具体的事情とはいえず，そうした場合に比べて，「過去の処分歴に係る非違行為がその内容や頻度等において規律や秩序を害する程度の相応に大きいものであるなど，過去の処分歴等が停職処分による不利益の内容との権衡を勘案してもなお規律や秩序の保持等の必要性の高さを十分に基礎付けるものであることを要するというべきである」とまとめる。

その結果 X_1 については過去の懲戒処分の対象になった非違行為が，国旗の掲揚の妨害と引き降ろし及び服務事故再発防止研修における国旗や国歌の問題に係るゼッケン着用をめぐる抗議による進行の妨害といった積極的に式典や研修の進行を妨害するものであった上，さらに国旗や国歌に係る対応につき校長を批判する内容の文書を生徒へ配布等したものであり，「このような過去の処分歴に係る一連の非違行為の内容や頻度等に鑑みると」，「学校の規律や秩序の保持等の必要性と処分による不利益の内容との権衡の観点から，停職期間（3月）の点を含めて停職処分を選択することの相当性を基礎付ける具体的な事情があったものと認められるというべきである」とされる。

他方過去に同様の非違行為による懲戒処分を繰り返し受けているとして，量定を加重して1か月の停職処分とされた X_2 については，逆に，「過去の懲戒処分の対象は，いずれも不起立行為であって積極的に式典の進行を妨害する内容の非違行為は含まれておらず，いまだ過去2年度の3回の卒業式等に係るものにとどまり，本件の不起立行為の前後における態度において特に処分の加重を根拠付けるべき事情もうかがわれないこと等に鑑みると」，「学校の規律や秩序の保持等の必要性と処分による不利益の内容との権衡の観点から，なお停職処分を選択することの相当性を基礎付ける具体的な事情があったとは認め難いというべきである」とされ，「停職処分を選択した都教委の判断は，停職期間の長短にかかわらず，処分の選択が重きに失するものとして社会観念上著しく妥当を欠き，上記停職処分は懲戒権者としての裁量権の範囲を超えるものとして

違法の評価を免れないと解するのが相当である」と結論されるのである。

既述のように都教委は不起立行為については1回目は戒告処分，2回目は減給1か月，3回目は減給6か月，4回目以降は停職処分とする方針を採っていたといわれるが，そうした方針が文字通り機械的に適用されただけで，他に加重して停職処分を科す事情の存在しなかったX_2については，停職処分を科すことは権衡を失するものとして違法とされ，他方すでに戒告のみならず，減給，停職の処分を受け，その対象の非違行為も単純な不起立行為を超えるものであったX_1については，停職処分の選択は権衡を失するものとして違法とはならないとされたわけである。懲戒処分の適法性についての判断としては，それなりに理解できるものといえるであろう。

Ⅳ 君が代訴訟の視角

筆者は前述した拙著『人権判例の新展開』の第4章「思想・良心の自由関係判例―君が代訴訟―」にまとめているように，これまでにもかなり丹念に君が代訴訟について検討したことがあるが，その際原告が起立斉唱行為やピアノ伴奏を命じる職務命令を憲法19条違反と主張し，判決も主として職務命令が原告の思想，良心の自由を侵害するか否かを論じ，さらに学説の多くもまた憲法19条違反の主張を退けた判決を批判し，職務命令が原告の思想，良心の自由を侵害するものとするような君が代訴訟のあり方，扱い方，あるいは論じ方に常にある種の違和感や疑問を抱いてきた。

そうした筆者の気持ちの一端は上述の拙著の当該章においても間接的ながらいくらか示されているが，それは端的にいえば，君が代訴訟をそのように憲法19条の問題とすることは適切ではなく，事件の本質をよく衝くものとはいえないのではないかということである。

こうした筆者の違和感や疑問をよく理解してもらうために，これまでに述べたことを繰り返すことになるが，君が代訴訟における原告の主たる主張（それはとりもなおさず判決の判断の主たる対象でもある）を簡単にまとめると，日の丸や君が代が戦前の我が国の軍国主義やアジア侵略との関係で一定の役割を果たしたとし，したがって入学式や卒業式等の学校の式典における日の丸の掲揚や

君が代の起立斉唱には同調、協力できず、またそうした同調、協力を拒否する自由は憲法19条によって保障されているとして、起立斉唱やピアノ伴奏を強制する職務命令は憲法違反であるとするものであった。そしてこのような日の丸や君が代が果たしたという役割の捉え方やそれに基づき起立斉唱やピアノ伴奏を行うことはできないとの判断は、判決では「歴史観」ないし「世界観」といわれ、またそれに由来する「社会生活上の信念」といわれている。さらに原告は併せて、子どもにこうした日の丸や君が代が戦前の我が国の軍国主義やアジア侵略との関係で果たした役割を教えないまま、君が代を起立斉唱させたり、その際自らがピアノ伴奏をすることは教師としての良心が許さないなどとも主張するが、このような思いは判決では上述の「歴史観」ないし「世界観」から生じる「教育上の信念」といわれている。

　こうして大まかにいえば、君が代訴訟では従来主として職務命令が上述のような「歴史観」ないし「世界観」、あるいは「社会生活上ないし教育上の信念」を侵害し、そのことによって憲法19条に違反するか否かが争われたわけであるが、それはとりもなおさず、上述のような「歴史観」ないし「世界観」を憲法19条にいう「思想」とし（あるいはそれに該当する可能性があるものとし）、また「社会生活上ないし教育上の信念」を憲法19条にいう「良心」とする（少なくともそれに該当する可能性があるとする）ものであったといえよう。

　しかし筆者は上述のような日の丸や君が代が我が国の戦前の軍国主義やアジア侵略との関係において一定の役割を果たしたという捉え方が言葉のふつうの意味で「歴史観」ないし「世界観」といえるのか、したがってまた憲法19条がその自由を保障する「思想」といえるのか、さらにまたそうした「歴史観」ないし「世界観」に由来する「社会生活上ないし教育上の信念」といわれる思いが憲法19条がいう「良心」といえるのか、かなり疑問を感じるのである。

　「歴史観」という場合、それは、歴史がどのように進展してきたか、あるいは今後どのように進展するか、さらにはどのように進展するのが望ましいかということについての体系的に完成された見方とそれに基づく歴史の中で生起した事象の分析、把握、予測等を意味すると理解するのがふつうではなかろうか。いい換えればそれはいわば歴史の進展についてのパースペクティブとそれを適用して導き出された歴史の発展や事象の理解ともいうべきものであろう。また

「世界観」という場合も，文化・社会・経済・政治等の事象であれ，人間事象であれ，それを分析，把握し，批判あるいは受容の態度を決める源泉となる根本的で包括的なものの見方，及びそれに基づいてなされた事象の理解とするのが通常であろう。

　しかし日の丸や君が代が我が国の戦前の軍国主義やアジア侵略との関係において一定の役割を果たしたという捉え方は，そうした「歴史観」や「世界観」とは異なるものではなかろうか。それはむしろ我が国の過去の歴史の一時期にそうした事象があったという主張であり，「歴史」という言葉を使っていえば，1つの「歴史問題」の存在の主張ともいうべきものであって，体系性や包括性をもった見方とそれによって形成される歴史の発展やその中における諸事象，あるいは世界の諸事象についての理解である「歴史観」や「世界観」とは区別されるところがあると考えるべきではなかろうか。

　むろん筆者はだからといって上述のような原告らの我が国の戦前の歴史における日の丸や君が代の役割についての主張を誤謬であるとか，無意味であるとかいっているわけではない。筆者自身は問題にされるべきは軍国主義や侵略主義そのものであって，日の丸や君が代はそれに付随したものにすぎないと考えるべきではないかと思うので，それらが独自に一定の役割を果たしたとするかのような主張には賛同できないのであるが，原告らのそういう主張には多くの賛同者がいることも事実である。ただいずれにせよ日の丸や君が代の役割の問題はそもそもそういう事象があったかどうかが争われる問題であって，存在する事象について体系性や包括性を持った見方とそれによって得られた諸事象の理解である「歴史観」や「世界観」とは次元を異にするものであると考え，したがってそれを当然のように「歴史観」や「世界観」として扱うことに疑問を呈しているのである。

　また憲法19条にいう「良心」については周知のように諸説があるが，筆者はそれが是非善悪の判断等の倫理的なものであれ，あるいは信仰的なものであれ，憲法19条によって「良心」として保護されるのは，当人にとっては多かれ少なかれ，血肉化されたもの，いい換えると本来的あるいは本能的なものであって，それを侵害することが当人の精神生活を損ない，倫理的，道義的な羞恥，怒り，絶望の念をもたらし，あるいは生きることの希望・意思・意欲の土台の喪失感

をもたらすもの，また，第三者からも同様にみなされるものを指すと理解すべきであると考えている。そして原告らの「社会生活上ないし教育上の信念」といわれるものが直ちにそのままこうした憲法19条にいう「良心」になるわけではないと考えるのである。そのことを個人的なことも混じえて説明すれば，以下のようになる。

　筆者は1941年生れなので戦争終結時は4歳であった。したがって戦争のことはほとんど記憶にないし，当然また当時の日の丸や君が代についての記憶や体験もない。君が代訴訟の原告らは全員そうした私よりも年下であると推測されるから，なおさら戦前の日の丸や君が代についての直接的な記憶や体験はないと思われる。にもかかわらず，戦前の我が国の軍国主義やアジア侵略との関係において日の丸や君が代が一定の役割を果たしたと捉え，主張するのは，おそらく個人的な学習と組合運動の中での学習，とりわけ後者の結果であろうと推測される。しかしそうした学習の結果修得された知識に基づく，学校の式典における日の丸の掲揚や君が代の起立斉唱に同調，協力してはならず，子どもにもそれを強制してはならないという「社会生活上ないし教育上の信念」といわれるものは，筆者には先に述べたように血肉化された本来的，本能的なものである「良心」というよりも，むしろ日の丸や君が代が軍国主義やアジア侵略を促進する役割を果たしたという学習の結果到達した主張を貫くための活動方針ないし教育方針と捉えるべきであるように思われる。

　ここでももちろんだからといってそういう「社会生活上ないし教育上の信念」といわれるものを論難する気はないことを述べなければならないが，こうして筆者は率直にいって君が代訴訟を憲法19条の問題とすることに何かしらフィクショナルなものがあるような気がしてならないのである。筆者には原告らの起立斉唱行為やピアノ伴奏の拒否は，日の丸や君が代が戦前の我が国の軍国主義やアジア侵略との関係で一定の役割を果たしたという主張に立って中央政府や地方政府の政策，とりわけその文教政策をみた場合，「国旗及び国歌に関する法律」の制定やそれを受けて進められた卒業式や入学式等の学校の式典での日の丸の掲揚や君が代の起立斉唱は戦前の軍国主義やアジア侵略を反省せず，むしろ肯定するものであり，我が国に暗黒をもたらした軍国主義や侵略主義の復活につながるおそれがあると危惧してなされた反対や抗議の意思を示す運動な

いし行動と理解すべきもののように思われる。

　そうだとすれば，そのような戦前の我が国の歴史で日の丸や君が代は否定すべき役割を果たしたとし，そういう主張と真っ向から対立すると判断される中央政府や地方政府の政策に反対する意思を地方政府の職務命令に対する不服従という形で示そうとする原告らの起立斉唱行為やピアノ伴奏の拒否といった行為は，人権論の問題としては，憲法19条の問題としてよりも，むしろ憲法21条の表現の自由の問題として論じられるべきではなかろうか。それはいい換えれば，君が代訴訟においては職務命令の合憲性よりも，職務命令違反を理由に不起立行為やピアノ伴奏の拒否に懲戒処分を科すことの合憲性の方が，懲戒処分の裁量論のみならず，その憲法論が中心的な争点とされるべきではなかろうかということである。

　多くの判決が認めるように，不起立行為やピアノ伴奏の拒否は式典の積極的な妨害行為ではなく，それによってはさしたる式典の遂行への支障は生じていないのである。その意味ではそれはささやかな反対活動であり，抵抗行為である。繰り返していえば，筆者はそうした表現行為に対してもっぱら職務命令違反という形式的理由で懲戒処分という法的不利益を科すことは，中央・地方政府の文教政策に対する反対の表現行為を過度に規制するものではないかという視角こそが重要ではないか，むしろそうした視角を中心とすることが，君が代訴訟の適切な扱い方，論じ方ではないかと考える。筆者の知る限りではこのことが従来余り指摘されなかったように思われるので，簡単ながら最後に試論的にこうして君が代訴訟の視角について述べた。

　これまで筆者自身，本節の冒頭で述べた従来の君が代訴訟の扱い方や論じ方についての違和感や疑問を十分に整理しないまま君が代訴訟判決を論じてきたところがあるので，以上に述べたことは筆者がこれまで説いてきたところとは整合しないところもあるであろうが，現在はこのように考える次第である。

1)　最判平成19・2・27民集61巻1号291頁。
2)　最大判昭和31・7・4民集10巻7号785頁。
3)　最判平成2・3・6判時1357号144頁。
4)　最判平成23・5・30民集65巻4号1780頁，判時2123号3頁①事件。
5)　最判平成23・6・6民集65巻4号1855頁，判時2123号3頁②事件。

第1章　君が代訴訟平成23年～24年最高裁判決

6)　最判平成23・6・14民集65巻4号2148頁，判時2123号3頁③事件。
7)　最判平成23・6・21判時2123号3頁④事件。
8)　③判決において那須裁判官は補足意見として，ピアノ伴奏と起立斉唱行為は，前者が行為自体としては特に国旗，国歌に対する敬意を表するという要素が強いわけではなく，君が代が適切に斉唱されるための補助的作業であるのに対し，起立斉唱行為はその行為自体が自らの敬意を表明する意味を有するとともに，公立学校の教諭として，参加生徒らに模範を示すという側面を持つなどの相違点があるが，「他方で，いずれも入学式等の儀式において公立学校の教諭としての職務の一つとして求められている行為であること，その職務として行う行為の中に，濃淡・直接・間接の差はあっても，一定の敬意表明の要素が含まれるか，少なくともそう解される可能性が存在することなど，重要な共通点も存在する」と述べている。
9)　ピアノ伴奏事件判決に関与した那須裁判官は③判決の補足意見で，第1と第2の理由は，「『君が代』の伴奏を命じる職務命令がそもそも憲法19条の保障する思想及び良心の自由についての制約に当たらないという見解を基本とするものであると解されるが，同判決では，さらに，職務命令が思想及び良心の自由についての制約に当たる可能性もあることを考慮して，憲法15条2項……，地方公務員法30条……，32条……，学校教育法18条2号……及び小学校学習指導要領の趣旨をも検討し，職務命令がその規定の趣旨に適うものであり，その目的及び内容において不合理であるとはいえない旨判示している」と説明している。
10)　最判平成24・1・16裁時1547号3頁（判時2147号①事件），裁時1547号10頁（判時2147号127頁②事件）。
11)　拙著『人権判例の新展開』の例えば196～202頁。
12)　最判昭和52・12・20民集31巻7号1101頁。
13)　最判平成2・1・18民集44巻1号1頁。
14)　東京高判平成23・3・10判時2113号30頁②事件。
15)　東京高判平成23・3・25判例集未登載。

第2章
政教分離原則と住民訴訟最高裁判決
―― 砂川政教分離訴訟と白山比咩神社大祭奉賛会事件

はじめに

　最高裁は平成22年に，地方自治体（の機関）の行為が政教分離原則に反するか否かが争われた2つの事件について，相次いで興味ある判決を言い渡した。周知のように1つは，北海道砂川市が市有地上に神社等の宗教施設を設置することを許し，市有地を神社の敷地として無償で使用させていることの合憲性が争われた砂川政教分離訴訟（以下単に「砂川訴訟」という）判決であり[1]，もう1つは石川県白山市の市長が市内にある全国的にもよく知られた白山比咩神社の鎮座2100年式年大祭の奉賛会発会式に出席して祝辞を述べたことの合憲性が争われた白山比咩神社大祭奉賛会事件（以下単に「大祭奉賛会事件」という）の判決[2]である。

　筆者はいずれの事件についても，主として小泉首相靖国神社参拝違憲訴訟を論じた本誌（九州国際大学法学会刊『法学論集』）16巻1号掲載の「近年の人権判例（5）」（以下「前稿」という）で関連事例として付随的にその下級審判決にふれているが，本号（『法学論集』17巻3号）ではこのように最近最高裁の判断が示されたことを受けて，この2つの事件を改めて取り上げて論じることにしたい（なお砂川政教分離訴訟の名でよばれる訴訟には空知太神社に関するものと，富平神社に関するものがあるが，本稿で「砂川訴訟」として論じるのは，空知太神社に関する訴訟である）。

I　砂川訴訟

1　下級審判決

　北海道砂川市（昭和33年市制施行前は空知郡砂川町――したがって以下では時期によ

り「(砂川)町」ということもある)が市有地上に神社等の宗教施設を設置することを許し、市有地を神社の敷地として無償で使用させていること(以下「(本件)利用提供行為」という)の合憲性が争われたこの事件は、具体的には、市の住民(原告・被控訴人・被上告人)が、市のこうした利用提供行為は政教分離原則に反する行為であり、当該使用貸借契約を解除し、神社建物等の撤去を請求しないことは、違法に財産の管理を怠るものであるとして、砂川市長(被告・控訴人・上告人)に対し、地方自治法242条の2第1項3号に基づき、上記怠る事実が違法であることの確認を求めた住民訴訟であるが、先ず、本件利用提供行為が生じるに至った経緯を最高裁判決によって若干補足しつつ、前稿をほぼそのまま引用して述べると、次のとおりである。

明治25年頃地域住民の協力により、五穀豊穣を祈願して現在の市立空知太小学校の所在地付近に祠が建設されたが、明治30年神社創設発願者の住民6名は空知太神社(以下この神社を「S神社」、地名としての「空知太」を「S」という)の祠等の施設に用いる上記土地付近の3120坪の土地について、御貸下願を提出して認められ、同所にS神社施設(以下ではこの施設を昭和45年の新たな神社施設建立までは、原則として単に「神社施設」という)が建立された。

その後明治36年にこの神社施設に隣接してS小学校が建設されたが、昭和23年頃同小学校の校舎の増設と体育館新設の計画が立てられ、その敷地として神社施設がある土地が当てられたため、同施設を移転する必要が生じたところ、S地区のある住民が自分の土地(地番312番と311番2)をその敷地として提供したため、神社施設はそこに移転し、同地に地神宮も建てられた。

こうして神社施設は一旦私有地上に移ったのであるが、昭和28年この土地の所有者が固定資産税の負担を解消するため砂川町に対し当該土地の寄付願出をし、町は議会において土地の採納の議決、及び土地を祠等の神社施設のために無償で使用させるとの議決を行った。こうして神社施設は再び公有地上に存置することになったのであるが、S部落連合会(S地区には開拓以来第1ないし第3部落会―その後町内会に名称変更―があり、地区における行事等の際にはこれらの部落会によって連合会が組織されていた)は昭和45年頃神社施設が存置する土地とその隣接地に、かねて住民から設置の要望があった集会場等となる建物としてS会館を建設することを計画し、市からの補助金の交付を受けて同年10月にこの

会館を新築した。同会館はS会館運営委員会（各町内会の会員によって組織されている）によって運営されているが，こうした会館の建設に伴い，地神宮はそのまま残されたものの，従来の祠はS会館の一角に移設され，また堅固な構造を有する神明鳥居が新たに設置された（従来の鳥居は取り壊された）。

なお鳥居の上部正面には「S神社」の額が掲げられるとともに，S会館の2か所の入口のうち，祠側にある入口——鳥居の正面にある——の外壁上部にも「神社」との表示が設けられ，また上記市有地以外の隣接地の一部は私有地，一部は北海土地改良区有地であったが，私有地部分（地番311番1）はS会館建設前に所有者から市に寄付された市有地となり，従来からの市有地と同様無償で神社施設のため提供され，残りの北海土地改良区が所有する部分（地番313番と316番3）も無償で借用された（以下では最高裁判決に倣ってS会館のことを「本件建物」，S会館内のS神社の祠，入口の「神社」の表示，鳥居，地神宮の4つの神社施設については，合せて「(本件)神社物件」という——ただし1，2審判決の用語例はそれと若干異なるが，そのことについては当該箇所で説明する）。

さらに平成6年この北海土地改良区所有の土地を同改良区からの買受けの要請に基づき市が644万円強で購入したため，神社施設が存置する土地はすべて砂川市の所有地となったが，市はこの北海土地改良区から購入した部分も引き続き無償で使用させている。

付言すると，S神社は宗教法人ではないが，天照大神の分霊を祀り，当該地方では最古に属する神社であって，初詣，春祭り，秋祭りという年3回の行事が行われ，2回の祭りの際には宗教法人である砂川神社から宮司が派遣され，秋祭りの際には神事が行われるなどしている。また本件建物及び本件神社物件の所有者かつ維持管理者はS連合町内会（S部落連合会の後身——現在のS地区にある6つの町内会の連合組織）であるが，上記のS神社の祭り等の宗教行為に関わるのは，神社付近の住民らで構成される氏子集団である。

ただこの氏子集団は有志組織であって，組織についての特段の規約等はないため，氏子の範囲を明確に特定することができず，また役員の選出についても一義的に明確な手続はなく，多数決原理がとられているということもできないから，法人格あるいは権利能力なき社団性を認めることはできないとされている（本件神社物件がS連合町内会の所有とされているのはそのためである）。

1審判決は「政教分離原則違反の有無についての判断基準」として，津地鎮祭事件と愛媛玉串料訴訟で最高裁が説いた目的効果基準を述べた上で，砂川市の行為について次のように判断している。

判断の最初はS神社の沿革とS会館，鳥居，地神宮（1，2審判決はこの3者を「本件施設」といい，S会館とその中のS神社の祠を特に区別していない）の宗教性であるが，沿革からしてもS神社の施設は神社すなわち宗教施設として建てられ，維持されてきたといえるとした後，「本件施設においては，上記認定のとおり，寺と神社の（区別の一筆者）判断基準とされていて神社の象徴的存在といえる本件鳥居及び地神宮があり，本件鳥居及びその正面にある本件建物の入口にはいずれも『神社』であることが明記されており，その入口を入った本件建物の正面奥には神道における神の中心となる天照大神を祀った本件祠がある。また，上記認定のとおり，本件施設においては，砂川神社から宮司の派遣を受けるなどして神式の行事が営まれており，これら行事は，雅楽が演奏されることや巫女が舞うことなどもあって，宗教的色彩を失って世俗化ないし習俗化しきっているものとはいえず，宗教的行為であるといえる。以上のようなS神社の沿革並びに本件施設の配置等を含む外形及び用途に照らすと，本件建物を含む本件施設は，明らかに宗教施設である神社であるとの評価を受けるものというほかない」という。

ただS会館は地域の集会場等としての性格を併せ持つ建物として建設され，実際にも地域住民の非宗教的な利用に供され，むしろそうした利用の頻度の方が神社としてのそれよりも多いという現実はあるが，「そのことによって本件建物を含む本件施設の宗教施設性が払拭されるものではない」と判決は念を押す。

さらに判決は，「本件施設の所有及び運営主体」と題する次の検討で，上記のような，S神社は宗教法人ではないこと，本件施設を所有・運営しているS連合町内会は地域団体であり，また実際に宗教行為を担う氏子集団もその構成員が強固な信仰を保持しているものではなく，S神社を支える宗教団体ないし教団のような団体の存在も認められないこと等の事情はあるが，「しかし，神社神道は自然発生的な信仰であって必ずしも明確な教義教典が存在しないことなどに照らすと，上記の点は，宗教施設性が明確な本件施設について，これが

神社施設であるとすることの妨げとなるものではなく，かえって本件施設が神社としてS連合町内会の承認のもとに維持されていることを示す事情と評価されるべきである」とする。こうして本件施設の宗教施設性は疑う余地がないとするのである。

続いて判決は，「本件土地取得の経緯等からの評価」とういタイトルで，312番，311番2，313番，316番3という本件施設が存在する土地の砂川市による取得の目的が宗教的意義を持つか否かを検討する（昭和45年のS会館建設の際に寄付された311番1は検討の対象とされていない）。そして，「上記認定のとおり，E（312番と311番2の所有者—筆者）は，地神宮が昭和25年に建てられた後の昭和28年になって，祠等の宗教施設のために本件312番土地及び本件311番2土地の寄付願出をし，これを受けて砂川町は上記両土地の採納の議決並びに両土地を無償で使用させることの議決をしたことからすれば，砂川町は，上記施設のために上記両土地が使用されることを認識して採納の議決をし，その所有権を取得したといえるから，上記両土地の取得の目的は宗教的意義を有する」とし，「また，本件313番土地及び本件316番2土地についてみても，砂川市は，これらの土地に宗教施設である本件施設が存在することを認識しつつ購入したことは明らかであり，上記両土地の取得の目的は宗教的意義を有する」とする。

この点につき筆者はこのように本件利用提供行為とは別に土地の取得目的の宗教的意義を論じる必要があるのか，論じるとしても，すでにその上に本件施設が存在する土地の所有者からの寄付願いや買受けの要請を受けて当該土地を取得したといういわば受動的な行為が，判決がするほどその目的において明らかに宗教的意義を有すると断言できるのか，いささか疑問に思っている。何も存在しない土地を宗教施設の利用に提供するために購入したというような場合とはやはり異なる評価の余地があるであろうし，また，取得は利用提供行為の前段階として，利用提供行為に解消すればよく，態々独立して取得行為の意義を論じる必要はないのではないか，むしろ論ずべきは利用提供行為であるところ，その肝心な検討が不十分であるとの批判も当然生じ得よう。

ただ判決がすぐ次にみるように，砂川市の本件施設に関する行為を憲法89条違反とするのみならず，憲法20条3項が禁じる「宗教的活動」にも該当するとしているのをみると，判決は，狭義の利用提供行為が憲法89条に違反するのは

当然と判断したうえで，狭義の利用提供行為からは簡単には導出できない憲法20条3項違反の結論を得るために，狭義の利用提供行為とは別に取得行為を独立して取り上げ，その宗教的意義を論じているのではないかとも推測される（後にみるように，最高裁判決は特に取得行為を独立しては取り上げず，憲法20条3項違反の有無を論じることもしていない）。

ともあれ判決は続いて，「これらに加え，本件施設が，上記のごとく，その歴史的沿革，その外形からの評価，そこで営まれている行事などに照らして，神社というほかなく，その宗教施設としての性格が明確であることを考慮すると，砂川市が本件土地を取得し，これを本件施設の維持のために無償で提供している行為は，特定の宗教に特別の便宜を与え，これを援助，助長，促進することが明らかであって」とし，結論として，「以上からすると，砂川市が，本件施設に関して行った行為，すなわち，砂川市の所有する本件土地を，S連合町内会に対し，同連合町内会との間の使用貸借契約に基づいて使用させ，本件土地上に本件施設を所有させている行為は，本件施設が宗教施設である点において，特定の宗教を援助，助長，促進するものであり，宗教とのかかわり合いの程度が，わが国の社会的，文化的諸条件に照らし，信教の自由の保障の確保という政教分離の制度の根本目的との関係で相当とされる限度を超え，憲法20条3項にいう宗教活動に当たり，また，宗教的施設を維持するために，地方公共団体の財産を供するもので憲法89条に反するものというべきである」と結論する。

1審判決はこうして本件利用提供行為は憲法20条3項と89条という2つの条項に違反するとするのであるが（もっとも，「被告には……憲法20条1項，3項，89条に規定される政教分離違反の行為があり」として，憲法20条1項に言及している場合もある），2審判決[4]は基本的にはこうした1審判決を維持しているものの，若干の相違もみせている。その最大のものは1審判決の上記引用文中の最後の部分，すなわち，「憲法20条3項にいう宗教活動に当たり，また，宗教施設を維持するために，地方公共団体の財産を供するもので憲法89条に反するものというべきである」としている部分を，「憲法20条3項にいう宗教的活動に当たり，同条項の政教分離規定に違反し，また，宗教的施設を維持するために地方公共団体の財産を供するものであり，憲法20条1項後段，89条に規定される政教分

離原則の精神に明らかに反するものというべきである」(傍点筆者) と改めていることである。2審判決はこのように改めるために予め箕面忠魂碑訴訟最高裁判決に依拠して，本件施設の所有者であり，その内部機関であるS会館運営委員会が本件施設の維持管理を行っている「S連合町内会は，……特定の宗教の信仰，礼拝又は普及等の宗教活動を行うことを本来の目的とする組織ないし団体には該当しないというべきであって，憲法20条1項後段にいう『宗教団体』，憲法89条にいう『宗教上の組織若しくは団体』には該当しないものと解するのが相当である」との判断を示している。要するに当該団体や組織，あるいはその構成員の明白な宗教目的保持をメルクマールとして，憲法20条1項にいう「宗教団体」や憲法89条にいう「宗教上の組織若しくは団体」の意義を理解し，本件施設の所有者であり，管理運営を行っているS連合町内会はこのように解される宗教(上の)組織や団体ではないから，結局本件施設に関わる「宗教団体」や「宗教上の組織若しくは団体」は存在しないことになり，だとすれば，本件利用提供行為もストレートに20条1項後段や89条違反とはいえないとして，それよりもトーンをダウンさせた，両条項に規定される「政教分離原則の精神に明らかに反するものというべきである」という判示に改めているのである。

　この点については，実は1審判決も前述のように，S連合町内会は地域団体であり，氏子集団もこれを構成している者が特に強い信仰を保持しているものではなく，S神社を支える宗教団体ないし教団のような団体の存在も認められないとして，同様の認定をしているのであるが，にもかかわらず憲法89条の直接適用の有無に関してこのように両判決で判断が分かれるのは，1審判決は本件施設は宗教施設であり，それを維持するために地方公共団体の財産を供することはすなわち宗教上の組織もしくは団体のために供することであるとするためである。いい換えると，2審判決は上述のように憲法20条1項の「宗教団体」や憲法89条の「宗教上の組織若しくは団体」を主として，当該団体や組織，あるいはそれを構成する人々の宗教的活動に対する意識の強さや共通性，端的にいえば，目的という意識レベルに着目して理解するのに対して，1審判決はこうした意識と切離された物的施設のみでも，また法人格等の有無にかかわらず，「宗教団体」や「宗教上の組織若しくは団体」とみなされるとし，本件施設はこのような意味で憲法89条のいう「宗教上の組織若しくは団体」に当たり，し

たがってこうした施設に対する本件利用提供行為は憲法89条にも反するとするのである。

　もう１つ目につく違いは，１審判決は土地取得の目的について前述のように，「Ｅは，……祠等の宗教施設のために本件312番土地及び本件311番２土地の寄付願出をし，これを受けて砂川町は上記両土地の採納の議決並びに両土地を無償で使用させることの議決をしたことからすれば，砂川町は，上記施設のために上記両土地が使用されることを認識して採納の議決をし，その所有権を取得したといえるから，上記両土地の取得の目的は宗教的意義を有する」とし，同様に，「また，本件313番土地及び本件316番２土地についてみても，砂川市は，これらの土地に宗教施設である本件施設が存在することを認識しつつ購入したことは明らかであり，上記両土地の取得の目的は宗教的意義を有する」としているのに対し，２審判決はその部分を，それぞれ，「Ｅは，……昭和28年ころ，砂川町に対し，祠等の施設のために本件312番土地及び本件311番２土地の寄付願出をし，砂川町も，町議会において，上記両土地の採納の議決及び上記両土地を祠等の施設のために無償で使用させるとの議決をしたものである。このような砂川町が本件312番土地及び本件311番２土地の所有権を取得した経緯に照らすと，砂川町が上記両土地を取得等した目的は，祠等の宗教施設の維持存続にあることは否定し難く，宗教的意義を有するものといわざるを得ない」と改め，また同様に，「砂川市が上記両土地（313番土地及び316番２土地―筆者）を取得等した目的についても，本件312番土地及び本件311番２土地と相まって，祠等の宗教施設の維持存続にあると評価されることもやむを得ないところであり，宗教的意義を有することは否定し難いものである」と改めていることである。

　いうまでもなく，本件施設のために土地が使用されることを「認識」してその所有権を取得したり，土地に宗教施設が存在することを「認識」してそれを購入したことを，土地取得の目的が宗教的意義を持つことの証左とする１審判決の行論が説得的ではないとし，「祠等の宗教施設の維持存続」という文言を挿入することによって，土地取得の目的が宗教的意義を持つことをより積極的，かつ，丁寧に論証し，そのことによって違憲の結論，そのうちでも特に憲法20条３項が禁じる「宗教的活動」に該当するとの結論をより堅固なものにしよう

という意図によるものである。

このような1, 2審判決と比べてみると, 最高裁判決は, 本件利用提供行為を違憲とする点では共通しているものの,「本件利用提供は憲法89条に違反し, ひいては憲法20条1項後段にも違反する」として, 1, 2審判決のように20条3項の「宗教的活動」には全く言及していないことからも窺えるように, 内実はかなり異なっている。

以下こうした最高裁判決を詳しくみることにしよう。

2　最高裁判決

最高裁は1審判決が,「本件における砂川市の行為に対する判断」に先立ち,「政教分離原則違反の有無についての判断基準」と題して, 政教分離原則に関する判断の仕方の一般原則を述べたのと同様に,「本件利用提供行為の憲法適合性」を論じる前に,「憲法判断の枠組み」とのタイトルの下, 憲法89条や20条1項後段の趣旨, 及びそれに違反するか否かの判断基準について相当詳しく述べている（前述のように最高裁判決では20条3項は登場していない）。

先ず両条項の趣旨については次のようにいう。「憲法89条は, 公の財産を宗教上の組織又は団体の使用, 便益若しくは維持のため, その利用に供してはならない旨を定めている。その趣旨は, 国家が宗教的に中立であることを要求するいわゆる政教分離の原則を, 公の財産の利用提供等の財政的な側面において徹底させるところにあり, これによって, 憲法20条1項後段の規定する宗教団体に対する特権の付与の禁止を財政的側面からも確保し, 信教の自由の保障を一層確実なものにしようとしたものである。しかし, 国家と宗教とのかかわり合いには種々の形態があり, およそ国又は地方公共団体が宗教との一切の関係を持つことが許されないというものではなく, 憲法89条も, 公の財産の利用提供等における宗教とのかかわり合いが, 我が国の社会的, 文化的諸条件に照らし, 信教の自由の保障の確保という制度の根本目的との関係で相当とされる限度を超えるものと認められる場合に, これを許さないとするものと解される」。

これはいうまでもなく従来の最高裁判決の趣旨を繰り返したものであるが, しかし子細にみると微妙に異なるところがみられる。例えば周知のように政教分離原則に関する最高裁の代表的判例の1つである愛媛玉串料訴訟判決は,「憲

法の政教分離規定の基礎となり，その解釈の指導原理となる政教分離原則は，国家が宗教的に中立であることを要求するものではあるが，国家が宗教とのかかわり合いを持つことを全く許さないとするものではなく，宗教とのかかわり合いをもたらす行為の目的及び効果にかんがみ，そのかかわり合いが我が国の社会的・文化的諸条件に照らし相当とされる限度を超えるものと認められる場合にこれを許さないとするものであると解すべきである」とし，それを踏まえて，憲法20条3項にいう「宗教的活動」とは，「およそ国及びその機関の活動で宗教とのかかわり合いを持つすべての行為を指すものではなく，そのかかわり合いが右にいう相当とされる限度を超えるものに限られるというべきであって，当該行為の目的が宗教的意義を持ち，その効果が宗教に対する援助，助長，促進又は圧迫，干渉等になるような行為をいうものと解すべきである」とした上で，「憲法89条が禁止している公金その他の公の財産を宗教上の組織又は団体の使用，便益又は維持のために支出すること又はその利用に供することというのも，前記の政教分離原則の意義に照らして，公金支出行為等における国家と宗教とのかかわり合いが前記の相当とされる限度を超えるものをいうものと解すべきであり，これに該当するかどうかを検討するに当たっては，前記と同様の基準によって判断しなければならない」としている。すなわちいわゆる目的効果基準が憲法89条の解釈においても妥当するとされているのであるが，それに対し砂川訴訟最高裁判決の憲法89条に関する判示では，この目的効果基準についての言及がないのである。

　代わりに判決は，「国公有地が無償で宗教的施設の敷地としての用に供されている状態が，……信教の自由の保障の確保という制度の根本目的との関係で相当とされる限度を超えて憲法89条に違反するか否かを判断するに当たっては，当該宗教的施設の性格，当該土地が無償で当該施設の敷地としての用に供されるに至った経緯，当該無償提供の態様，これらに対する一般人の評価等，諸般の事情を考慮し，社会通念に照らして総合的に判断すべきものと解するのが相当である」という，いわば総合的判断説ともいうべき基準を述べている。

　当然ここで少なくとも明示的には目的効果基準が採られていない理由が問われることになるが，それはおそらく本件特有の事情に由来するものであると考えるべきであろう。すなわち先にも若干ふれたように，本件は砂川市が本件神

社物件建立のために土地を購入し，無償で貸与しているというような事例ではなく，すでにそこに神社物件が存在している土地が偶々寄付や所有者からの買受けの要請に応じた購入により市有地となり，砂川市がその後もこうして自らが所有するに至った土地上の神社物件の従来通りの存在を容認し続けたという事例であって，積極的に本件利用提供行為の目的を論じる手掛りが乏しいのである。本件利用提供行為には砂川市の方からみれば，いわば受動的ないし自然の経緯的要素ともいうべき要素が多分にあり，何らかの宗教目的があって砂川市が自らの方から新しいアクションを起こしたとはいい難いケースであるだけに，目的に即して，あるいは目的を捉えて，本件利用提供行為の憲法適合性を論じることが妥当かどうか，疑問が抱かれる事案なのである。

いい換えれば，目的効果基準にいう「目的」とは，自らの行為が持つ宗教的意義についての認識，敢えていえば故意のことであるが，本件では理論的にいえばそうしたものの存在が認められないわけではないものの，実際には市が長年の地域の環境を改めるようなことをしなかったというだけで，玉串料の奉納等に比べてやはりそうした認識や故意が弱いとみなされる余地も多分にあるだけに，目的に沿って判断するのがためらわれたということであろう。

同様に効果についても，当該地区の住民にしろ，あるいは市の住民にしろ，住民にとっては状況は以前から慣れ親しんでいる日常の風景がそのまま維持されているということであって（その意味ではそもそも本件利用提供行為がどの程度住民に知られているのかという問題もあろう），特に本件利用提供行為によって住民の間で新たな宗教的関心が喚起されたり，神道の普及宣伝が促進されたりするわけでなく，また，一般的にも人々が通常はこうした特定地域の特定事象について特に評価を下すことに関心を持つとは考えられないから，何らかの意味のある宗教的効果も見出し難く，したがって本件利用提供行為について効果を取り上げて論じて結論を出すのも，いささか困難な事案なのである。要するに本件は目的とか効果とかいう多分に主観的要素が入る基準を用いて判断するには適していない事案とみられる余地があるのである。

ところが本件利用提供行為を客観的に，いわば状態ないしは結果としてみると，やはり憲法89条に違反する疑いはぬぐえないため，最高裁は目的効果基準に代る判断基準を考えざるを得ず，こうして前述のような，当該宗教的施設の

性格，当該土地が無償で利用提供されるに至った経緯と利用提供の態様といった客観的要素を中心にし，それに従来より用いられてきた一般人の評価といった主観的要素を加味した新たな判断基準を本件では説いたのではないかと思われるのである。

　もっとも最高裁はこうした本件での判断基準も従来の津地鎮祭訴訟判決や愛媛玉串料訴訟判決の趣旨に沿うものとしていて，格別従来の判断基準と異なるものではないとしている。確かに目的効果基準が明示的にはもちろん，黙示的にも放棄されているわけではないが，ただ必ずしも目的効果基準になじまないケースもあり，本判決はそうした事案について従来の判例をそのまま踏襲せず，新たな判断基準を付け加えたものとして理解し，注目する必要があろう。

　そのことをもっと突き詰めていえば，そもそも憲法89条に違反するか否かの判断において，目的や効果といった多分に主観的要素が入る要件はもちろんのこと，今回の最高裁判決がいうような，当該宗教的施設の性格，利用提供の経緯や態様，及び一般人の評価といった類の要件を基準にすることが，真に必要であり，また妥当であるかということになろう。むしろ宗教上の組織もしくは団体の使用・便益・維持のため，公金その他の公の財産が支出され，又は提供されていると客観的に認められれば，そのことによる宗教的影響の深浅や広狭に関わりなく，それは原則として憲法89条違反とみなされるべきであり，ただ教育支援や文化財の保護といった教育や文化目的のため，他の非宗教的組織や団体と同様に公金や公の財産の支出・提供を受けているといった特別の事情がある場合のみ，例外的に違憲性が解消されると捉えるのが，憲法89条の趣旨というべきではなかろうか。

　筆者自身はこう思っているので，憲法89条の理解において目的効果基準はもちろんのこと，総合的判断説を用いることにも実は強い疑問を持っているのであるが，そのことについては後にもふれる機会がある。

　いずれにせよ，上に紹介したような「憲法判断の枠組み」を述べた上で最高裁は，「本件利用提供行為の憲法適合性」の判断に進む。

　先ず判決は，市有地上に存在する鳥居，地神宮，及び，「神社」と表示された会館入口から祠にいたる神社物件は一体として神道の神社施設に当たるものとみるほかなく，またＳ神社において行われている諸行事も神道の方式にのっ

とって行われているその態様に鑑みると，宗教的な意義の希薄な単なる世俗的行事にすぎないということはできないという。その結果，「このように，本件神社物件は，神社神道のための施設であり，その行事も，このような施設の性格に沿って宗教的行事として行われているものということができる」とまとめる。

　初詣まで宗教的行事と断定していることに若干疑問が感じられないわけではないが，その点を除けばここまではごく通常の判断であって，特にそれ以上説明する必要はないであろうが，最高裁判決の最大の特色はそれに続いて展開される氏子集団の位置づけである。1，2審判決はすでに述べたように，S神社を含むS会館，鳥居，地神宮等の本件施設はS連合町内会によって所有され，その維持管理は当該町内会の内部組織であるS会館運営委員会によって行われているとし，氏子については，ただ，祠，鳥居，地神宮等の神社物件において年3回行われる初詣，春祭り，秋祭り等の行事を手伝い，寄付集めを行う等の宗教行為を行っているが，神道以外の宗教の者も居り，またその範囲も明確ではないため，その集団に法人格あるいは権利能力のない社団性を認めることはできないと述べるのみである。すなわち氏子ないし氏子集団は1，2審判決においてはこの限りで言及されているだけで，それ以上特に法的意義のある存在としては扱われていないのである。

　ところが最高裁判決は，「本件神社物件を管理し，上記のような祭事を行っているのは，本件利用提供行為の直接の相手方である本件町内会ではなく，本件氏子集団である。本件氏子集団は，前記のとおり，町内会に包摂される団体ではあるものの，町内会とは別に社会的に実在しているものと認められる。そして，この氏子集団は，宗教的行事等を行うことを主たる目的としている宗教団体であって，寄附を集めて本件神社の祭事を行っており，憲法89条にいう『宗教上の組織若しくは団体』に当たるものと解される」として，氏子集団の役割の理解や法的位置づけを1，2審判決とは大きく異にしているのである。

　もっとも前述のように1，2審判決もS神社の氏子総代及び世話役などの役員がS神社における年3回の行事の手伝いをしたり，祭りの際に寄付集めを行ったりしていること，あるいはS神社の宗教行為を実際に担ったり，行ったりするのはS連合町内会ではなく氏子であることなどを認定しているから，

49

上記の最高裁判決の引用文中の,「上記のような祭事を行っているのは,……本件氏子集団である」との判断はまだしも１, ２審判決と符合するところがないわけではないが, 神社物件の管理も氏子集団が行っているとの明確な認定は１, ２審判決にはなく, １, ２審判決はむしろ本件施設全体の維持管理は前述のようにＳ会館運営委員会によってなされていると認定しているから, ここにおいて最高裁判決は下級審判決と判断を異にしているのである。

いうまでもなく上記の引用文から明らかなとおり, このように氏子集団を神社物件の管理者とすることは, 氏子集団を憲法89条の「宗教上の組織若しくは団体」とするための伏線となっているのであるが, 判決からみる限り, 長年の付近住民の慣行として, 一時的に, 年３回の行事のときにのみ, いわば有志組織としてそれを手伝うという形でＳ神社に関わるにすぎず, しかもそのグループの範囲も明確でなく, 神道の信仰を有していない者も多数居る（１審判決は現在の氏子総代や世話役等の役員には神道の者は居らず, 全員宗教としては仏教を信仰しているとしている）氏子集団を神社物件の管理者とし, そのことを受けて氏子集団を,「宗教的行事等を行うことを主たる目的としている宗教団体」, 憲法89条にいう「宗教上の組織若しくは団体」に当たるものと解されるとすることがはたして妥当か, 強い疑問が抱かれるところである。

　１, ２審判決によれば, Ｓ会館運営委員会が管理する本件建物内にある祠には普段は参拝する者は居らず, その扉も閉められたままで, 祭りの時のみ開かれ, また鈴, 賽銭箱, しめ縄等の年３回のＳ神社の行事に使う道具もＳ会館内に保管されているとされ, さらに年２回程度の本件神社物件が存在する土地の草刈もＳ会館運営委員会によって行われているとされているが, こうしてみると本件神社物件の日常的な管理運営はむしろどちらかといえば, Ｓ会館運営委員会が行っているとみられる余地も多分にあり, 氏子集団が本件神社物件の管理運営を行っているという実体がはたして本当に存在するのか疑わしいし, 本件神社物件における祭事に係る氏子集団の活動も実際にはしめ縄張りや賽銭箱の準備等の初詣や祭りの準備あるいは手伝いが主で, 自ら祭りを主宰したり, 一団となって玉串奉奠等を行う等の活動を行っているわけではないから, そうした氏子集団について, 祭事を行っているとか, 宗教的行事を行うことを主たる目的とする宗教団体とかいうことが, 実態に則しているのか, 甚だ疑わ

しいように筆者には思われるのである。

　しかし最高裁はこのように氏子集団の宗教団体性を強調し、続けて、「本件氏子集団は、祭事に伴う建物使用の対価を町内会に支払うほかは（氏子総代が祭りの際に集まった寄付のうちから年6万円をS会館の使用料としてS連合町内会に支払っている[5]——筆者）、本件神社物件の設置に通常必要とされる対価を何ら支払うことなく、その設置に伴う便益を享受している。すなわち、本件利用提供行為は、その直接の効果として、氏子集団が神社を利用した宗教的活動を行うことを容易にしているものということができる」という。

　ここまで来ると結論は当然明らかであろう。すなわち最高裁は続けて、「そうすると、本件利用提供行為は、市が、何らの対価を得ることなく本件各土地上に宗教施設を設置させ、本件氏子集団においてこれを利用して宗教的活動を行うことを容易にさせているものといわざるを得ず、一般人の目から見て、市が特定の宗教に対して特別の便益を提供し、これを援助していると評価されてもやむを得ないものである」というのである。

　前述したように本件神社物件の存在する土地の所有権を砂川市が取得したのはかなり偶然であり、それを受けての本件利用提供行為も積極的な意図によるものというよりも、それまでの状態をそのまま維持し続けるという程度の動機ないし目的によるものであるが、最高裁は、「本件利用提供行為は、……本件神社を特別に保護、援助するという目的によるものではなかったことが認められるものの、明らかな宗教的施設といわざるを得ない本件神社物件の性格、これに対し長期間にわたり継続的に便益を提供していることなどの本件利用提供行為の具体的態様等にかんがみると、本件において、当初の動機、目的は上記評価を左右するものではない」といって、当初の動機、目的の如何は特に判断に影響を与えるような事情ではないとする。当初の動機、目的はともかく、本件利用提供行為の現状を客観的にみれば、それはやはり市有地に無償で宗教施設を設置させ、氏子集団においてそれを利用して宗教的活動を行うことを容易にさせているものといわざるを得ないというわけである。

　だとすれば、憲法89条の解釈においてはむしろ格別細かい要件を挙げて判断基準とする必要はなく、宗教上の組織もしくは団体に対する公金や公の財産の支出・提供という事実が認められれば、原則89条違反と考えてもよいのではな

いかというのが，前述のように，筆者の見解なのであるが，最高裁はこうした展開を受けて，「以上のような事情を考慮し，社会通念に照らして総合的に判断すると，本件利用提供行為は，市と本件神社ないし神道とのかかわり合いが，我が国の社会的，文化的諸条件に照らし，信教の自由の保障の確保という制度の根本目的との関係で相当とされる限度を超えるものとして，憲法89条の禁止する公の財産の利用提供に当たり，ひいては憲法20条1項後段の禁止する宗教団体に対する特権の付与にも該当すると解するのが相当である」と結論する。

　結論自体には異論はないが，筆者はこれまで繰り返し述べたような理由で，本件利用提供行為の憲法89条違反をいうのなら，S神社と別に強引に氏子集団を「宗教上の組織若しくは団体」と規定してそういうのではなく，むしろ1審判決のように法人格の有無等にかかわらず，S神社という施設そのものも「宗教上の組織若しくは団体」に該当するとみなし（もっとも1審判決はそのように明言しているわけではないが，コンテクストからすればそのように理解される），また，公金や公の財産の宗教上の組織もしくは団体への支出・提供が認められれば，特別の事情がない限り，憲法89条違反となるのが原則であるとの立場に立ってそういう方がむしろ自然ではないかと考えるので，こうした最高裁の判旨に全面的には賛成することができない。

　最後に，藤田裁判官等3裁判官による3つの補足意見，甲斐中裁判官等4裁判官による意見，及び今井裁判官等2裁判官による2つの反対意見のうち，筆者が関心を持ったものを簡単に紹介しておこう。

　藤田裁判官の補足意見は，過去の最高裁の判例上，目的効果基準が機能せしめられてきたのは，問題になる行為等においていわば「宗教性」と「世俗性」とが同居しており，その優劣が微妙であるときに，そのどちらを重視するのかの決定に際してであって，明確に宗教性のみを持った行為につき，さらに，それがいかなる目的を持って行われたかが問われる場面においてではなかったとし，本件利用提供行為がもっぱら特定の純粋な宗教施設及び行事（要するに「神社」）を利する結果をもたらしていることは否定することができないのであるから，実は本件における憲法問題は，本来，目的効果基準の適用の可否が問われる以前の問題であるというべきであるとする。

　アプローチはかなり異なるが，本件が目的効果基準の適用になじまないケー

スであるとする点では上に述べた筆者の見解と共通するところがないでもない。

　また，藤田補足意見は，「本件における固有の問題は，一義的に宗教のための施設であれば（すなわち問題とすべき「世俗性」が認められない以上）地域におけるその存在感がさして大きなものではない（むしろ希薄ですらある）ような場合であっても，そのような施設に対して行われる地方公共団体の土地利用提供行為をもって，当然に憲法89条違反といい得るか，という点にあるというべきであろう」としつつ，憲法89条が過去の我が国における国家神道下で他宗教が弾圧された現実の体験に鑑み，個々人の信教の自由の保障を全うするため政教分離を制度的に保障したとされる趣旨及び経緯を考えるとき，同条の定める政教分離原則に違反するか否かの問題は，必ずしも，問題とされている行為によって個々人の信教の自由が現実に侵害されているか否かの事実によってのみ判断されるべきものではないと結論しているが，これも89条の適用においては公金の支出や公の財産の利用提供行為の宗教的影響の深浅や広狭を問題にすべきではないという筆者の見解と似通ったところがないでもない。

　この後者の点については，近藤裁判官の補足意見でも，同様に，「上記のような弊害（国又は地方公共団体が特定の宗教を優遇することによって，他の宗教の信者や無宗教の者の積極的・消極的信教の自由を損なうこと—筆者）を生じる危険性の大小によって違憲か合憲かの線引きをすることは，困難であり，適切でもない。憲法の趣旨は，国が特定の宗教を優遇することを一切禁止する……というものであり，そのように厳格な宗教的中立性を要求しても，国にとっては，違憲状態を解消する過程で多少の困難を伴うことはあっても，政教が分離されている状態自体が不都合なものであるとは考えられないからである」と述べられている。

　堀籠裁判官は，神道は自然発生的に育った伝統的な民族信仰・自然信仰であり，憲法にいう宗教としての性質を有することは否定できないとしても，それと，創始者が存在し，確固たる教義や教典を持つ排他的な宗教とを，政教分離原則の適用上，抽象的に宗教一般として同列に論じるのは相当ではないとし，また，「本件建物は，専ら地域の集会場として利用され，神社の行事のために利用されるのは年３回にすぎず，祠は建物の一角にふだんは人目に付かない状況で納められており，本件神社物件は，宗教性がより希薄であり，むしろ，習

俗的，世俗的施設の意味合いが強い施設というべきである」として，本件利用提供行為が憲法の定める政教分離原則に違反するということはできないとするが，上に紹介した藤田裁判官と近藤裁判官の見解は，こうした反対意見に対する批判になっているのである。

甲斐中裁判官等4裁判官の意見は，本件利用提供行為の憲法89条適合性を正しく判断するには，何よりも判断に必要な諸般の事情を全体的に認定した上で，総合的に判断することが必要であるところ，多数意見が依拠した原判決の認定は，審理を尽くして過不足なく全体的に認定しているとはいえないとするものである。

すなわちその一部である本件祠や神社としての利用については具体的かつ詳細な事実認定をしているものの，S会館全体の利用状態（上告人によれば年間355回の利用実績のうち，神社の行事としての利用は2％弱）や構造（祠の設置部分はS会館の建設面積の20分の1程度）については，上告人の主張にもかかわらず，具体的な認定をしようとしていないこと，上告人主張のように氏子総代世話役等のなかで神道を信仰している者は皆無であり，これらの者は町内会に役員として参加するのと同様な世俗的意味で氏子集団に参加し，先祖から慣習的に引き継がれている行事に関与しているにすぎず，そこに宗教的意義，宗教的目的を見出している者はいないとするならば，そのことは本件神社施設の宗教性を判断するに当たって考慮すべきことであると考えられるにもかかわらず，この点でも十分な審理が尽くされていないこと，本件のように北海道の農村地帯に存在し，もっぱら地元住民が自らの手で維持，管理してきたもので，地元住民以外に知る人が少ない宗教的施設に対する公有地の利用提供行為についての一般人の評価を検討するのであれば，先ず，当該宗教施設が存在する地元住民の一般的な評価を検討しなければならないところ，これがなされていないこと，等を指摘し，これらの点について正しく認定判断がされたとすれば，多数意見の判断とは異なり，本件利用提供行為を合憲と判断することもあり得たものと考えるとしている。

いずれもそれなりに一応の論点ではあるが，筆者は繰り返し述べたように，利用提供行為がもたらす宗教的影響の深浅や広狭，あるいはそのことについての人の評価の積極，消極の度合い等は原則として憲法89条の適用においては問

題にならないと考えているので，こうした4裁判官の意見に賛同することはできない。

なお周知のように最高裁判決は，本件利用提供行為の違憲状態を解消するには，被上告人が主張し，原審が認めた，神社施設を撤去し，土地を明け渡すという方法以外にも，当該市有地の譲与，有償譲渡，適正な対価による貸付等の適当な手段があり得ることは明らかというべきであり，原審がこの点につき何ら審理判断せず，当事者に対する釈明権を行使することもないまま，上告人が本件神社物件の撤去請求をすることを怠る事実を違法とした判断は，判決に影響を及ぼすことが明らかな法令の違反があるとして，原判決を職権で破棄し，本件利用提供行為の違法性を解消するための他の手段の存否等について更に審理を尽くさせるため，原審に差し戻すこととするとしている。

このことも判決の1つの論点ではあるが，本稿はもっぱら本件利用提供行為の合憲性にしぼって検討を進めてきたので，ここではこの論点にはふれない。

II 大祭奉賛会事件

1 下級審判決

大祭奉賛会事件の概要については冒頭でも簡単にふれたが，最高裁判決に沿って重ねて述べると，白山市の市長の職にあった者（以下「A」という）が，全国的にも名の知られた由緒ある白山比咩神社（以下引用文中を除いては「H神社」という）の鎮座2100年を記念する大祭に係る諸事業の奉賛を目的とする団体（＝大祭奉賛会）の発会式に出席して祝辞を述べたことは，憲法上の政教分離原則及びそれに基づく20条3項等の憲法の諸規定に違反する行為であり，Aがなしたその出席に伴う運転職員の手当等に係る違法な公金の支出により市が損害を受けたとして，市の住民（原告・控訴人・被上告人）が，市の執行機関である市長（被告・被控訴人・上告人）に対し，地方自治法242条の2第1項4号に基づき，Aに上記支出相当額の損害賠償の請求をすることを求めた事案である。

このことを本件の検討に必要な限りでさらにやや詳しくみると，次のようになる。

全国約3000社に上る白山神社の総社である白山比咩神社は崇神天皇の7年に

創建と伝えられており，平成20年に鎮座2100年を迎えることになったが，そのことを記念して平成20年10月に5日間にわたり御鎮座二千百年式年大祭を行うことが計画された。そしてこの予算約5億円の大祭の斎行やこれに伴う禊場造成，手水舎新築工事，神馬・絵馬の展示場・休憩所等の建設，H神社史発刊等の事業の奉賛のため，H神社が中心的に関与し，同神社内に事務局を置く大祭奉賛会が結成された。

この大祭奉賛会については，目的，事業の内容，会計等について定めた規約が作られ，またその役員名簿にはH神社の宮司の名が挙げられ，Aも顧問の1人として就任しているが，平成17年6月25日約120名が参加して行われたこの大祭奉賛会の発会式にAが来賓として招かれ，秘書課長を伴い，市の公用車を使用して出席し，祝辞を述べたところ（祝辞の内容は不明），前述のようにこうした行為に関して地方自治法に基づき，白山市長に対し，Aに対する損害賠償を請求することの義務付けを求めた住民訴訟が提起されたのである。

なお1，2審とも発会式は神社外の一般施設で行われ，式次第も神道の儀式や祭事の形式に基づいたものではなかったことを認定している。

以上が事件の概要であるが，このように本件は直接的には，公金支出について市長に損害賠償請求の義務付けを求めるという形をとりつつ，実際には公金支出の原因となったAの出席・祝辞等の大祭奉賛会発会式に関わる行為について，違憲の判断を求めることをねらいとする訴えであった。いうまでもなく，上にみた砂川訴訟やその他の多くの政教分離訴訟が住民訴訟の形をとりつつ，地方自治体の（機関の）行為の政教分離原則違反＝違憲の判断を求めるものであったのと本件も軌を一にしているのである。

1審金沢地裁の判決はこうした原告の訴えを目的効果基準に依りつつ，比較的簡単に退け，Aの行為は憲法20条3項により禁止される宗教的活動には当たらないとしたが，このような1審の判断の基礎になっているのは，大祭奉賛会そのものと切離して発会式の性格を捉えるという態度である。つまり，「大祭奉賛会は，白山比咩神社の御神徳を敬仰して，白山比咩神社の式年大祭斎行等の諸事集を奉賛することを目的として設立された団体であり，特定の宗教とのかかわり合いを有するものであることは否定できない」とされるものの，そのことがこうした大祭奉賛会の発会式の性格の把握に影響を及ぼすことはない

のである。発会式の性格はこうした大祭奉賛会の性格とは別に、すでに1, 2審が認定した事実として簡単に述べたその形態のみによって判断され、そこに宗教的性格はほとんど認められないとされるのである。

すなわち1審判決は発会式の性格について、「前記認定のとおり、本件発会式は、白山比咩神社の境内ではなく、同神社外の一般施設で行われたこと、また、その式次第は、前記……認定のとおりであって、同発会式が神道の儀式や祭事の形式に基づいていたとは認められないことにかんがみると、本件発会式自体の宗教的色彩は希薄であったといえる」とするのである。

そして1審判決は、本件ではAがこうした発会式に出席して祝辞を述べたという行為が基本的な争点とされていることからして、もっぱらこのように把握された発会式の性格との関わりで、Aの行為の合憲性を判断するのである。こうなると宗教的色彩の希薄な集会に地元市長として出席し、祝辞を述べることは、精々社会的儀礼ともいうべき行為であって、到底宗教的活動に当たるといえないことは明らかであるから、当然のこととしてAの行為の違憲性は否定されることになる。

念のためその部分を全文掲げると、「そして、このような本件発会式に白山比咩神社の所在する白山市の市長としてAが出席し、祝辞を述べることは、社会的儀礼の範囲内の行為であると評価でき、これは一般人から見てもそのように理解されるものということができるから、Aの上記行為が、一般人に対して、白山市が特定の宗教団体である白山比咩神社を特別に支援しているという印象を与えることはなく、また、他の宗教を抑圧するという印象を与えることもないというべきである。したがって、Aの上記行為は、その目的が宗教的意義をもち、その効果が白山比咩神社あるいは神社神道を援助、助長又は促進するような行為にあたるとは認められないから、憲法20条3項により禁止される宗教的活動にはあたらない」ということになるのである。

論旨は明快であるが、しかしこのような判断については、発会式はH神社の鎮座2100年式年大祭に係る事業をサポートするという宗教目的を持つ奉賛会の活動のスタートを宣言する儀式であるから、少なくとも間接的には、あるいは多少なりとも、やはり宗教的性格を持ち、したがってこうした発会式に係るAの行為も同様の性格を持つとみるべき余地もあるのではないかとの疑問が

当然抱かれるであろう。

　換言すると，大祭奉賛会とその発会式を截然と区別する1審判決ははたして真にことの実態に沿う判断であるのか，それは両者の連関への注目をやや欠いているのではないかとの疑問が幾分かにしろ生じるのである。

　こうして1審判決は筆者には結論は理解できるものの，その趣旨はいささか一面的にすぎるようにみえるのである。筆者はこうした立場を前稿では，「同じ結論をとるにしても，発会式を全体として宗教的色彩が希薄であったものとし，したがってＡのそこでの祝辞を述べた行為も宗教的活動ではなく，社会的儀礼であるとするのではなく，発会式の一定の宗教性を認めつつ，Ａの行為についてはその宗教的活動性を否定するという途を採るべきではなかったかと思われるのである」と説明しているが，他方2審名古屋高裁金沢支部の判決[7]はこうした1審判決と対照的に，もっぱら大祭奉賛会の性格に焦点を当てて発会式を論じていて，それはそれでまた一面的との印象を免れ得ないものとなっている。

　やや長くなるが，2審判決の中心部分を引用すると，判決は1審判決同様政教分離原則違反の有無は目的効果基準によって判断されるべきことを述べた後，先ず，「白山比咩神社は，宗教団体に当たることが明らかであり，本件大祭は，平成20年に白山比咩神社の鎮座2100年となることを記念して行われる祭事であって，同神社の宗教上の祭祀であることが明らかである。また，大祭奉賛会は，……上記の本件大祭の斎行及びこれに伴う諸事業（本件事業）を奉賛することを目的として，白山比咩神社が中心的に関与して結成され，同神社内に事務局を置く団体であり，その目的としている本件事業は，上記祭祀（本件大祭）自体を斎行することであるとともに，これに併せて，禊場，斎館，手水舎等，上記神社の信仰，礼拝，修行，普及のための施設を新設・移設し，同神社の神社史を発刊することを内容とするもので，同神社の宗教心の醸成を軸とし，神徳の発揚を目的とする事業とされているのであって，かかる本件事業が宗教活動であることは明らかであるし，これを目的とする大祭奉賛会が宗教上の団体であることもまた明らかというべきである」という。要するに大祭奉賛会が奉賛することを目的とする事業は宗教活動であり，したがってまた大祭奉賛会が宗教上の団体であることも明らかであるというのである。

「宗教上の団体」という語を宗教に関わりのある団体の意とすれば、この判断自体には特に異は唱えられないであろうが、2審判決の特徴はそれをそのまま発会式の性格の把握に連動させていることである。すなわち判決は次いで、「本件発会式で、大祭奉賛会会長が『崇敬者の総力を結集して、奉賛事業が遂行されるよう』との挨拶を述べ、宮司も『崇敬者各位の協賛によって諸事業が完遂され、本件大祭が盛大に奉仕できるように協力を賜りたい』旨の言葉を述べ、参会者一同が、事業達成のため尽力することを誓い合い、本件発会式を祝ったことが認められるのであるから、本件発会式は、上に判示した大祭奉賛会の本件事業を遂行するため、すなわち、本件大祭を奉賛する宗教活動を遂行するために、その意思を確認し合い、団体の発足と活動の開始を宣明する目的で開催されたものであると認めるのが相当である」という。発会式はこうして宗教上の団体である大祭奉賛会の発足と、式年大祭に係る事業の奉賛という宗教活動の開始を宣明する儀式として、1審判決とは異なり、必然的に宗教的色彩を強く持つ行事とされるのである。

このように大祭奉賛会が宗教上の団体であり、式年大祭に係る事業が宗教活動であるとの冒頭の判断がそのまま次の発会式の性格の判断に連動させられているのであるが、さらに関連してもう1つ注目すべきは、発会式の性格の判断に当たって、もっぱらその目的が重視されていることである。

1審判決はこの点につき前述のように、もっぱらその形態、すなわち神社外の一般施設という開催場所や、開会の辞、閉会の辞、その間の挨拶、祝辞、役員・来賓紹介、事業計画説明等が、神道の儀式や祭事に基づくことなく、約40分という比較的短時間で行われたという式次第に着目しているのであるが、2審判決はそうしたやり方をしていないのである。いい換えると、1審判決はこのように形態に着目することによって発会式の性格を大祭奉賛会の性格とは切離して捉える道筋を拓くのに対し、2審判決は目的に着目することによって発会式の性格と大祭奉賛会のそれとを連動させる道筋を作っているのである。

ともあれ発会式をこのように理解した上で2審判決は、「そうすると、白山市長であるAが来賓として本件発会式に出席し、白山市長として祝辞を述べた行為（本件行為）は、白山市長が、大祭奉賛会が行う宗教活動（本件事業）に賛同し、賛助し、祝賀する趣旨を表明したものであり、ひいては、白山比咩神

社の宗教上の祭祀である本件大祭を奉賛し祝賀する趣旨を表明したものと解するのが相当であるし，本件行為についての一般人の宗教的評価としても，本件行為はそのような趣旨の行為であると理解し，白山市が，白山比咩神社の祭祀である本件大祭を奉賛しているとの印象を抱くのが通常であると解される。また，前記事実関係からすれば，Ａは，大祭奉賛会及び本件発会式が前記趣旨・目的のものであることを認識，理解していたものと認められ，したがって，同人は，主観的にも，大祭奉賛会が行う本件事業を賛助する意図があったものと推認され，ひいては，本件行為が白山比咩神社の祭祀である本件大祭を奉賛するという宗教的意義・効果を持つことを十分に認識，了知して行動したものと認めるのが相当である」とし，Ａの行為は，本件事業ひいては本件大祭を奉賛，賛助する意義・目的を有しており，かつ，特定の宗教団体である白山比咩神社に対する援助，助長，促進になる効果を有するものであったといわなければならないと結論する。

　目的効果基準によれば，Ａが宗教的意義を持つ発会式に出席し，祝辞を述べた行為は客観的にみても，また一般人の評価としても，宗教的活動に当たり，さらには本人自身もそのことをよく認識，了知していたとするわけである。

　繰り返していえば，２審判決は，大祭奉賛会は宗教上の団体であり，その奉賛する事業も宗教活動であるとの把握でもって事件全体を判断しているのであり，発会式もいわばこうした大祭奉賛会の活動の一環とされ，したがって明らかに宗教的色彩を持ち，Ａの出席，祝辞等のそれに係る行為も宗教的活動と評価されるとするのである。

　そうしておいて２審判決は付随的に先にみた１審判決が重視する発会式の形態にふれ，「もっとも，本件発会式は，白山比咩神社の境内ではなく，同神社外の一般施設で行われたものであり，また，それ自体は，神道の儀式や祭事の形式に基づいたものではなく，宗教的な儀式とはいえないと解されるけれども，これらの点を考慮に入れても，上記認定判断は左右されないというべきである」として，発会式の形態は判断においては特に重要な事柄ではないとする。しかしそうした断定の理由は全く示されていない。

　また，同様に全く理由を示すことなく，Ａの行為を「一般人が社会的儀礼の一つにすぎないと評価しているとも到底考えられない」とも断言している。

前述のように1審判決は，Aの行為は一般人からみても社会的儀礼の範囲内の行為であると理解されるものということができるとしているから，ここでも2審判決は1審判決を真っ向から否定しているわけであるが，「到底考えられない」とする根拠は何ら説明されていないのである。

なお2審判決は加えて，「また，一般に，市長が，上記説示のような発会式に出席し，市長として祝辞を述べる行為が，時代の推移によって宗教的意義が希薄化し，慣習化した社会的儀礼にすぎないものとなっているとは到底認められない」ともしているが，発会式に出席し，祝辞を述べることは元来は宗教的意義を有していたものの，時代の推移によってそれが希薄になり，社会的儀礼と化したといった類の主張や判断は被告も1審判決もしていないのであるから，2審判決のこのような判示の理由は不明であるし，また適切でもないであろう。

いずれにしろ2審判決はこのように1審判決とはいわば対極的な立場に立つわけであるが，先に述べたように，それはそれでまた一面的にすぎるとの印象を抱かされる。大祭奉賛会自体の性格や目的は判決のいうとおりであるとしても，それをそのまま発会式の性格やそれに参加した者全員の目的と同視することは，余りにも割り切りすぎた理解ではなかろうか。その目的からすれば発会式の一定の宗教性は否定できないものの，120人に及ぶ発会式参加者のこうした宗教性へのコミットの度合いは当然様々であって，そのことは客観的評価においても考慮に入れられるべきではなかろうか。そのことに関連して筆者は前稿で，「Aの行為には奉賛会＝発会式の宗教的意義や目的によって覆われる部分と，そこからはみ出す世俗的部分があるのであって，どちらが優勢であると判断されるかによって結論が決せられる」と自論を述べている。

こうして筆者は1審判決のように，もっぱらその開催場所や式次第等の形態に即して発会式をながめ，そこに宗教的色彩が認められないから，出席・祝辞等の行為も社会的儀礼の範囲内の行為であって，宗教的活動には当たらないとする行論に直ちに賛成はできないが，かといってまた大祭という宗教上の祭祀を奉賛する団体である大祭奉賛会の宗教的性格及び目的はそのまま発会式のそれでもあるとし，こうした理解に基づいて，祝辞等のAの発会式に係る行為を宗教的活動と判断する2審判決にも賛成できないのである。

その結果前稿では，筆者は，「こうしてみると，確かに発会式は宗教的意義・目的を持ち，したがってそこでのＡの行為が宗教と関わりをもつものと評価されかねない側面をもつことは認められるとしても，Ａ自身の当該行為の目的は，むしろ地元の首長として，1神社の行事のレベルを超えて広く関心を呼び，地域にとっても観光の振興や活性化に大きく寄与するものと予想・期待される行事についてその成功を祈念することを目的とするものであって，特に神道や宗教施設としてのＨ神社の普及や繁栄を願い，援助する意図を持つものではなく，その効果も地域の首長の一般にみられる儀礼的行為以上の評価を受けるものではないとみなされる余地もあると考えるべきではなかろうか」と論をまとめている。

2　最高裁判決

最高裁判決は極めて簡潔であるが，これまでに述べた筆者の見解や1，2審判決に対する疑問にほぼ対応する内容になっている。

最高裁判決は先ず，「前記事実関係等によれば，本件大祭は本件神社の鎮座2100年を記念する宗教上の祭祀であり，本件発会式は本件大祭に係る諸事業の奉賛を目的とする奉賛会の発会に係る行事であるから，これに出席して祝辞を述べる行為が宗教とのかかわり合いを持つものであることは否定し難い」という。

その意を敷衍すれば，大祭は宗教上の祭祀であり，したがってそれに係る諸事業の奉賛を目的とする奉賛会にも宗教性が認められ，したがってまたその発会に係る行事である発会式も宗教性を帯びると考えられるから，そこに出席して祝辞を述べたＡの行為を何ら宗教とは関わりのないものとすることはできないということであろう。

ここでは発会式について，もっぱら場所や式次第というその形態のみに着目して判断し，そこには宗教的色彩が希薄であるからＡの行為は宗教性を持たないと結論した1審判決のような立場は採られていない。やはりＡの行為が宗教との関わり合いを持つことは否定され得ないとされるのである。

すでに述べたところから明らかなように，筆者もこうした判断に賛成するが，しかし他方最高裁判決はＡの行為の宗教との関わり合いを強調し，Ａの行為

が持つもう1つの要素，すなわち由緒ある神社の重要な宗教的行事であるのみならず，文化的・観光的行事としても全国的に大きな話題をよぶ大祭事業のスタートを記念する会合に来賓として招かれ，地元市長としてその実施と成功が直接間接に市の繁栄につながるものとして出席し，祝辞を述べたという非宗教的要素を，充分な説明もなくほとんど無視した2審判決のような途も採らない。むしろ最高裁判決はこの後者の側面の方を重視するのである。

　この点もこれまで述べたところから明らかなように筆者の賛成するところであるが，そのことを最高裁判決は先ず，「他方で，前記事実関係等によれば，本件神社には多数の参詣客等が訪れ，その所在する白山周辺地域につき観光資源の保護開発及び観光諸施設の整備を目的とする財団法人が設けられるなど，地元にとって，本件神社は重要な観光資源としての側面を有していたものであり，本件大祭は観光上重要な行事であったというべきである。奉賛会は，このような性質を有する行事としての本件大祭に係る諸事業の奉賛を目的とする団体であり，その事業自体が観光振興的な意義を相応に有するもので」あると述べる。こうした，大祭はH神社の宗教上の祭祀であるのみならず，観光上重要な行事でもあり，したがって大祭奉賛会はこうした2つの側面を持つ大祭に係る諸事業の奉賛を目的とする団体であるとの判断は，いうまでもなく，本件諸事業を宗教活動とし，また，大祭奉賛会が宗教上の団体であることは明らかであるとした2審判決の判断が狭きに失して妥当ではないことを指摘するものである。ただ大祭が観光上重要な行事であり，また大祭に係る諸事業が観光振興的な意義を持つというのは，本来的にそうであるということではなく，直接の当事者であるH神社の関係者以外からはそのように位置づけられ，利用される側面もあり，そのことは何ら否定されるべきことではないということであろう。そしてまた大祭奉賛会はこうした大祭やそれに係る事業の2つの側面にそれぞれ連なる人々によって構成されているのであるから，それを単純に宗教上の団体と限定的に定義することは適切ではないということでもあろう。

　こうした判旨は用語や説明の仕方に違いはあるものの，これまでに断片的にのべてきた筆者の見解と実質的にはほぼ重なるが（ただし筆者は最高裁判決のように，大祭の宗教上の祭祀以外の側面を観光上重要な行事とのみ捉えるのではなく，単なる1神社の域を超えて，住民に広く親しまれ，その生活や意識に深く食い込んでいる

地域のシンボル的な施設の一般に開かれた祭事としても捉えるのが妥当ではないかと考えている)。最高裁判決はこうしておいて、次に、「その発会に係る行事としての本件発会式も、本件神社内ではなく、市内の一般の施設で行われ、その式次第は一般的な団体設立の式典等におけるものと変わらず、宗教的儀式を伴うものではなかったものである」という。

発会式の形態の宗教的色彩の希薄さについては上記のように1審判決はそれを極めて重視するのに対し、その目的を重視する2審判決はそのことをほとんど評価の材料としていないが、最高裁はここでもこうした2審判決の判断を退け、1審判決と同様な立場に立っているのである。

最高裁判決はさらに、「そして、Aはこのような本件発会式に来賓である地元の市長として招かれ、出席して祝辞を述べたものであるところ、その祝辞の内容が、一般の儀礼的な祝辞の範囲を超えて宗教的な意味合いを有するものであったともうかがわれない」とした上で、最後に結論を次のようにまとめる。

「そうすると、当時市長の職にあったAが本件発会式に出席して祝辞を述べた行為は、市長が地元の観光振興に尽力すべき立場にあり、本件発会式が上記のような観光振興的な意義を相応に有する事業の奉賛を目的とする団体の発会に係る行事であることも踏まえ、このような団体の主催する当該発会式に来賓として招かれたのに応じて、これに対する市長としての社会的儀礼を尽くす目的で行われたものであり、宗教的色彩を帯びない儀礼的行為の範囲にとどまる態様のものであって、特定の宗教に対する援助、助長、促進になるような効果を伴うものでもなかったというべきである。したがって、これらの諸事情を総合的に考慮すれば、Aの上記行為は、宗教とのかかわり合いの程度が、我が国の社会的、文化的諸条件に照らし、信教の自由の保障の確保という制度の根本目的との関係で相当とされる限度を超えるものとは認められず、憲法上の政教分離原則及びそれに基づく政教分離規定に違反するものではないと解するのが相当である」。

要するに繰り返していえば、最高裁判決は、大祭は宗教上の祭祀であり、したがってそれに係る諸事業の奉賛を目的とする奉賛会の発会に係る行事である発会式に出席し、祝辞を述べたAの行為が宗教との関わり合いを持つことは否定し難いが、大祭はまた観光上重要な行事でもあり、その事業自体も観光振

興的な意義を相応に有するものであるから，このような性質をも有する諸事業を奉賛する奉賛会の宗教的色彩の乏しい発会式に来賓として招かれ，観光振興に尽力すべき立場にある地元市長としてそれに応じて出席し，祝辞を述べたAの行為は，市長としての社会的儀礼を尽くす目的で行われたものであり，また，特に特定の宗教に対する援助等の効果を持つものではなかったとするのである。

　Aの行為を一方で，「宗教とのかかわり合いを持つものであることは否定し難い」としつつ，他方で，「宗教的色彩を帯びない儀礼的行為の範囲にとどまる態様のものであって」とするところに最高裁の苦心が窺われるが，おそらく今後この点について曖昧さ，あるいは政教分離原則の理解の不徹底さを指摘し，批判する見解が示されることになるであろう。

　しかし筆者はこのような最高裁判決に基本的に賛成する。最高裁がいっているのは，端的にいえば，Aの行為は確かに外見上は宗教と関わり合いを持っているようにみえるが，その実はむしろ儀礼的行為という要素の方が強いということであろう。いい換えると，Aの行為には宗教的要素と世俗的要素が認められるが，比較してみると後者の方が大であり，したがって全体的評価としては世俗的行為とみるべきであるとするものであって，それはまたこれまでに何度か述べている筆者の見解でもあるのである。

　我が国では地域の首長が直接その職務と関わるわけではない大きな催事に招かれ，あるいは有形無形の協力を求められることは常であるが，地域の繁栄や住民の一体化のため，それに応じることは格別異を唱えられることではない。そしてその催事が宗教や宗教施設に関わるものであっても，そこにまた文化的，観光的な要素も含まれている場合は，そうした要素を支援するため参加したり，さらには挨拶や祝辞を述べたりすることも，その態様や内容に意を用いる限り，政教分離原則に反するものとして全面的に否定されるべきことではないであろう。2審判決と異なり，それがまた一般人の評価でもあると考えるべきではなかろうか。

　なお本件と先例の比較について筆者は前稿の結びで，本件は，「最高裁の先例との比較でいうと，おそらく津地鎮祭訴訟と愛媛玉串料訴訟の中間に位置するような事例であると思われる。すなわち最高裁判決の立場に立っても，奉賛

会発会式で祝辞を述べるという行為は地鎮祭を挙行するというような，社会の一般的慣習に従った儀礼を行うという専ら世俗的目的による行為とまでは断言できないが，他面では神社自体がその境内において挙行する恒例の重要な祭祀に際して玉串料を奉納するような，明らかに特定の宗教と特別の関わり合いを持つ行為ともいえないから，本件はこの両先例のいずれにも属さない，いわばその中間にあって新たな判断が迫られる事案であるように思われるのである。また即位の礼・大嘗祭に自治体の首長等が参加したことの合憲性が争われた事件も，そこでは儀式自体は首長等とは関わりなく行われ，首長等は単に参列者としてその場に臨んでいるだけであるのに対し，本件では自ら儀式に加わって祝辞を述べるという行為を行っているだけに，ストレートな先例にはならないであろう」と述べ，「こうして最高裁は従来の事例とは異なる新しい事例の判断を迫られることになるものと思われ，その結果が注目されるのである」と，本事件の先例に対する特色と，最高裁の判断が注目される所以を筆者なりに整理している。

　本事件についての最高裁の判断が示された現在，改めて先例と比較してみると，判決では津地鎮祭訴訟と愛媛玉串料訴訟の大法廷判決が引用されているものの（その他に上述の砂川訴訟大法廷判決も引用されている），むしろタイプとしては即位の礼・大嘗祭参列訴訟判決に近いような印象を受ける。

　すなわち即位の礼・大嘗祭参列訴訟に比べると，儀式に係る行為はＡの場合単なる参列ではなく，出席し，祝辞を述べるというより積極的なものであり，いわば宗教性の帯有の判断において即位の礼・大嘗祭参列訴訟における参列よりもプラスの材料であるが，他方発会式という儀式そのものは相当に宗教的色彩が薄く，いわばマイナスの材料であるから，結局トータルすると即位の礼・大嘗祭参列訴訟における首長等の参列と同様，Ａの行為も社会的儀礼の範囲内の行為とみなされているように思われるのである。

　先にも述べたようにこうした最高裁判決については，今後批判的な見解が提示されることが多いと予想されるが，一般市民の意識や地域の生活の実態等も考慮に入れて検討すれば，むしろ最高裁判決の説くところを妥当とすべきであろう[8]。

第 2 章　政教分離原則と住民訴訟最高裁判決

1 ）　最大判平成22・1・20民集64巻 1 号 1 頁。
2 ）　最判平成22・7・22判時2087号26頁。
3 ）　札幌地判平成18・3・3 民集64巻 1 号89頁。
4 ）　札幌高判平成19・6・26民集64巻 1 号119頁。
5 ）　なおこの支払いについても最高裁はこのように氏子集団が支払っているとするかのような説明をするのに対し，1 審判決は S 神社が支払っているとしていて，微妙な違いをみせている。
6 ）　金沢地判平成19・6・25判時2006号61頁。
7 ）　名古屋高金沢支判平成20・4・7 判時2006号53頁。
8 ）　本稿に関する主な文献としては，林知更「『国家教会法』と『宗教憲法』の間」（ジュリスト No.1400）と野坂泰司・判批（判例評論622号）がある。

第3章
自治体行政委員の報酬制度についての法と判例
―― 行政委員の月額報酬制度の適法性

はじめに

　周知のように最高裁第一小法廷は平成23年12月，滋賀県知事に対し，同知事が滋賀県労働委員会，収用委員会，選挙管理委員会の各委員に月額報酬を支給していることは違法であるとして，その支出の差止めを求めた訴えを退けた[1]。1審大津地裁は原告の請求を全面的に認容し[2]，2審大阪高裁も選挙管理委員会委員長を除いては1審判決を支持したから[3]，最高裁判決は逆転判決となったわけである（正確にいうと，滋賀県では2審判決後労働委員会と収用委員会の委員については日額報酬制に変更されたため，最高裁判決では依然月額報酬が支給されている選挙管理委員会委員のみが対象となっている）。

　この地方公共団体のいわゆる行政委員会の委員（本稿では表題も含めてしばしば単に「行政委員」という）の報酬制度の問題は1審判決以来とりわけマスコミや住民運動の関係者の間で大きな関心を呼び，盛んな論議が展開されてきた。しかしそのほとんどは1審判決や2審判決をそのまま受容し，現行の月額報酬制あるいはその額を勤務日数（時間）と数字的に比較して批判するものであり，1審判決や2審判決の内容を法的に精確に検討したものはほとんど見当たらなかった。要するに落着いた法的論究はなされないまま，1審判決や2審判決の結論を根拠に，勤務量とは不釣合いな高額の報酬を貪っている役職者として行政委員が批判の対象とされたのである。

　筆者はそうした風潮にいささか疑問を感じ，1審判決後『月刊労委労協』第639号に掲載した「労働委員会の委員の報酬について」と題した論稿で，地方自治法の行政委員等の報酬に関する規定の改正の経緯や行政委員会の地方自治法上の位置づけ等も考慮してことを論ずべきことを主張し，こうした観点からすれば1審判決には問題点が多く，支持し難いことを述べた。また，最高裁判

決後同じく『月刊労委労協』672号に掲載した「行政委員会委員の報酬に関する最高裁判決について」と題した論稿でも，同様の立場から1，2審判決を批判し，最高裁判決を支持する旨を述べた。

したがって筆者の行政委員の報酬制度に関する基本的な考え方はすでにこの『月刊労委労協』掲載の2つの論稿で述べられているのであるが，ただ同誌は法学専門誌ではないため，筆者の論述も細かい専門的な説明は抑え気味にし，また余談的なことも混じえるなど，いくらか非専門家向けの評論的なものとなっている。そこで本稿では行政委員の報酬制度をめぐる問題をより法的に精確に考察して，上記の2つの論稿を法理論的に補い，筆者の考えを全面的に示すことにしたい。

I 行政委員の報酬に関する規定の変遷と支出差止めの訴え

1 行政委員の報酬に関する現行の規定

行政委員の報酬に関する現行の規定は地方自治法203条の2であり（なお以下では地方自治法の条項に言及する場合は，法令名は省略してただ条項数のみを記す），そこでは1項で，「普通地方公共団体は，その委員会の委員，非常勤の監査委員その他の委員，自治紛争処理委員，審査会，審議会及び調査会等の委員その他の構成員，専門委員，投票管理者，開票管理者，選挙長，投票立会人，開票立会人及び選挙立会人その他普通地方公共団体の非常勤の職員（短時間勤務職員を除く。）に対し，報酬を支給しなければならない」と報酬支給の原則が定められ（いうまでもなく，ここで最初に挙げられている「委員会の委員」が本稿でいう行政委員である―なお委員会組織をとらない監査委員も便宜上それと同一視する），次いで2項でその支給方法について，「前項の職員に対する報酬は，その勤務日数に応じてこれを支給する。ただし，条例で特別の定めをした場合は，この限りでない」と定められている。もっとも滋賀県知事に対し支出の差止めを求める訴えが提起された平成19年当時はこの203条の2はなく，203条1項で，議会の議員や行政委員等の非常勤職員には報酬が支給されるべきことが定められ，2項で，「前項の職員の中議会の議員以外の者（すなわち現行の203条の2第1項に掲げられている行政委員等の非常勤職員―筆者）に対する報酬は，その勤務日数

に応じてこれを支給する。但し，条例で特別の定をした場合は，この限りでない」とされていたが，平成20年にこうした203条が203条と203条の2に分けられて，現行の規定のように改められた（以下この平成20年改正前の，203条の2と分けられていない203条を「前203条」という）。

つまり前203条は議会の議員に関する部分だけが残されて現行の203条となり，「議会の議員」以外の行政委員等の非常勤職員（以下「非常勤職員」という場合は原則としてこうした議会の議員以外の非常勤職員を指す）に関する前203条の部分は括弧書きの追加や仮名づかいの変更等を施されつつ，内容はそのままに，現行の203条の2となったのである。

したがって平成20年の議員や行政委員等の非常勤職員の報酬に関する規定＝前203条の改正は，改正とはいうものの，形式的なものにすぎず，制度そのものは平成20年改正前のそれ（後に示すように昭和31年に制度が定まった）がそのまま維持されて今日に至っているわけである。これを改めて上に述べたような意味での非常勤職員にしぼって要約すれば，非常勤職員には報酬が支給されるべきこと，その支給の方法は原則日額報酬制であるが，条例でそれと異なる特別の定めをした場合はその方法（具体的には月額報酬制あるいは年俸制ということになろう）によることができるというのが，その報酬制度ということになる。

2　行政委員の報酬に関する従前の規定

しかしすでに指摘したように上にみたような現在の非常勤職員の報酬の仕組みは昭和31年に出来上ったのであり，昭和22年の地方自治法制定当時，あるいは後に述べるように執行機関としての行政委員会の設置について地方自治法に明文の規定が置かれた昭和27年の改正時からそうした仕組みが定められていたわけではなかった（もっとも念のためにいえば，例えば都道府県労働委員会は旧労働組合法に基づきすでに昭和21年に発足するなど，行政委員会そのものは個別法により昭和27年前から存在していた）。

当初地方自治法は議会の議員や非常勤職員の報酬について，203条1項で，「普通地方公共団体は，その議会の議員，選挙管理委員，議会の議員の中から選任された監査委員，専門委員，投票管理者，開票管理者，選挙長，投票立会人，開票立会人及び選挙立会人に対し，報酬を支給しなければならない」と規定し，

2項と3項でそれぞれ（もっとも項番号は付されていない），「前項の者は，職務を行うため要する費用の弁償を受けることができる」，「報酬及び費用弁償の額並びにその支給方法は，条例でこれを定めなければならない」と定めていた（当時は地方自治法第二編第七章の普通地方公共団体の執行機関の箇所で長と並んで挙げられていたのは，選挙管理委員会と監査委員のみであった）。

そのうち1項は昭和27年，「普通地方公共団体は，その議員，委員会の委員，非常勤の監査委員その他の委員，自治紛争調停委員，審査会，審議会及び調査会等の委員その他の構成員，専門委員，投票管理者，開票管理者，選挙長，投票立会人，開票立会人及び選挙立会人その他普通地方公共団体の非常勤の職員に対し，報酬を支給しなければならない」と改められた。すなわち上に述べたように，この年に，「普通地方公共団体にその執行機関として普通地方公共団体の長の外，法律の定めるところにより，委員会又は委員を置く」と定める138条の4が新設され，また，「執行機関として法律の定めるところにより普通地方公共団体に置かなければならない委員会は，左の通りである」として，すでに執行機関とされていた選挙管理委員会と監査委員に加えて教育委員会や人事委員会等を列挙した180条の4（現180条の5）が設けられて，地方行政組織上すべての行政委員会が長と共に執行機関としての地位を持つことが法的に明確にされたのを受けて，それらの委員会の委員を含み，また附属機関としての委員会等（この附属機関としての委員会等の設置についても新設の138条の4が定めている）の委員等も含むよう1項の対象者の範囲が拡大されたのである（同時に203条が非常勤職員を対象とする規定であることも明らかにされた）。なお2項と3項は項番号が付されたほかは，従前のとおりとされ，こうした前203条のように日額報酬制の原則を謳う条項を持たない203条が昭和27年から次に述べる31年改正まで続いた（この昭和27年から31年までの，日額報酬制の定めを含まない203条を以下「旧203条」という）。

また，本稿と直接関わるわけではないが，以下の行論の必要上併せてふれておくと，長及び常勤の職員の給料と旅費については204条で定められ，その1項でこれらの職員に給料及び旅費が支給されるべきこと，2項でそれらの額及び支給方法は条例で定めるべきことが規定されていた（これも昭和27年に対象者について改正がなされ，さらに昭和31年に改正があるので，この昭和27年から31年まで

の204条を「旧204条」という）。

やや煩雑なので以上に述べた昭和31年前の状況（すなわち現在の制度以前の制度）をまとめると，203条（旧203条）が地方公共団体の議会の議員及び行政委員等の非常勤職員に報酬と費用が支給されるべきこと，並びにその額と支給方法は条例によるべきことを定め（このように議員と行政委員等の他の非常勤職員の報酬制度を合わせて203条で規定すること自体は，すでに述べたように平成20年の改正まで続いた），204条（旧204条）が地方公共団体の長と常勤の職員に給料及び旅費が支給されるべきこと，並びにその額と支給方法は条例によるべきことを定め，それ以上の細かなこと，あるいは具体的なことについては定めがなかったということである。このことは報酬，費用，給料，旅費についての細目は各地方公共団体の判断に委ねられることを意味していたわけであるが，本稿に即していえば，こうした各地方公共団体の判断に委ねられた事項の1つが，行政委員の報酬の具体的な支給方法だったのである。

3　204条の2の新設

以上の2で述べたことが地方公共団体の常勤・非常勤の職員の給料・報酬等に関する昭和31年前の地方自治法の規定の概説であるが，この場合，旧203条にいう非常勤職員に対する「報酬」や旧204条にいう常勤職員に対する「給料」は支給される給与のすべての謂ではなく，それぞれの労務に対する対価をいい，それに手当等を加えたものが「給与」ということになると解されていた（こうした用語法は現在まで一貫している）。そのため報酬や給料等の額や支給方法は条例で定めるべきこととしていた旧203条3項と旧204条2項は常勤，非常勤の職員に対するすべての給与について条例で決めることまで求めたものではなく，その中の報酬と給料については条例で定めることを求めたものであり，その他の給与についてはこうした要請は及ばないと解し得る余地生じることになり，実際にも実務上は一般にそうした解釈がとられ，またそうした解釈を支持する判例もあった[4]。

ただ常勤の職員のうち一般職の職員については別に地方公務員法24条6項で，給与，勤務時間その他の勤務条件は条例で定めるとされ，また25条1項でも，職員の給与は給与に関する条例に基づいて支給すべきこと，条例に基づか

ずにはいかなる金銭又は有価物も職員に支給してはならないことが定められていたから、旧204条の対象である職員の大部分については結局いかなる種類の給与であれ、条例で定めることが必要であったが、この場合でも法理論上は条例で定めさえすれば、どのような種類の給与をどのような方法で支給しても差し支えないことになり、地方公務員法24条6項や25条1項が適正な給与支給の充分な担保となり得るか疑問視されていた。

さらに旧203条の適用対象である特別職の職員（及び旧204条の対象職員のうちの特別職の職員）については、上記の一般職の職員に関する地方公務員法24条6項や25条1項のような規定がなかったため、これも法理論的には先に示唆したようにそもそも報酬や給料以外の給与は条例によらずに支給することも可能と解されていた（なお旧203条の対象に一般職の非常勤の職員が含まれるかどうか、つまり旧203条は―この点では前203条や現203条の2も同じであるが―非常勤の特別職の職員のみを対象としたものかについては、やや曖昧な面もあるが、そのことは本稿には直接関わりはないので、ここではふれない）。[5]

そこでこうした地方公共団体の職員の給与制度の不備（筆者自身は後にも若干述べるように、例えば給与を条例で定めるとだけしていることが不適切な支給につながる不備であるとは考えないが、当時はそうみなされていたようである）を是正するため、昭和31年、「普通地方公共団体は、いかなる給与その他の給付も法律又はこれに基く条例に基かずには、これを第203条1項の職員（すなわち議会の議員と行政委員等の非常勤職員―筆者）及び前条第1項の職員（すなわち長及びその他の常勤の職員―筆者）に支給することができない」とする204条の2の新設が提案され、成立した。すなわちこの規定によって従来のように条例に基づかずに報酬・給料以外の給与が支給され得るとされたり（特別職）、条例で自由に給料以外の給与の種類を定め得る（一般職）とされることがなくなったのである。給与は必ず条例に基づくこと、及びその給与の種類は法律で定められたものに限られ、条例で自由に定めてはならないことが規定されたわけである（したがってこの204条の2の新設に関連して、扶養手当、調整手当、住居手当、退職手当等、長や常勤の職員に対し給料以外に普通地方公共団体が支給することができる給与の種類を限定列挙した項が204条に2項として加えられ、給与や旅費については条例で定めるべきことを規定していた旧204項2項は3項となった。同様に先に述べたように1乃至3

項であった旧203条も1及至5項と改められ，その4項で新たに議会の議員に対し期末手当を支給することができる旨が定められるとともに，次に述べるような問題の2項の挿入に伴い，費用弁償について定めていた2項は3項となり，報酬や費用の支給方法等は条例で定めるべきことを規定していた3項は5項となった。なお行政委員等の非常勤職員についてはこの31年の改正でも報酬の支給と費用の弁償のみが定められ，その他の給与は一切認められていない）。

　以上昭和31年の改正について述べてきたことの大部分は昭和28年長野士郎氏を代表とする当時の自治庁の10名のスタッフによって著わされ（ただし長野士郎著と表記されている），その後地方自治法の改正に対応してしばしば版が改められた『逐条地方自治法』によるものであるが，同書にはこうした204条の2の新設とそれに伴う旧203条と旧204条の改正（前203条4項や204条2項の新設）の経緯をまとめて説明している部分があり，またそれは今後の検討にも関係があるので，少し長くなるが，当該部分全文をそのまま引用しておこう。すなわち同書は204条の2の〔解釈〕において，「従来，地方公務員法上は一般職の職員については，その給与は条例で定める建前にはなっていた……が，特別職の職員については，なんらこのような建前は規定されておらず，また，地方自治法においても，非常勤職員に対しては報酬及び費用弁償……，常勤職員に対しては，給料及び旅費……の支給を義務づけ，それぞれ当該条文において，これらのものについてはその額並びに支給方法を条例で定めることは要求していたが，これらの種類の給与以外の給与その他の給付については，なんら規定がなかった。したがって一般職の職員については，条例で規定しさえすれば如何なる種類の給与をどのような方法で支給しても差しつかえなく，また，特別職の職員については，条例の規定すらも必要とせず，単なる予算措置のみで極めて曖昧な給与が支給されていても，適当不適当の問題は別としてなんら違法の点はなかったため，一般職及び特別職を通じて，給与の実態は地方公共団体ごとに極めて区々であり混乱していた。このような給与体系の欠陥を抜本的に一掃すべき意味の改正が行われたのであり，本条の新設は第203条及び第204条（本稿でいう旧203条，旧204条—筆者）の改正と相まって，給与体系の公明化を図ったものである」と述べているのである[6]。

　これで法律又はこれに基づく条例に基づかずにはいかなる給与その他の給付

も職員に支給することはできないという204条の2の新設やそれに伴う旧203条及び旧204条の改正の理由は一応理解できるが（一応というのは，すでに示唆したように，こうした，条例に委ねるとするだけでは適切妥当な条例が制定される保証はないとか，地方公共団体の判断に委ねるとだけしていたら，不当な措置がとられるおそれがあるといわんばかりの理由に，今日からすればかなり疑問が感じられるからである。また報酬や給料の支給方法は条例で定めなければならないとしていた旧203条3項や旧204条2項等を根拠に，すでにこの給与の公明化の趣旨は地方自治法に含まれていたという理解も成り立たないわけではなく，こうした立場からすれば，新設された204条の2は確認的立法ということになるが，通説は上にみたように旧法にはそうした趣旨までは含まれないとしていた—したがって，こうした立場からすれば204条の2は創設的規定ということになる)，本稿にとって重要なのは昭和31年の改正ではこうした204条の2の新設やそれに伴う旧203条及び旧204条の改正とは趣旨を異にする改正も行われていることである。

それがすなわち旧203条2項を3項とし，新たに2項として，「前項の職員の中議会の議員以外の者に対する報酬は，その勤務日数に応じてこれを支給する。但し，条例で特別の定をした場合は，この限りでない」という規定を挿入するという改正であり，前述のように平成20年に203条と203条の2に分けられるという条文番号の変更や仮名づかい等の若干の手直しはあったものの，基本的にはこの規定が現在まで続いているのである（なお念のためいうと，204条については昭和31年以降若干の文言の変更はあったが，203条の場合のような条文番号の変更はない）。本稿が対象とする争訟はこうした旧203条に新たに加えられた条項（前203条2項）に由来するものであるが，そのことをやや詳しく説明すれば次のようになる。

4 前203条2項の成立と争訟の発生

この地方公共団体の非常勤職員に対する報酬の支給方法を原則日額報酬制とするという前203条2項の新設は政府の提案に基づくものであるが，その際の政府の提案理由は，国家公務員の給与制度では給与（本稿の用語法で正確にいえば，給与から費用，旅費，手当等を差引いた部分＝報酬や給料）は職務に対する対価であり，勤務の実際に応じて支給されるべきものとの考えに基づき，常勤職員につ

いては月給ないし年俸で，非常勤職員については勤務日数に応じて支給されており，この当然の給与の建前を地方公務員の給与制度にも導入しようとするものであるということであった。要するに政府は国家公務員の給与制度と地方公務員の給与制度の基本的な部分を一致させること，すなわち公務員の給与制度について，国と地方に共通の筋を立てることを月額報酬制導入の提案理由としたのである。

　これはその意味するところ自体は理解できるが，上に述べたもう１つの改正である204条の２の新設の場合と比べてみると，提案された２項が存在しなかったこと（すなわち日額報酬制が明記されていなかったこと）により，これまで弊害や混乱が生じていたとの特段の指摘はみられず，そのため204条の２の提案の趣旨と異なり，もっぱら国と地方の制度の統一という理念的な意義が強調されているという印象を受ける。いい換えると，204条の２の新設には一応給与体系の公明化という具体的意義や必要性があったとしても，前203条２項に係る政府提案にはそうした具体的意義や必要性が伴っているようにはみえず，そもそもそうした説明もなかったのである。

　この昭和31年の地方公共団体の職員の給与に係る地方自治法の条項の改正の際自治庁の行政課長であり，前出の『逐条地方自治法』の執筆者の１人でもある降矢敬義氏は改正法施行後（施行日は昭和31年９月１日）間もなく著された同氏著の（もっともこの著書も実際には氏を含む８名の自治庁のスタッフの共同執筆になることが「はしがき」に記されている）『改正地方自治法詳解』において，「地方公共団体の職員に対する給与については，地方公務員法の規定の適用を受ける一般職の職員については，従来から同法第24条第６項及び第25条第１項の規定により条例で定める建前ではあったが，この規定は特別職の職員については適用されないものであり，特別職については改正前の本条（旧203条―筆者）を根拠として報酬等は条例で定めることとされていても，条例に基づかない他の給与を支給することは敢て違法とはいえなかった。また条例を制定して職員に給与を支給する場合も，如何なる種類の給与をどれだけ，どのような方法で支給しても，適不適の問題はともかく，違法の問題は生じなかった。従って地方公共団体ごとの給与体系はきわめて区々であり，種々雑多な給与の支給がなされ，その間に全く統一がないのみならず，給与の公明性を欠くという欠陥は否定で

きず，不明朗なる給与の支給や不当なる増額が行われる例も決して少くないものであった。よって今回の改正により，給与体系を整備し，国家公務員に対する給与を基準として或程度の給与の統一性を保たしめると共に，給与はすべて法律又はこれに基く条例にその根拠を置くことを要するものとして，その明朗化・公正化をはかったものである」と述べ[7]，この説明は新設の前203条2項，204条の2，及び204条の2の新設に合わせた旧203条と204条の改正（前述のように前203条4項や204条2項の新設）にひとしく妥当するとしている。大部分は前に引用した『逐条地方自治法』の204条の2の新設の説明と重なるが，それに「給与体系を整備し，国家公務員に対する給与を基準として或程度の給与の統一性を保たしめると共に」という文言を付け加えれば，前203条2項の新設の説明にもなるとするもののようである。そうだとすると前203条2項のような規定が存在しなかったことによって，非常勤職員の給与体系が混乱し，公明性を欠いていたということにもなってしまうが，しかし上述のようにそうした説明は実際には全くなされていないのであるから，204条の2の新設やそれに伴う旧203条と204条の改正と前203条2項の新設はやはり別個の問題として分けて捉えるべきだと思われる。

　このように204条の2の新設の提案と異なり，前203条2項の新設の提案には余り弊害や混乱の実状に裏打ちされた説得力は感じられないのであるが，それでもその効果が給与制度の建前を明確にするというに止まり，実質的には現状に影響を与えるものでなかったならば，こうした提案もさしたる反響を呼ぶことはなかったであろう。ところが非常勤職員の報酬を日額報酬制にするという政府の提案は，現状にかなりの影響，それも報酬の切下げという影響をもたらすことが予想されたのである。

　というのは非常勤職員の報酬について日額報酬制の導入を提案する場合，当然，すべての非常勤職員について一律に導入を図るという提案と，日額報酬制を原則としつつ，何らかの例外を一部認めるという提案とがあり得るが，そもそも政府の提案は一切例外を認めない前者だったのである。つまり上に述べたように国と地方の公務員の給与制度の統一という趣旨説明がされた政府案は，地方公共団体の非常勤職員間で職務や地位の違いがあるとしても，それは日額の程度で調整を図ればよく，給与の建前を考えるに当たってはそのことよりも

非常勤という共通の括りこそを基本として重視すべきであるとするものであり，そこには成立した「前項の職員の中議会の議員以外の者に対する報酬は，その勤務日数に応じてこれを支給する。但し，条例で特別の定をした場合は，この限りでない」という前203条2項のうちの「但し，」以下の部分（以後単に「但書」という）は含まれていなかったのである。

確かに日額報酬制という原則を明らかにし，その理念を貫徹することを第一義とするならば，そうした提案になるのが当然ではあるが，その結果政府案では対象となる非常勤職員のうちの，例えば執行機関である行政委員会の委員と附属機関である委員会・審議会等の委員等といった地方自治法上かなり重要な区別が無視されることになった。そして先に述べたようにこの無視が非常勤職員の報酬の現状を変えるものであったため，衆議院の委員会（地方行政委員会）審議で政府提案は大いに論議を呼ぶことになったのである。

というのは前に説明したように旧203条3項では非常勤職員の報酬及び費用弁償の額並びにその支給方法は条例で定めるとされ，それ以上条例の定め方については制約がなかった。そうした仕組みの下で実際に非常勤職員の報酬の支給方法について条例がどのように定めていたかというと，各都道府県を通じて行政委員の大部分については月額報酬制，附属機関としての委員会・審議会等の委員等のその他の非常勤職員については日額報酬制というのが一般的なあり方だったからである（筆者はこのことについて正確なデータをみたことはないが，論議はこのことを自明の前提として行われている）。その結果一律日額報酬制という政府提案が成立すれば，附属機関としての委員会・審議会等の委員等の報酬は影響を受けず，ただ現状が法的により明確にされたというに止まる一方，行政委員については従来の月額報酬制が日額報酬制に変更され，それに伴い報酬の低下がもたらされることが予想されたのである。

政府もその間の事情は当然分かっていたわけであるが，そうした現状の変更の回避よりも，繰り返していえば，国と地方に共通の給与原則を確立することを優先したのである。さらに敢えていえば，政府提案はそもそも行政委員の報酬の切下げを意図してなされたという側面もあるであろう（地方行政委員会の会議録をみると，政府は提案の成立によって年に4億数千万円の節減効果を見込んでいたことが窺える。それがどのような計算に基づくものであるかは明らかではないが，おそ

らくその大部分は行政委員の報酬減によるものと推測される)。

しかし執行機関としての行政委員会という制度を地方行政組織の大きな特色と捉え、そうした組織構成による地方行政＝地方自治の尊重を主張する立場からすれば、政府提案は単なる行政委員の報酬の切下げに止まらず、地方行政組織を弱体化させ、地方自治を損なうおそれのあるものとすら受け取られることになり、委員会で野党委員より政府提案に強い反対意見が述べられたのである。加えて全国人事委員会連合会や都道府県選挙管理委員会連合会等の行政委員会の全国連絡組織の代表者が委員会で参考人として反対意見を陳述するということもあり、反対の陳情や請願もあった。

こうした状況の中で委員会審議の最終日の昭和31年5月15日与党議員より、一律日額報酬制という政府提案に、「但し、条例で特別の定をした場合は、この限りでない」との文言を追加する旨の修正案が提出された。その趣旨について提案者を代表して鈴木直人議員は、「203条の第1項には、非常勤の職員の例示がなされておりまして、その非常勤の職員に対しては報酬を支給するということになっておりまして、今まではその報酬は日給（月給？―筆者）であるとか、あるいは勤務日数に応じてこれを支給するというような区別がなかったのでありますが、政府案によりますと、すべてが勤務日数に応じてこれを支給するというふうに改められたのでありますが、この非常勤の職員のうちにおきましても、たとえば教育委員会の委員とか、人事委員会の委員とか、公安委員会の委員とか、あるいは地方労働委員会の委員とか、農業委員会の委員というような、主として執行機関に属しているところの委員会の委員も、この非常勤の職員のうちの職員となっておる次第であります。もちろん常勤の委員もあると思いますが、非常勤のこれら委員につきましては、勤務日数に応じてこれを支給するようになるのでありますが、これらの委員の方々は、主として特別職に属する方々でございますので、特に府県市町村等の地方公共団体において、条例をもって勤務日数に応じて支給する方法と別の方法をもってこれらの報酬を支給する方法を定められた場合においては、その条例によるものであるというようなただし書きをここに挿入することが適当と存じまして、ただし書きを規定いたした次第であります」と述べている。審議の途中経過を省略していうと（途中経過の一部については後にふれる)、このように現状を根本的に変革する

政府案に対してなされた現状の維持を可能にするための修正案が与野党一致の賛同により成立して前203条2項となり，その仕組みが先に述べたように平成20年の改正を経て現在まで続いているのである。

またそれまで旧203条3項による条例において定められていた行政委員の月額報酬制は，前203条5項による条例においてなされた前203条2項但書に基づく特別の定めとして，実際にもそのまま維持されてきたのである。

ところがこのように行政委員という職の性格を念頭に置いて全会一致で成立したはずの前203条2項但書の意義の理解について，その後巧妙な変更が施されることになった。その芽はすでに但書の趣旨は「特別の事情のあるもの」については日額報酬制の例外を定めることができるとしたものであるとの改正法公布直後の各都道府県知事宛自治庁次長通知にみられるが，より直截に但書の意義を極めて例外化，特定化し，その効果をできるだけ小さくしようとしたのは，前203条2項の原案を作成し，上記の次長通知の作成にも携わったであろう当時の自治庁のスタッフによる前出の『逐条地方自治法』の解説である。すなわちそこでは前203条2項について，「非常勤職員に対する報酬の支給は勤務日数に応じてなされる。このことは非常勤職員に対する報酬が常勤職員に対する給料と異なり，いわゆる生活給たる意味は全く有せず，純粋に勤務に対する反対給付としての性格のみをもつものであり，したがって，それは勤務量，すなわち，具体的には勤務日数に応じて支給されるべきものであるとする原則を明らかにしたのである。しかし，実際問題としては，非常勤職員の中にも勤務の実態が常勤職員とほとんど同様になされなければならないものがあり，その報酬も月額或いは年額をもって支給することがより適当であるものも少なくなく，常にこの原則を貫くことが困難な場合も考えられるので，ただし書を設け，条例で特別の定めをすれば勤務日数によらないことができるものとされている」(傍点筆者)と説明されているのである[8]。

また，これも前出の『改正地方自治法詳解』においても，前203条2項は，「非常勤職員に対する報酬は…当然にそれは勤務量即ち具体的には勤務日数に応じて支給されるべき筋合のものであるので，その趣旨を明瞭にし，これをもって非常勤職員に対する報酬の支給の原則としたものである。ただ，これはあくまで原則であって，非常勤職員のうちにも勤務の実態が殆んど常勤職員と異な

らず，常勤職員同様に月額年額をもって支給することが合理的であるものや，勤務日数の実態を把握することが困難であり，月額等による以外に支給方法がないもの等特殊な場合も予想されるので，ただし書きを設け，条例で特別の定をすることにより，例外を設けられるようになっている」と説明されている[9]（なお『逐条地方自治法』を引継いだ松本英昭著『新版逐条地方自治法』も依然同じ解釈をとっているが，『逐条地方自治法』がこうした解釈の流布に最も与かって力があったと思われるので，冒頭で述べた『月刊労委労協』掲載の筆者の2つの論稿では『逐条地方自治法』説としてこうした解釈を紹介している）。

　すなわちこれらの説明では但書適用の基準は，主として，「勤務の実態が常勤職員とほとんど同様」か否か，いい換えると，常勤職員とほとんど同じ勤務量をこなすか否かであることが明確に述べられているのである。そして，こうした「勤務実態が常勤職員とほとんど同様」な非常勤職員という容易には想像がつかない，あるいは実在性が疑われる存在（勤務の実態が常勤職員と異なるから非常勤職員という存在があり得るのであって，「勤務の実態が常勤職員とほとんど同様」な非常勤職員というのは本来言語矛盾であろう）が但書の対象であるとする解釈が，法案の作成，審議に直接携わった自治庁のスタッフの手になるものであるが故に特にそれ以上詰めて議論されることなく，その後半ば公定解釈的に受け取られ，流布してきた。そしてその一方では，前に述べたように前203条2項成立後も従前と同様の行政委員の月額報酬制が変わることなく続けられてきたのである。

　かくして平成19年上述の次長通知や自治庁のスタッフの解釈と同様の但書理解に基づき，滋賀県の3行政委員会の委員の実際の勤務量は極めて少なく，到底勤務の実態が常勤職員とほとんど同様とはいえないとし，したがって現在の委員への月額報酬の支給は違法であるとして，支給権者である滋賀県知事に対し，その支出の差止めを求める訴えが提起されたのである。

Ⅱ　1審判決

　1審大津地裁判決は，主文に次ぐ〔事実及び理由〕を「第1　請求」，「第2　事案の概要」，「第3　争点及びこれに関する当事者の主張」と進めた後，「第

4　当裁判所の判断」を,「1　常勤の職員と非常勤の職員の給与等に関する法令の規定」から始め,その「(1)　地方自治法の関係規定」で本稿のはじめにも述べている現行の203条,203条の2,204条,204条の2等にふれ(もっともこれらの条文の内容の説明そのものはすでに「第2　事実の概要」の箇所でなされている),次いで「(2)　地方公務員法の関係規定」で地方公務員法,国家公務員法,人事院規則等における常勤と非常勤,あるいは一般職と特別職の区分に関する規定を摘示して細かく説明しているが,それらは後に示される争訟についての判断とは直接結びついていないため,卒直にいって,いかなる意図によってそうした規定への詳しい言及がなされているのか不明との印象を受ける。とりわけ「(3)　国家公務員に関する法令の関係規定」の説明が長いが,しかしその説明は判断には全く反映されていないため,不要な言及といった観すら呈している。

　また,続く「2　国家公務員及び地方公務員に関する法令の関係規定の変遷等」においても,「(1)　国家公務員」として,国家公務員の給与関係規定の変遷が相当詳細にフォローされているが,この部分も争訟についての判断とは関わりがなく,これまたいかなる意味での言及か不明であり,やはり不要との印象を受ける。本件争訟は特別職の地方公務員の報酬に関するものであるのに,判決はなぜか長々と国家公務員の給与関係規定について述べるのである。ようやくこの「(1)　国家公務員」に続く「(2)　地方公務員」に至って,本稿が上述のⅠの**2・3・4**で述べている従前の地方自治法の関係規定の変遷(当初の地方自治法の関係規定と昭和27年及び昭和31年の改正等)の説明が登場し,その最後で平成20年の改正により現行の規定のようになったことが述べられ,それに引続く形でようやく争訟についての具体的判断が展開されている。

　要するに大津地裁判決の「第4　当裁判所の判断」の最初の長い関係規定の説明の中で実際に判断と関わるのは,冒頭の現行の地方自治法の関係規定の説明と,最後のそうした地方自治法の関係規定の変遷の説明のみであって,その中間部分はほとんど意味のない言及になっているのである。

　このことが判決の前半部分について印象に残ることの1つであるが,もう1つこうした前半の本論前の判示で印象に残るのは,すでに示した昭和31年の改正に関する当時の自治庁のスタッフによる解説をそのまま当然のように受容し

ていることである。すなわち判決は,「2 国家公務員及び地方公務員に関する法令の関係規定の変遷等」の「(2) 地方公務員」における地方自治法の関係規定の変遷の説明(この説明自体は判決の展開と関わりがあることについては上に述べた)の最後で,昭和31年の前203条2項や204条の2の新設について述べた後で,こうした昭和31年改正の趣旨については次のように説明されているとして,以下のような文章を置いているのである。

「地方公務員法の制定後,同法の適用を受ける一般職の職員については,その給与は,同法24条6項及び25条1項の規定により条例で定めるものとされたが,特別職の職員については,この規定が適用されず,また,昭和31年改正前の地方自治法の規定により,非常勤の職員に対しては報酬及び費用弁償の,常勤の職員に対しては給料及び旅費の支給を規定し,これらのものについてはその額及び支給方法を条例で定めることとしていたものの,これらの種類以外の給与その他の給与については,何ら規定がなかった。そこで,一般職の職員については,条例で規定しさえすれば,いかなる種類の給与をどれだけどのような方法で支給しても差し支えなく,また,特別職の職員については,条例の規定すらも必要とせず,単なる予算措置のみで極めて曖昧な給与が支給されていても,適当不適当の問題は別として何ら違法の問題は生じないとされていた。そのため,一般職及び特別職を通じて,地方公共団体ごとの給与体系は極めて区々となり,不明朗な給与の支給等が行われる例も決して少なくなかったことから,地方公共団体の職員に対する給与についても,国家公務員に対する給与の基本の体系と一致させる形で給与体系を整備し,給与の種類を法定し,ある程度の給与の統一性を保たせるとともに,国家公務員に準ずる給与を保障し,合わせて,給与はすべて法律又はこれに基づく条例にその根拠を置くことを要するものとして,その明朗化,公正化を図ったものである」。

出処は明示されていないが,これは明らかに『改正地方自治法詳解』の解説をほぼそのまま引用したものである。しかし先に述べたように『改正地方自治法詳解』のこの説明は,本来その新設の趣旨を異にし,したがって分けて扱うべき204条の2と前203条2項を一まとめにして扱い,同じ目的を持つものとする点で妥当ではなく,それ故判決が204条の2や前203条2項の新設等の昭和31年改正の趣旨目的を説くのにこの説明を引用することは,判決もやはり区別す

べきものを区別せず，異なる趣旨目的のものを同じ趣旨目的のものとするという同様の誤ちを犯していることを示しているといえよう。さらに判決はこれもしばしばふれている次長通知も無批判に紹介しており，昭和31年の地方自治法の給与関係規定の改正の経緯や趣旨について，そうした当時の自治庁のスタッフの説明とは別に，独自に深く検討しようという態度は全くみせていない。

こうした態度からして本論に入っていよいよ但書の解釈に本格的に取組む段になっても，判決は相変わらず先に紹介した『改正地方自治法詳解』や『逐条地方自治法』の次長通知を敷衍した解釈を全面的に踏襲して，但書の意義につき次のように述べるのである。「非常勤の職員については，これに対する報酬は，生活給としての意味を全く有さず，純粋に勤務実績に対する反対給付としての性格のみを有することから，原則として，勤務日数に応じてこれを支給すべきものとし，ただ，非常勤の職員については，法が一般的な定義規定を置いておらず，それぞれの普通地方公共団体の実情として，勤務実態が常勤の職員と異ならず，月額あるいは年額で報酬を支給することが相当とされる職員がいるなど，特別な事情がある場合も想定されることから，そのような場合には，上記原則の例外として，条例で特別の定めをすることにより，勤務日数によらないで報酬を支給することを可能にしたものと解される」。

こうして大津地裁判決は昭和31年の地方公共団体の常勤・非常勤の職員の給与・報酬に関する地方自治法の規定の改正の趣旨についてのみならず，改正後の問題の規定の解釈についても，当時の自治庁のスタッフのそれの焼直しを述べるのみである。結局多少なりともオリジナリティがあるのは争訟についての判断とは直接関わりのない国家公務員法や地方公務員法の規定の紹介部分のみで，肝心の昭和31年の地方自治法の改正の趣旨や新設の規定の解釈については全くオリジナリティがみられないといってもいい過ぎではないであろう。

ともあれ，判決は当時の自治庁のスタッフの解釈に従ってこのように但書の意義を解するのであるが，よく検討するとこの解釈にはこれまで何度か指摘している但書追加の経緯とのずれの他にも多くの問題点が含まれていることが分かる。

そもそも，「前項の職員に対する報酬は，その勤務日数に応じてこれを支給する。ただし，条例で特別の定めをした場合は，この限りでない」という現行

の203条の2第2項の文言や，その前身の，「前項の職員の中議会の議員以外のものに対する報酬は，その勤務日数に応じてこれを支給する。但し，条例で特別の定をした場合は，この限りでない」という前203条2項の文言から判決のように，但書は，勤務実態が常勤の職員と異ならないという特別の事情がある非常勤職員について例外的に月額報酬制をとることを可能にしたものという結論を簡単に導き出すことができるであろうか。むしろふつうに文理的に解釈すれば，但書は，非常勤職員の中にも，その地位や職責，あるいは勤務内容等に照らせば，日額報酬制よりも高い評価を示す月額報酬制をもって丁重に遇するのが適当と考えられる職員がいる可能性があるから，そうした場合には条例という公明慎重な方法により月額報酬制をとることを可能にした規定とするのが自然であり，判決のように，勤務量が常勤職員と同じ非常勤職員を想定した規定と極めて特定的に読むのは，随分とアクロバット的な解釈というべきではなかろうか。少なくともこういう解釈を展開している『改正地方自治法詳解』や『逐条地方自治法』をみれば，法曹ならむしろいささかなりとも違和感をおぼえ，念のため但書制定の経緯を調べてみようとするのが通常であろう。判決にそういう様子が全くみられないのは筆者からすれば，担当裁判官に法曹としての感性に欠けるものがあるようにすら思えるのである。

　また，判決は（したがって当時の自治庁のスタッフの解釈も）実は非常勤職員のうち，勤務量が常勤職員と同じという特別の事情がある者についてのみ但書が適用されるとする理由を具体的には示していない。給与や報酬を，常勤職員にとっては生活給，非常勤職員にとっては単なる職務に対する反対給付とし，したがって前者は月額報酬制，後者は日額報酬制によることになるとすれば，理由の説明になるとしているようにみえるが，それは説得力のある説明とはいえない。

　生活給と職務に対する単なる反対給付の区分は（こうした二分法がそれほど簡単に成り立つか，あるいはそもそも意味があるのかという疑問もあるが，この際はそれは措く），判決では，生活費を賄うに足りるものとそうした意義を持たないものという趣旨で語られているようにみえるが，そうだとすればそれは結局は額の問題である。他方月額報酬制と日額報酬制の問題は支払い方法の問題であって，両者は全く無関係とはいえないとしても，常勤職員＝生活給＝月額報酬制，

非常勤職員＝単なる反対給付＝日額報酬制という形で必然的・固定的にリンクするわけではない。月額報酬制とは要するに，その額はともかく，一々勤務日数を数え計算することなしに固定額を月単位で支給するシステムの謂であり，その意義はそうした処遇をすることによって対象者の勤務内容や役割，あるいは責務を高く評価し，丁重に報いることである。常勤の職員は一般的にこうした処遇に値する者として月額報酬制がとられるのであるが，非常勤の職員についてもその勤務の内容や役割，あるいは責務に照らし，こうした処遇がふさわしいと判断されれば，月額報酬制をとることに何ら問題はなく，またそれは本来は殊更日額報酬制の原則の例外と位置づけられる必要もないのである（その意味で前203条2項がわざわざ非常勤職員について日額報酬制の原則を規定したことは，立法政策として疑問が残らないわけではない—実際にも衆議院の地方行政委員会ではそうした原則を謳わず，支給方法の決定を全面的に条例に委ねていた旧203条のままでも何ら問題はないのではないかとの意見も述べられていた）。それを判決はそもそも論理的に当然常勤職員の給与＝生活給は月額報酬制と結びつき，非常勤職員の報酬＝単なる反対給付は日額報酬制と結びつく（逆にいえば本来月額報酬制は常勤職員の生活給の支給の場合にとられ，日額報酬制は非常勤職員の反対給付の支給の場合にとられる）としているようにみえるが，それは官僚的なロジックに追随した判示であって，いささか強引で独断的，観念的な決めつけというべきであろう。

　また判決は上に述べた自らの但書解釈の正当性を補強しようとして，争訟の対象となっている労働委員会，収用委員会，及び選挙管理委員会の各委員会の法令上の常勤・非常勤の別にふれ，まとめとして，「選挙管理委員会，労働委員会，収用委員会の各委員については，法律に常勤とし，又は常勤とすることができる旨の規定はなく，これらの委員を政令又は条例等に基づいて常勤とすることはできないのであるから，これらの委員に対し，常勤の委員に対するのと同様な生活給的色彩を持つ給与を支給することは，法が予定するところではないといわざるを得ない。したがって，以上の諸点を考慮すると，法は，これらの委員に対しては，その業務の繁忙度等から，勤務実態が常勤の職員と異ならないといえる場合に限り，上記原則の例外として，条例で特別の定めをすることにより，勤務日数によらないで報酬を支給することを許しているにすぎないというべきである」と述べている。

労働組合法19条の12第6項及び19条の3第6項によって，都道府県は条例で定めるところにより2名以内の労働委員（公益委員）を常勤とすることができるとされ，また，土地収用法52条7項によって政令で定める都道府県の収用委員会の委員は，政令で定めるところにより，常勤とすることができるとされているから（こうした常勤の委員は当然203条の対象ではなく，常勤の職員の給料について定める204条の対象である），上の常勤の労働委員や収用委員は存在しないという判示部分はそもそも法令の正確な理解を欠いているが，それは措くとして，必ずしも分明ではないものの，そのいわんとするところは，法がこれらの委員会の委員を非常勤としているのは，当該委員会の任務の遂行は非常勤の委員をもって足りるものとし，その報酬は単なる反対給付であって生活給ではないことを意味するものと理解され，したがってその支払いは日額報酬制によるのが原則であり，この原則の例外として月額報酬制をとるには委員の勤務に特別の事情，すなわち月額報酬制の本来の対象である常勤職員と勤務の実態＝勤務量が同等という事情が必要ということになるとするもののようである。

しかし法がこれらの委員を非常勤としているのは，その任務が常勤職員のように通常の行政事務を日常的，継続的に行うことにあるのではなく，法で定められた重要事項を政治的に独立・中立の立場で，もしくは専門的な知識を駆使して審議（理）・決定し，あるいは指揮することにあり，また，こうした特殊な事務の遂行のための人材もそのような職の性格上行政組織外から登用する必要があるからであって，法令上委員が非常勤とされていることを報酬の意義や支給方法と関係づけるのは筋違いである。また，仮に法令上委員が非常勤とされていることの趣旨を判決のように理解するならば，そこから導き出される結論はむしろ，勤務の繁忙度等から，勤務実態が常勤職員と異ならない委員が出現した場合は，それは法の設計ミスを意味し，設計の修正が必要になるということであって，決して，但書は非常勤の委員の勤務実態がその繁忙度等から常勤職員と異ならない場合に例外的に月額報酬制を許容する趣旨の規定であるとする判決のような解釈につながるものではないであろう。

さらに付け加えていえば，元々但書提案のきっかけとなったのは，国家公務員の場合に合わせて，地方公共団体のすべての非常勤職員の報酬の支給方法を，その職務の内容や役割，あるいは責務等とは関わりなしに，日額報酬制とする

という政府提案であった。いわば他の要素はすべて捨象し、また、国の行政組織と地方公共団体のそれとの構成の違いも考慮することなく、ただ非常勤という共通の括りによって、国と地方公共団体のすべての非常勤職員の報酬制度を統一しようとしたわけであるが、それに対して地方公共団体の非常勤職員の内実、とりわけそこには地方自治法上長と並ぶ執行機関として位置づけられている行政委員会の委員という国の行政組織にはみられない非常勤職員も含まれていることを指摘して、その処遇に月額報酬制の選抜肢も残そうとして提案され、成立したのが但書であった。本来なら当然そのような経緯を知り（前203条2項が昭和31年の改正で成立したことは判決自身が述べているのであるから、一歩進んで改正時の当該条項の審議の模様を会議録に当たって調べることは本来容易に気がつくことであり、またなすべきことである）、そのことを踏まえて但書を解釈すべきであるが、仮にそうした経緯には気がつかなかったとしても、争訟の対象である労働委員会、収用委員会、選挙管理委員会が地方自治法上執行機関として位置づけられており、したがってその委員の地位や職務内容は同じ条項に並んで掲げられている他の委員とは大きく異なるところがあるという認識ぐらいは当然持つべきであったろう。それは法曹としての基礎的な知識である。そうした認識を持った上でなお、そのような委員もやはり日額報酬制とするというのが法の趣旨であるという解釈論を展開するのであれば、それはそれとして1つの立場であるが、判決を精読しても争訟の対象である3つの委員会が執行機関であることの認識が窺えないのである。

　あるいはせめて、現在これらの委員について他の非常勤職員とは異なる報酬の支給方法が採用されているのは、それなりの理由が存在するのではないかと推察し、それを調べ、検討するぐらいのことはなされてしかるべきだと思われるのに、そうしたことも全くなされていない。ただ当時の自治庁のスタッフの解釈を鵜呑みにしてそのまま繰り返すだけである。こうしたことからすると、大津地裁判決には、そもそも担当裁判官に地方自治法上執行機関としての委員会の委員と附属機関としての委員会の委員の区別があることの認識があったのかすら疑わざるを得ないような気配があるのである。

　このように筆者には大津地裁判決の但書解釈は到底賛同できないものであるが、判決は自らのこうした但書解釈を受けて、次に争訟の対象である3つの委

員会の各委員の勤務実態を検討する。この部分も冒頭の関係規定の紹介・説明同様相当に詳細であるが，途中を省略して結論のみをいうと，判決は，「本件委員らの勤務実態は，……到底常勤の職員と異ならないとはいえず，法が，このような勤務実態を有する本件委員らに対し，勤務日数によらないで報酬を支給することを許しているものとは解されない」とする。月額報酬制と日額報酬制の別をもっぱら勤務実態＝勤務量の違いによる区別とする判決の立場からすれば当然の結論ではあるが，筆者の考えと大きく隔たることは改めていうまでもないであろう。これらの委員が常勤の職員と異ならない勤務実態を有するとすれば，そもそも非常勤の委員ではなく，常勤の委員とされているであろう。非常勤とされているのは勤務実態を異にすることが前提にされているということであり，一々会議数等を数え上げて常勤職員と同じ勤務実態ではないことを論証する必要もないのである。

　なお判決はこうした判示に続けて，「そうすると，本件委員らに対し，勤務日数によらないで月額報酬を支給することとした本件規定（3つの委員会の委員に対し月額報酬を支給する旨定めている「滋賀県特別職の職員の給与等に関する条例」1条，4条―筆者）は，上記4で認定した近時の勤務実態を前提とする限り，法203条の2第2項の趣旨に反するものとして，その効力を有しないといわざるを得ないから，本件公金支出は，法204条の2の規定に反し，違法であるというほかはない」と述べている。そのうち「203条の2第2項の趣旨に反する」とするのは，判決の但書解釈からすれば当然の結論であるものの，さらに判決が，3委員会の委員への月額報酬制による公金支出が，「普通地方公共団体は，いかなる給与その他の給付も法律又はこれに基づく条例に基づかずには，これをその議会の議員，第203条の2第1項の職員及び前条第1項の職員に支給することができない」とする204条の2の規定にも反し，違法であるとするのは，どのような意味か理解できない。204条の2はすでに述べたように，条例で自由に給与の種類を設けたり，単なる予算措置のみで給付を行ったりすることを禁止するための規定であって，支給方法の問題とは関わりはないのである。行政委員には報酬を支給しなければならないという法律の規定と，そのことについて具体的に定めた条例に基づいて支給されているのであるから，本件支給は少なくとも204条の2との関係では何ら問題はないのである。以前に前203条2

項の新設と204条の2の新設はその意義が異なることを述べ,にもかかわらず,判決においてはその区別がよく理解されていないようにみえることを指摘したが,そうした判決の問題性がここでも表れているといえよう。

しかし,判決はこのように論を進めて,本件公金支出の差止めを求める原告の請求は理由があると結論するのである[12]。

Ⅲ 2審判決

被告滋賀県知事側も当初は昭和31年の前203条2項成立の経緯をよく把握していなかったようで,1審段階でのその月額報酬制適法の主張は,但書は条例で特別の定めをする限り日額報酬制によらなくてもよいとしているのであって,それ以外には特段の制限を課していないという文理解釈,条例制定についての議会の広範な裁量権,各行政委員の職務内容や職責の重要性等は述べているが,そもそも但書が行政委員の処遇をめぐる論議を受けて成立したものであることにはふれていなかった。しかし2審段階ではそうした経緯を知るに至り,一律日額報酬制という政府提案の枠組みが否定され,行政委員を念頭に置いて但書が成立したという立法の経緯をも月額報酬制を適法とする根拠として主張したため,判決も1審判決のように単純に当時の自治庁のスタッフのそうした経緯を無視した但書解釈をそのまま繰り返して済ますということはできず,但書の成立過程も検討の対象にせざるを得なくなった。

その分2審判決は但書について1審判決よりも多面的に検討しているが,とはいうものの,後に述べるように,やはり但書を勤務量に基づき適用されるべき規定と捉えようという志向,あるいはそう捉えるべきであるという姿勢が一貫してみられ,結局は1審判決と大差ないものとなっている。

昭和31年改正時の但書成立の経緯を認識しながら,但書は常勤職員と勤務量が同じ非常勤職員に例外的に適用されることを予定した規定とすることは,経緯を素直に追う限り,相当に無理があるとみるのがふつうであろう。それが分かっているからこそ,『逐条地方自治法』や『改正地方自治法詳解』は経緯には具体的にはふれずに,それとは関係ない生活給と単なる反対給付という対概念を持出したりして,勤務量を基準に適用されるべきとの但書解釈を導くので

あるが，2審判決は経緯にかなり詳細にふれながら，しかし勤務量を基準に適用されるべきとの同じ但書解釈を導き出すのである。これが2審判決の特色であるが，それはいい換えれば，判決が但書成立の経緯についてふれてはいるものの，それについてかなり特異な捉え方をしているということである。筆者はこうした2審判決にはやはり強い疑問を感じるのであるが，そのことは以下折々に述べることにして，先取り的にいえばこのようにまとめられる2審判決の「第3　当裁判所の判断」の部分を順を追って辿ることにしよう。

　判決は最初に，「国及び地方公共団体の委員等の非常勤職員及び一般職員の報酬・給与に関する法令の変遷」とのタイトルの下，先ず国家公務員法，一般職の職員の給与に関する法律，人事院規則等が定める国の非常勤職員の制度，非常勤職員の法的地位，及び給与等について略述し，次いで当初の地方自治法と地方公務員法の地方公共団体の職員の給料・報酬に関する規定，一般職と特別職の別に関する規定，昭和27年改正後の地方自治法の執行機関としての行政委員会の設置やその委員の原則非常勤との勤務形態並びに報酬に関する規定，及び常勤の職員の給料に関する規定等について述べ，さらに引続き前203条2項・4項，204条2項，204条の2等を新設した昭和31年の改正にふれ，その内容を説明している。そして判決はこうした昭和31年改正の説明の後，「このように，本件で問題になる現行の法203条の2第2項（同改正後の203条2項）の規定は，昭和31年改正によって新設されたものである」とした上で，これらの203条や204条に係る昭和31年の改正（具体的には前203条2項・4項，204条2項，204条の2等の新設）の趣旨目的については，以下のとおり説明されているとして，1審判決と同様に次のような文章を置いている。

　「地方公務員法の制定後，同法の適用を受ける一般職の職員については，その給与は，同法24条6項及び25条1項の規定により条例で定めるとされたが，特別職の職員については，この規定が適用されず，報酬等は条例で定めることとされていても……，条例に基づかない他の給与を支給することはあえて違法とはいえない状態であった。また，条例を制定して職員に給与を支給する場合も，いかなる種類の給与をどれだけ，どのような方法で支給しても，適不適の問題はともかく，違法の問題は生じなかった。したがって，地方公共団体ごとの給与体系はきわめて区々であり，種種雑多な給与の支給がされ，その間に全

く統一がないのみならず，給与の公明性を欠くという欠陥は否定できず，不明朗な支給や，不当な増額が行われる例も決して少なくなかった。そこで昭和31年改正により，給与体系を整備し，国家公務員に対する給与を基準としてある程度給与の統一性を保たせると共に，給与はすべて法律又はこれに基づく条例にその根拠を置くことを要するものとして，その明朗化・公正化を図ったものであった」。

　これはいうまでもなく，先にⅠの4で示した『改正地方自治法詳解』の言をそのまま写したものである。明文で特に積極的な評価は述べられていないが，当然『改正地方自治法詳解』のこうした説明を適切妥当なものとしていることは明らかである。しかしそれは『改正地方自治法詳解』が持っていた，前203条2項の新設と204条の2（並びにこの204条の2に伴う前203条4項や204条2項）の新設を同じ趣旨目的のものとして捉えるという誤りが1審判決同様2審判決でも引き継がれているということである。そしてあたかも非常勤職員の報酬の明朗化・公正化のために前203条2項が制定されたとするかのようなこうした把握は，単に誤りであるだけでなく，さらに判決のその成立の経緯も含めた但書の意義の検討や理解を大きく歪めることにもなるのである。

　なぜなら日額報酬制が非常勤職員の報酬の明朗化・公正化という緊要な目的のために定められたとすれば，それは是非とも堅持されなければならない原則であり，但書の意義やその一環としての但書成立の経緯の検討や理解も最大限そうした方向に沿うようなされるべきことになるからである。そして判決は実際にもそのようにしているのである。しかし繰り返していえば，上の『改正地方自治法詳解』に依る説明は実はほとんど204条の2とそれに伴う前203条4項，204条2項の新設の理由の説明であって，前203条2項の新設の理由はそれとは異なるのであるから，判決のこうした両者を同一視してなされる但書の意義の考察は，そもそもそのスタートにおいて妥当ではないというべきであろう。

　判決は次いでこれも1審判決同様，前203条2項についての，「……本改正は，非常勤職員に対する報酬が，勤務に対する反対給付としての性格を有することにかんがみ，当該報酬の額は具体的な勤務量，すなわち，勤務日数に応じて支給されるべき旨の原則を明らかにしたものであること。ただし，非常勤職員の勤務の態様は多岐にわたっているので，特別の事情のあるものについては，こ

の原則の例外を定めることができるものであること。」という次長通知を紹介している。前203条２項についての留意事項を述べたものとして紹介されているが，判決のねらいはいうまでもなく，それに止まらず，こうした前203条２項本文と但書についての説明を一般的に受容されている203条２項の説明として示すことにある。すなわちそれは単なる紹介ではなく，このような203条２項の本文と但書の説明，とりわけその但書の意義の理解を一般に認められているものとして念頭に置きながら，以後の分析検討を進めるという方針表明なのである。

しかし再三繰り返すことになるが，筆者は次長通知の説明は適切妥当ではないと考えるので，判決がそれをそのまま受容して但書の意義の分析検討に取り掛かろうとしていることには到底賛成できないのである。それにそもそもこれからその意義を分析検討しようとしているのに，次長通知の但書の意義の解説を当然の理のように前置きするのは本末転倒でもあろう。

なお判決は次長通知に関しても，前203条２項の部分のみならず，204条の２や204条２項の解説部分もかなり長く引用していて，このことも判決が前203条２項の新設と204条の２等のその他の本件争訟とは直接関係ない地方公務員の給与・報酬に関する規定の新設の意義の別を充分に弁えていないことを示している。

こうした問題点をはらんだイントロダクションを経て，判決はいよいよ但書の意義の考察に取り掛かるが，その冒頭，「本件においては，本件委員らの月額報酬制を定める本件条例中の本件規定が法203条の２第２項ただし書（昭和31年改正による法203条２項ただし書と同じ）の規定に基づき制定されているから，本件規定が本件ただし書により許容された範囲内のものであるかどうかが最大の争点である。そうすると，本件ただし書の趣旨や意味内容をどう解するかが重要な点であるところ，この点については，同条項の文理や本文・ただし書の関係等を前提に，委員等の非常勤職員の特質，その公務員法上の位置付け，他の職員との異同，それらを踏まえた同条項の趣旨目的，立法の経緯等の諸事情を総合考慮した上で，その意味内容を条理に従って合理的に解釈すべきものである。そして，本件訴訟は，現時点に立って今後の本件委員らへの月額報酬の支出の差止めを求めるものであるから，法203条の２第２項ただし書の意味内

容についても，現時点における合理的解釈を検討すべきものである」と，但書解釈に当たっての基本的態度を述べている。

　様々な考慮すべき前提や事情が掲げられているが，以下にみるように，実はそれらは多様にみえるものの，実際には但書は勤務量が常勤職員とほとんど同様であるなど，特別な事情がある非常勤職員に例外的に適用される規定であるという解釈を導くために利用されている。いい換えれば，主としてそういう風に利用しやすい，あるいはそうした利用を企図した前提や事情が掲げられているのであり，その意味でこれも『改正地方自治法詳解』や次長通知の説明の紹介と同じように，自らの結論のための布石となっているのである。但書が置かれているということは，非常勤職員の有様が一律ではないということであるから（一律であれば，例外を設ける必要はない），行政委員への但書の適用の適法性の検討に際して何よりも肝心なことは，一括して掲げられている非常勤職員の一律でない内実を分析把握し，行政委員という職の内容と他の非常勤職員のそれとの異同を確かめることであるはずであるが，そのことは判決の但書解釈の方向にそぐわないものとして特に考慮すべき事情とはされていないのである。

　こうして掲げられた前提や事情のうち，最初の203条の2第2項（前203条2項）但書の文理や本文・但書の関係という前提については，判決は先ず，確かに，本件但書には実体的要件が規定されていないから，本件但書によって条例で特別な定めをするためには特別な事情が必要であるというような実体的要件が存在すると解釈するには困難が伴い，したがって本件但書によって条例で特別な定めをするかどうか，するとしてどのような定めをするかは，議会の裁量に委ねられている面があることも当然と思われるとする。しかし直ちに語を継いで，このような控訴人滋賀県知事側が主張する文理解釈を突き詰めると，条例で月額報酬制を規定しさえすればそれだけでそれは適法であるということになりかねず，こうした解釈は法文における原則（本文）と例外（但書）という基本的な約束事項にそぐわない面があるといえるし，実質的にみても，そのような解釈によって，本文で規定されている日額報酬制の原則は意味をなさなくなり，本文におけるこの原則と矛盾抵触する結果になるおそれが生じるという。加えて原則日額報酬制とされる非常勤職員は執行機関としての委員会の委員から単純労働を提供する非常勤職員までを含む幅広いものであるから，これらすべて

95

第3章　自治体行政委員の報酬制度についての法と判例

の非常勤職員について何の制約もなく条例で月額報酬制をとることができると解することも相当ではないという。

この最後の部分は滋賀県知事側がいうように，但書に基づき条例で特別な定めをするかどうか，するとしてどのような定めをするかは，議会の裁量に委ねられているとすれば，議会の判断次第ですべての非常勤職員について月額報酬制をとることができることになって，非常勤職員について原則日額報酬制を定めた本文の規定は意味をなさなくなり，また不適切な結果（当然日額報酬制とされるべき非常勤職員についても月額報酬制とされるような事態）を招くおそれがあるということのようである。

しかし筆者にはこうした判示はよく理解できないものである。前にも若干ふれたが，法律が条例に委ねるとするのは，住民から選出された議員よりなる合議制の機関であり，かつ公開の機関である議会に委ねることが，地域の実情を考慮しつつ慎重で民主的な手続によって適切なルールを作ることにつながると考えるからであろう。そしてそうした積極的な評価が条例で定めるとすることの一般的な理解でもあると思われるが，判決はそうは考えずに，むしろ実体的要件なしに条例に委ねられているとすることは，原則を無視した恣意的なルール作りにつながるおそれがあると消極的に評価しているようにみえる。しかし実体的要件の定めなしに条例に委ねられていることは，そうした実体的要件の設定も含めて議会に委ねることが最も適切妥当なことの処理に通じると考えられているということであって，実体的要件の定めなしに条例に委ねることが，あるいはそうされていると主張することが恣意的なルール作りにつながるとするのは短絡的にすぎるであろう。また実体的要件が定められていない場合は，司法がその実体的要件を考案して条例の内容，すなわち議会の判断をチェックすべきであるとするかのような判旨は，我が国の法体系における条例の位置づけや地方議会の条例制定権の意義とはマッチしないのではなかろうか。

いい換えると滋賀県知事側の主張は数多くの非常勤職員のうちの一部には，行政委員のように，その職の性格からして月額報酬制をとるのが妥当ではないかと考えられる場合があり，そうした場合は議会が但書に基づきその旨を条例で定めることはその裁量権の範囲内であり，何ら違法ではないとするものであって（実際にも条例は非常勤職員のごく一部の行政委員の職についてのみ月額報酬制

を定めている），すべての非常勤職員に無条件に応用できるものとしてなされているわけでも，他の要件とは無関係にひとり議会の条例制定に際しての裁量権の尊重が主張されているわけでもないのである。

　つまり滋賀県知事側の主張は，203条の2第2項（前203条2項）に掲げられている非常勤職員の多くは必要があると判断されたときに任命者や担当部局からその都度招集されて立会い，意見を述べ，あるいは審議・とりまとめ・決定をするのみの，いわばアドホックな活動のための職であるが，しかしその一部にはそれと異なり，行政委員のように，常勤ではないにしても，常任の機関として設置され，定期的に，あるいは法により定められた事由の発生とともに自ら集会して活動を開始し，独立の執行機関として自らの判断で法律により負託された事務を遂行する責務を負っている職があり，そうした他の非常勤職とは異なる地位や役割に着目して議会が但書により当該職の職員に月額報酬制を採用することは，その条例制定に関する裁量権の範囲内であるとするものである。それはいわば当初から非常勤職員のうちの一部についての裁量権の主張であって，無限定な主張ではないのである。それを判決は，「裁量の幅を極めて広く解した場合には，本文・ただし書の約束事項を逸脱し本文の原則を事実上没却する結果になりかねない」として，滋賀県知事側の裁量権の主張は原則全体を無にしかねない主張と批判するのであるが，それは滋賀県知事側が主張する裁量権の幅を観念的に拡大してなされた批判であって，いささか牽強付会の印象すら与える判示である。

　続く委員等の非常勤職員の特質，その公務員法上の位置づけ，他の職員との異同等の諸事情に関する判決の分析検討も筆者にはよく理解できないものである。

　ここに掲げられた事情をみると，一見したところでは非常勤職員の地位や勤務内容が具体的に検討され，行政委員のそれも具体的に論じられるようにみえるが，上述のように判決が実際にしているのはそのような立入った作業ではない。判決はただ議員の報酬と常勤の職員の給与に関する法律の規定を紹介し，最後にこれらの議員や常勤の職員に対し，「非常勤の職員は，労働可能な時間のほとんどを公務に充てるものではなく，その生活を必ずしも地方公共団体からの報酬に依存するものではないことが前提となっているから，地方自治法は，

勤務の反対給付である報酬は、勤務日数の多寡（勤務量）に応じて支給するのが相当としたものと解される。この点は、委員会の委員等においては更に顕著であって、本件各委員会の委員には、おおむね別に本業を有し生計の手段を確立している者が就任することが予定されており、安定した報酬を支給する必要はないということになる」というのみである。要するに議員や常勤・非常勤の職員の現行の給与・報酬制度と、非常勤職員は常勤職員と異なり労働可能な時間の一部のみを公務に割いているという分かり切ったことが述べられているだけであるが、おそらく判決のいわんとするところは、こうしてその特質等から非常勤職員の日額報酬制には充分合理的な根拠があり、堅持されるべき原則であるということであろう。

　しかし上に述べたように問題は、行政委員の存在にみられるように非常勤職員の地位や職務の内実は一様ではなく、一律に日額報酬制をとるのは妥当ではないのではないかということであり、その問いによく対処するには当然地方公共団体における行政委員等の地位や職務の有様についてもっと詰めた検討が必要なはずである。しかし判決は上にみたように非常勤職員一般のごく表面的な有様に言及するのみで、それ以上踏み込もうとはしていない。もっぱら非常勤職員一般の報酬は現行法上どのようになっているか、あるいはどうあるべきかが判決の関心事であり、行政委員もこのように一括して論じられる非常勤職員の一部であって、それ以上特に他と区別されるべき特性を持つ職ではないのである。それどころか、最後の行政委員にふれている箇所をみると、「別に本業を有し生計の手段を確立している者が就任することが予定されて」いることを理由として、行政委員こそ非常勤職員の報酬の支給方法の原則とされる日額報酬制が最もふさわしい職であるとするかのような判示すらしているのである。

　さらに判決の続く203条の2第2項（前203条2項）の趣旨目的の理解も甚だ疑問である。つまり判決はここでも相変らず、「現行の法203条の2第2項の規定は地方自治法の昭和31年改正によって新設されたものであった（改正当時は203条2項）が、改正前の203条について改正が企図された趣旨目的は、給与体系が区々で公明性にも欠けていた当時の地方公務員の非常勤職員への報酬について、国家公務員の給与・報酬を基準として統一性を持たせ、給与・報酬はすべて法律又はこれに基づく条例にその根拠を置くことを要するものとすること

にあった」とし，さらに，「そして，国家公務員の非常勤の委員等については，その学識，経験等を拝借するという職務及び勤務の特殊性に照らし，それに対する報酬は，本質的には謝金に近い性格のもので，勤務時間ではなく，委員会等への出席1回（すなわち勤務1日）に対する手当で処遇していくことが最も適当であると考えられ，このような制度が確立していたことから，地方公務員についても同様の前提で改正案が国会に提案され，本件ただし書が付加されたものの改正法203条2項（現行の法203条の2第2項）が成立したものであったと認めることができる」としている。

　前半の，204条の2の新設の意義を前203条2項の新設の意義ともする説明の問題性についてはこれまで何度も述べたので，ここではもはや繰り返さないが，後半の説明はさらに問題であろう。そこでは当時の自治庁のスタッフの説明にそのまま追随して，簡単に，国の非常勤職員についての報酬の原則を適当として，地方公共団体の非常勤職員にもその原則を導入したのが203条の2第2項（前203条2項）の趣旨目的であるとし，それで終わっている。国の非常勤職員の報酬に関する原則をそのまま無条件で地方公共団体の非常勤職員の報酬制度に導入するのが妥当なのか，とりわけそれは地方行政組織の特色である行政委員会制度を軽視するものではないかという，国と地方の行政組織の構成の違いを踏まえた強い反対意見があったこと，但書はそうした経緯の産物であることなどには全くふれられていないのである。

　すなわち203条2項の趣旨目的をいう場合，少なくとも本件訴訟との関係では何よりも但書追加の趣旨目的が検討されるべきはずであるが，実際には判決はもっぱら日額報酬制が導入されたこと，すなわち203条2項本文の趣旨目的の検討のみを行い，但書については，「ただし書が付加されたものの」という表現からも分かるように，203条2項全体にとってはさしたる意味を持たないものとして，その趣旨目的の検討はここでは全く行っていないのである。

　むろん判決は次に但書の提案・成立の経緯にふれ，そうしたコンテクストにおいて但書の趣旨目的に言及するが，このように先ず昭和31年の前203条2項の挿入という改正の眼目は何よりも日額報酬制の導入であり，それが実現したことに重要な意義があるのであって，但書はその原則にとってはネグリジブルな追加にすぎないかのようにすると，但書の提案・成立の経緯の検討という文

脈で行われる但書追加の経緯やその趣旨目的の解釈もそうしたベースに沿って行われることになって，極めて実際と懸け離れたものになるおそれがあるのである。そして，総合考慮すべき諸事情の最後に挙げられている「立法の経緯」，すなわち203条の2第2項（前203条2項）の成立，就中但書の提案・成立の経緯についての判決の検討と結論をみると，実際にもそのような結果になっているのである。

　前述のように提出された政府案には但書はなく，非常勤職員の報酬はすべて日額報酬制によるとされていたが，衆議院の委員会審議において野党議員より行政委員にもそうした制度を適用することについて異議が唱えられ，また行政委員会の全国連絡組織の代表者による反対の意見の陳述や関係者の請願あるいは陳情等もあって，委員会審議の最終日に与党議員より但書を追加する修正案が提出されたのであった。その際修正案の提出者を代表してなした鈴木議員の但書の趣旨説明もすでに紹介したが，判決はこうした衆議院における経過については，行政委員会の全国連絡組織の代表者による反対の意見の陳述や関係者の陳情があったことのみ取り上げて，野党委員より行政委員の処遇を低下させるものとして強い異議が呈されたことにはふれず，また鈴木議員による行政委員について月額報酬制を可能にするためという修正案の趣旨説明も全く取り上げていない。これらの衆議院地方委員会での審議過程については会議録の写しが書証として提出されているのであるが，判決はこうした衆議院における肝心な経過を意図的に無視しているのである。

　判決が代りに取り上げるのは参議院での審議の際のやりとりである。つまり修正案は衆議院ではそのまま委員会と本会議を全会一致で通過し，参議院に送られたのであるが，判決は，その参議院地方行政委員会での審議の冒頭，こうした衆議院における修正の趣旨説明のため衆議院を代表して同委員会に出席した鈴木議員が，「政府原案では，（旧―筆者）第203条に一項を加えて議会の議員以外の非常勤職員に対する報酬は，勤務日数に応じて支給することとされておりますが，衆議院におきまして同項にただし書を加えて，条例で特別の定めをすることにより例外を設けることができることに修正されたのであります。これは，非常勤職員に対する報酬を日割計算するという原則は堅持するが，勤務の実情等特別の事情がある場合においては，特に条例をもって規定することに

より勤務口（日？―筆者）数によらないで月額または年額によって報酬を支給することができるものとし，地方公共団体が特定の職員について実情によって特別の取扱いができるようにされたのであります」と述べたことに注目し，それを但書の趣旨を適切に述べたものとするのである。

　判決によれば，この鈴木議員の説明は，「修正案の趣旨を明快，簡潔に述べており……，この説明が本件ただし書の趣旨を端的に表現したものと解することができ」，また，再三引用している次長通知の同旨の説明もこの鈴木議員の説明に基づくものと推認されると評価されている。

　しかし判決のこうした評価は妥当ではない。「勤務の実情等特別の事情」などという表現は但書追加の修正案が提出され，全会一致で可決された昭和31年5月15日の衆議院地方行政委員会においては全く登場していないのである。その間の事情をやや解きほぐしていうと，この衆議院地方行政委員会での審議から先ず窺われるのは，政府・与党間の連係が不十分で，そのため政府提案に対して与党から但書追加という修正案が提出されざるを得なくなったということである。つまり政府（自治庁）側は当然但書が付されていない原案が行政委員の報酬制度を大きく変えることをよく認識していたわけであるが，与党側には当初その認識が充分にはなく，審議開始後野党の反対や行政委員会関係者の陳情・請願，あるいは意見表明を受けてようやくそのことに気がつき，収拾策として但書追加という修正案を提出したのである。そのことは鈴木議員の，「与党ではありますけれども，委員会にかかってからは，委員としての考え方を一切発表することはできないという程度のものではありませんので，やはり地方行政の委員として，陳情，請願をいろいろ検討いたした次第でございまして」という言や，「また非常勤職員に対する日動（当？―筆者）制の問題にいたしましても，これはやはり審議過程において与党ではあっても，これを修正することが正しい行き方ではないかというような考え方でやりました」という言が示唆している。

　そしてこのことはそれだけでも但書が非常勤職員一般ではなく，行政委員を念頭に置いて作られ，提案されたことを窺わせるのであるが，この推認はさらに繰り返し指摘している鈴木議員の昭和31年5月15日の衆議院地方行政委員会冒頭での修正案の趣旨説明や，同委員会におけるその後の質疑の際の，「私の

提案しております条例によってやろうということを申し上げたのは，先ほど申し上げました執行機関たる委員会の委員のある者のうちに，条例で定めた地方公共団体においては，これを適用するという考え方のもとに修正をいたしておるのであります」との言から確定的になるのである。

但書追加という修正案は，「勤務の実情等特別の事情がある場合」という勤務量中心の基準による非常勤職員一般への適用を想定したものではなく，明らかに，もっぱら，行政委員という特定の職を念頭に置いて提出されたものなのである。それならば進んでそのことを法文上明らかにするという方策も考えられないわけではなく，事実その旨の質疑もなされたが，鈴木議員はそれに対して，確かに但書を行政委員会にのみ限定するという方法も修正案作成の過程では検討したが，「(行政—筆者) 委員会全部にこれを適用するということを法制的に明記するのも乱に過ぎる」と考えて，結局地方公共団体の自主的判断に任せるという形にすることにしたと答えている。

このように衆議院地方行政委員会の審議時においては，但書が行政委員を念頭に置いたものであり，「勤務の実情等特別の事情がある場合」を基準として，非常勤職員一般に適用されることを想定したものではないことは与野党を問わず，全委員の共通の認識であったのである。

それが上にみたように，参議院の地方行政委員会における趣旨説明では，鈴木議員は，但書は「勤務の実情等特別の事情がある場合」に適用を予定したものと説明し，判決はそれを適切な説明と評価して，次長通知もこうした説明に基づくものと推認している。しかし筆者の推察では鈴木議員の参議院地方行政委員会冒頭での説明が次長通知につながったという推認は実は逆であり，また，鈴木議員の「勤務の実情」云々という説明はその本意ではなかったとみるべきであると思われる。

つまり一律日額報酬制という自らの原案を修正され，その修正案が与野党一致で衆議院を通過することによって成立必至となった段階で，自治庁は原案とその修正案をどう整合させるか，すなわち，修正案にもかかわらず原案の趣旨は堅持されたということをどう説明するかを考え始めたのであろう。そしてその結果考えついたのが，「勤務の実情等特別の事情がある場合」にのみ但書は適用されるという解釈であった。こうすれば但書の適用は極めて限定され，ま

た非常勤職員＝日額報酬制という原則は影響を受けないから（前に述べたように，勤務の実情が常勤職員と同じ非常勤職員というのは本来言語矛盾であって，そうした存在はふつうは考えられないし，仮にそうした非常勤職員が存在すれば，それは実質的には常勤職員であるから，月額報酬制を適用しても，非常勤職員＝日額報酬制という原則が特に損なわれたことにはならない），一律日額報酬制という当初のプランは実質的にはほとんど無傷で維持されることになるのである。

そして筆者のさらなる推測では，自治庁は参議院地方行政委員会で修正案の趣旨説明をすることになった鈴木議員にこうした「勤務の実情」云々という表現を教示するか，あるいはそのことをしたためたメモを渡すかし，簡潔かつ理論的に趣旨説明をする必要があった鈴木議員はそれが実は当初の自らの但書提案の趣旨をずらそうとするものであることに気がつかずに，その表現を使ったのではないかと思われる。衆議院の審議では登場しなかった「勤務の実情」云々という表現が突然登場し，しかも次にみるようにこうした表現の意味の説明を求められた鈴木議員が答えに苦労しているのをみれば，このような推測は充分に成り立つのである。

ともあれ，これが，判決の鈴木議員の参議院地方行政委員会における「勤務の実情」云々という趣旨説明についての高い評価のうちの，次長通知はこの説明に基づくという推認の部分への疑問・異論であるが，もう１つの疑問・異論の対象は，「勤務の実情」云々という説明が，「修正案の趣旨を明快，簡潔に述べており」，「本件ただし書の趣旨を端的に表現したもの」とする評価である。簡潔であることは確かであるが，明快で端的な表現とは到底いえないとするのがむしろふつうの評価であろう。

実際参議院地方行政委員会での鈴木議員のこの説明に対しては，直ちに，一寸分からぬ所があるとして，委員から，「勤務の実情等特別の事情がある場合」とはどのような場合を予想しているかという質疑がなされているのである。鈴木議員はそれに対し，「その具体的な面といたしましては，非常勤職員の中に，選挙管理委員会の委員あるいは人事委員会の委員，公安委員会の委員とか，あるいは教育委員会の委員とかいう特殊的な執行機関たる委員会の委員がございまするが，それらの委員会の現状を見ますというと，選挙管理委員会におきましては，性格も相当違いますし，また勤務状態も，委員長その他ほとんど毎日

出られまして，事務をしておられるという所もあるのでございます。もちろん全国の例をとりますと，そうでない所もございますが，そういうような，各地方団体の実情に即しまして，地方団体自身が月給制でやった方がよろしいとか，あるいは日当的な手当をやるにしましても，その日に支給しなくて，それを月に合計をして計算して，日給制にするというようなことをやっておる所もございますし，それぞれ地方公共団体の自主的なやり方にまかせていくことが，現実に即した地方団体の運営であろう，こう考えまして，例外を設けたわけであります」という，「勤務の実情」云々という自らの説明に合わせようとしつつ，必ずしもそれとはうまくマッチしない不明確な答弁をしているのである。そのため当の委員から再度，「勤務の実情等によって，あるいは特別の事情があるというようなことで，勤務日数によらない，日割によらない月額あるいは年額幾らという報酬を支給するというのは，一体どういう場合を予想されておるのかというのが私の質問の論点なんですね。ところが，今の御説明では，各種の委員会の委員というものは，みんな日割計算ではないというふうにとれるのですね。日割計算にしない方が実情に即するじゃないか，だから，地方公共団体がそれぞれ条例で，月額あるいは年額による報酬を出すというなら出し得る，こういうように改めるとおっしゃるのだが，これはいろいろな委員会から，特に選挙管理委員会から熱心な陳情がございますが，そういう陳情をおいれになったものだ，こう了承してよろしいですか」と尋ねられている。そして結局鈴木議員は，「修正の条文は，『条例で特別な定をした場合は，』ということになっておるのでありまするが，特別の定めをするというのはどういう場合にするかというときに，先ほどやや具体的な例を示して申し上げたのでありまするが，衆議院におきましての考え方としましては，ただいまの御質問の通り，選挙管理委員会等の陳情がもっともであると考えまして，それをある程度是認いたしまして，そのような方々の陳情がそれぞれの地方公共団体においても認められるということを期待いたしまして，条例にまかしたというのが実情であります」と述べ，「勤務の実情」云々という抽象的な説明は実は借物であり，但書は実際は行政委員を念頭に置いたものであることを認めているのである。

　これは昭和31年5月21日の参議院地方行政委員会でのやり取りを摘記したものであるが，5月29日の同委員会における鈴木議員の説明をみるとさらに上記

のことははっきりする。すなわち鈴木議員はこの日,「ただその行政委員会の委員のいわゆる報酬でありますが,ことにその委員のうちに常勤の場合は,これは触れておらないようでありますが,非常勤の委員の報酬につきましては日給制をとるような原則が政府案として出ておったわけであります。もちろんそこには委員会の委員という言葉はないのでございまして,地方自治体の非常勤の職員,こういうふうに規定されておりまして,非常勤職員の職員は何ぞやということが203条の1項ですかにそれが書いてあります。それを見ますと委員会の委員が含まれておるということが発見されたわけであります。そこで委員会の委員以外の非常勤の職員につきましては別といたしましても,執行機関である委員会の非常勤の委員の手当につきましては,これは特例を開くことが現実に即して妥当であるという考え方を持ちまして,そういうことからいたしまして,主として委員会の委員を頭に描いたために,条例で特別の規定をすることができるということに狭めたのであります。初めは政府原案を削除しようと考えました。削除いたしますと,203条の1項によりましてあらゆる非常勤の職員が適用されることになりまして,結局幅が広くなりますので,すべて委員会の委員につきましては特例を開きたいという考え方で,その判定を府県の条例にまかしたという結論に最後的には到達いたした次第であります」と,結局衆議院地方行政委員会における修正案の趣旨説明とほぼ同じ説明に戻っているのである。

こうしてみると,「勤務の実情」云々という説明は明快で端的に但書の趣旨を説明するものではなく,また,ことの実体を正確に反映したものでもないことが,明らかになるであろう。

しかし判決は,「勤務の実情等特別の事情がある場合」というのが但書追加という修正案の趣旨目的のエッセンスであったとする立場を決して崩さない。途中の行論を省略して,判決が「法203条の2第2項の趣旨・意味内容のまとめ」と題して述べていることをそのまま紹介すると,「法203条の2第2項(昭和31年改正後の法203条2項)は,同条1項所定の非常勤職員に対する報酬はその勤務日数(勤務量)に応じて支給するとの同条2項本文の原則は堅持しつつ,そのただし書において,各地方公共団体の議会が制定する条例をもって特別な定めをすることができることを認めたものであるところ,本件ただし書に実体

的な要件は規定されていないから，原則的には，本件ただし書によって条例で特別の定めをするかどうかは議会の裁量にゆだねられていると解するのが相当である。しかし，昭和31年改正によって本件ただし書を付加した趣旨は，当時繁忙とされていた選挙管理委員会や人事委員会等の執行機関である委員会の委員について，その勤務の実情等特別な事情のある場合においては，特に条例をもって規定することにより，特定の職員について勤務日数によらず月額又は年額等によって報酬を支給することができるようにしたというものであったと認められるから，本件ただし書を適用して条例で特別な定めをするかどうかは，地方公共団体の議会が，本件ただし書の趣旨目的を踏まえて，対象となる非常勤職員の勤務内容及び勤務態様等の具体的事情を考慮し，月額報酬制等をとるのを相当とするような特別な事情があるかどうかを判断して，裁量によりこれを決するものということになる」としているのである。

　繰り返していえば，修正案の提案理由は，日額報酬制の対象とされている非常勤職員のうちの行政委員についてはその職の性格上，例外を可能にすることが必要であるというものであったところ，判決は非常勤職員のうちには選挙管理委員や人事委員のように多忙な職員も存在するから，そうした繁忙な非常勤職員については議会の裁量により例外を可能とするのが修正案の趣旨と矮小化するのである。選挙管理委員会や人事委員会の名が確かに途中で登場するが，それは偶々それらの委員会については全国連絡組織があり，意見表明や陳情，請願がし易かったということであり，また多忙さも陳情，請願を効果的にするために口にされているのであって，特定の繁忙な行政委員会があることを受けて，多忙という基準で非常勤職員一般に適用されるものとして但書が提案されたという結論を導き出すものではないのである。

　もっとも判決は上にみたように最後に，「本件ただし書を適用して条例で特別な定めをするかどうかは，地方公共団体の議会が，本件ただし書の趣旨目的を踏まえて，対象となる非常勤職員の職務内容及び勤務態様等の具体的事情を考慮し，月額報酬制等をとるのを相当とするような特別の事情があるかどうかを判断して，裁量によりこれを決するものということになる」と述べて，勤務量のみならず，勤務内容も報酬の支給方法を決定する上での考慮要素になるかのように述べてはいる。

しかし実際には判決は直ちに語を継いで，「ところで，どのような場合が『特別な事情がある場合』に該当するのかを考えるに，この点は個別の実情にもよるが，少なくとも次の①から④までのような場合はこれに該当すると考えられる。すなわち①当該非常勤職員の役所における勤務量が常勤の職員に比肩し得るあるいは準ずる場合，②役所における勤務量が必ずしも多くはない場合でも，役所外の職務執行や役所の内外での勤務に備えての待機等が多いなど事実上の拘束があって，月額で報酬を支払うのが相当と考えられる場合，③勤務量を認識することが困難で，日額報酬制をとるのが不相当と判断され，月額報酬制をとらざるを得ない場合，④その他勤務や地方の実情に照らし，この原則によらずに月額報酬制を必要とする特別な事情がある場合（……職責が極めて重大で，そのこと又はその他の事情により任期中の委員の生活に対し大きな制約が生じる場合は，この④の場合に該当すると解される。）などが考えられる」といって，勤務量を前面に押し出している。

すなわち②は①と実際は同じことであり，③も「特別な事情」を勤務量によって判断することには変わりない。しかもこの①〜③は前に紹介した『改正地方自治法詳解』が例外的に月額報酬制をとることが認められる例として挙げるケースとほぼ同じである。ただ④のみはやや趣を異にするが，「特別な事情」を具体的に説明するのに，「その他勤務や地方の実情に照らし，この原則によらずに月額報酬制を必要とする特別な事情がある場合」を挙げても説明にはならないであろう。また，「職責が極めて重大で，そのこと又はその他の事情により任期中の委員の生活に対し大きな制約が生じる場合」という，判決が④に関するより具体的と考える説明も実は極めて曖昧である。非常勤職ではあるが，「職責が極めて重大で」，かつ，「任期中の委員の生活に対し大きな制約が生じる場合」というのは，一体どういう非常勤職員を想定しているのであろうか。元々判決は非常勤の委員等については，その学識・経験等を拝借するという職務及び勤務の特殊性に照らし，それに対する報酬は本質的には謝金に近い性格のものであることを理由として，当然日額報酬制が原則となるとしていた。いわば職責はそれほど重大ではなく，拘束も弱いという共通の特質が判決が非常勤職員の報酬制度を考えるに際しての前提となっているわけであり，ここでそれとは逆のイメージを示すことは，一貫性に欠けるとも批判され得よう。また，

そうした職責が極めて重大で，任期中の生活に大きな制約が生じるような職があるとすれば，それはむしろ常勤の職で，しかも首長か，それに近いポストに当てはまるイメージというべきであろう。少なくとも但書の提案理由でも，質疑においても，このようなケースが但書の対象として語られたことはないのであって，但書が想定しているのはこうした非常勤職だというのは，判決の創造というべきではなかろうか。

ともあれ判決はこのようにして，但書は主として，勤務量に照らして日額報酬制よりも月額報酬制に拠るべきだと思われる特別の事情がある非常勤職員が存在する場合に適用が予定された規定とするのであり，このようにまとめた後に付け足し的に行政委員の職務内容等にふれ，それは特段の評価に値するものではなく，勤務量を度外視して月額報酬制をとることを法が許容しているとは解されないと，結局1審大津地裁判決と結論を同じくするのである。違うのは1審判決が但書成立の経緯には全くふれずに，ただ当時の自治庁のスタッフの官僚的なロジックやレトリックを駆使した解釈を単純になぞっただけなのに対し，2審判決は同じ結論に行き着く前に但書の提案・審議という立法の経緯を一応検討していることぐらいであって，つまるところ両判決とも，『逐条地方自治法』や『改正地方自治法詳解』の但書解釈に追随して事件を処理しようとしている点では共通しているのである。

こうなれば当然2審判決も最後には1審判決同様滋賀県労働委員会，収用委員会，選挙管理委員会の各委員の勤務量を具体的に点検し，そこに月額報酬制を採用することが相当と考えられるような特別な事情（勤務量）があるかどうかを検討することになる。そしてそうした事実を認めることは困難であるとして，これまた1審判決同様差止請求を認容するのである。ただ2審判決は，選挙管理委員会委員長については，その勤務日数は1か月におおむね5日弱であり，そうした常勤職員のほぼ4分の1に当たる勤務日数に対する現行の月額報酬制は，当不当はともかく，203条の2第2項本文の日額報酬制の原則と矛盾抵触して著しく妥当性を欠く状態になっているとは直ちに断じ難いというべきであるとして，原判決中の選挙管理委員会委員長に関する請求を認容した部分は取り消すとしている。筆者のこうした結論に対する見解はこれまで述べてきたところから明らかであるから，ここで改めて述べる必要はないであろう。た

だこうした2審判決については最後になお重ねて1つ批判を加えておきたい。

それは，結論もさることながら，これまでにも述べた判決の但書立法の経緯の扱い方の不当さである。筆者は判決が展開したような理由での月額報酬制違法という結論には反対であるが，それとは別の理由で月額報酬制の違法が説かれるのであれば，それについては充分検討する用意はある。その意味で判決の結論自体には必ずしも一方的な批判の念ばかりを持っているわけではない。むしろ筆者がそれよりもはるかに強い批判の念を持っているのは，判決が鈴木議員のまことに明快な，行政委員という職を念頭に置いて但書を提案したという趣旨説明は全く取り上げず，それ以外の自己の結論に都合の良い（もっとも判決が思うほど都合が良いともみえないが）断先的な発言のみを無理に拾い上げていることである。前にも述べたように鈴木議員の一連の発言はすべて書証として提出されているのであるから，一読すれば誰でもそれを主たる提案理由と判断できる発言に判決がふれていないのは意図的な無視であるが，そうした態度がはたして裁判官として許されるものであろうか。弁護士ならまだしも依頼人の利益を損なうような事実はパスするということも許されるであろう。しかし裁判官がそうした態度をとることはその職の性格からすればアンフェアであり，司法に対する信頼を深く傷つけることになるであろう。2審判決については特にこのことを強くいっておきたい。

Ⅳ　下級審関連判決

上のⅡで述べた平成21年1月22日の滋賀県知事に対する3委員会委員への月額報酬支給の差止めを求めた訴訟（以下では「滋賀訴訟」という）に対する大津地裁判決に触発されて，その後全国的に同様の訴訟がかなりの数提起された。その結果すでに幾つかの判決が出されているので，滋賀訴訟の最高裁判決について述べる前にここで筆者が目にすることのできたそれらのうちの3つの下級審判決を簡単に紹介しておくことにしよう。

その1つ目は兵庫県知事等に対し，9委員会（すなわち地方自治法上都道府県に設置が義務づけられているすべての行政委員会［最初にも述べたように，本稿では便宜上監査委員も行政委員会として扱っている］—筆者）の委員への月額報酬の支給

権者ないし支給権者であった者（知事の職にある者及び教育長ならびに警察本部長であった者）に平成19年度と20年度に支給した報酬につき損害賠償を請求すること，各委員らに2年度に受給した報酬につき不当利得返還請求をすること，平成21年度において各委員に対し1人1日当たり1万5000円に実際の勤務日数を乗じた金額を超える額を支給してはならないことなどを求めた訴訟に対する平成22年度4月の神戸地裁判決[13]（以下単に「兵庫訴訟判決」という）であり，また2つ目は愛知県知事に対し，監査委員を除く8委員会の委員への月額報酬の支給の差止めを求めた訴訟に対する平成22年7月の名古屋地裁判決[14]（以下単に「愛知訴訟判決」という），3つ目は栃木県知事に対し，海区漁業調整委員会と内水面漁業管理委員会を除く7委員会の委員への月額報酬の支給の差止めを求めた訴訟に対する平成22年10月の第2審東京高裁判決[15]（以下単に「栃木訴訟判決」という）であるが，このように請求の内容や対象となった委員会等に若干の相違があり，また判決もそれぞれ知事以外に被告とされた者（元教育長や警察本部長）の被告適格や報酬支給の権限を各行政委員会の事務局長等に委任している場合の知事の被告適格，あるいは監査請求が所定の期間を経過してなされたことに「正当な理由」があるか否かなどにも及んでいるといった違いがあるが，行政委員に対する月額報酬の支給が地方自治法203条の2第2項（前203条2項）に反するか否かが基本的な争点であることは滋賀訴訟同様である。そこでこれら3つの判決の紹介ももっぱらこの点にしぼって行うことにする。

兵庫訴訟判決は203条の2第2項（本節で扱う3つの訴訟が提起された時点では前203条はすでに203条と203条の2に分けられ，これまでに何度も述べたように前203条2項は203条の2第2項となっていたので，以下本節と次節では203条の2第2項とのみ表記する）について，「203条の2第2項本文が原則としてその勤務日数に応じて報酬を支給するとしたのは，その報酬が非常勤職員の役務の提供に対する対価であり……，勤務の量に応じて支給されるべきものであるためと解される」が，ただ，「同条1項の職員には多種多様なものが含まれており，その職務の内容や性質等に照らして，当該非常勤職員が提供する役務を勤務日数のみによって評価することが相当ではなく，月額又は年額報酬を支給することが適切な場合も考えられ，同条2項ただし書は，条例をもって特別の定めをすることを認めている。そして，同ただし書は，どのような場合に特別の定めを置くこ

とができるかについて特に規定していないところ、これは、非常勤職員及びその職務内容が多種多様なものを含み一概にどのような職員に対し、どのような場合に月額又は年額報酬を支給するのがふさわしいかを定めることが相当ではなく、各普通地方公共団体の議会が、各非常勤職員の職務の実情に応じて判断すべきものであるためと解される」とした上で、原告らの勤務量が常勤職員と同様な非常勤職員にのみ適用されるという滋賀訴訟原告や同訴訟大津地裁判決がしたのと同様の但書解釈を、「条文上そのような制限は明示されていない」とし、さらに次のように述べて退ける。

「原則として勤務日数に応じて報酬を支給するとされたのは、……非常勤職員の報酬が役務の提供に対する対価であるためであり、職務の内容及び性質等に照らし、登庁して会議等に出席する以外にも、通常、勤務時間として把握し切れない機会に職務遂行のため諸々の調査研究を行うなど役務を提供していると見るべき場合が相当程度あるのであれば、勤務日数のみでは提供した役務の質量を的確に評価できないものとして、報酬を月額制又は年額制とすることに合理性があるといえる。地方自治法203条の2第2項は、当該非常勤職員の提供する役務の内容及び性質のいかんにかかわらず、勤務実態が常勤の職員と異ならない場合…のみ月額又は年額報酬を支給できる旨を定めたと解するのは狭きに過ぎるといわざるを得ない」。勤務量を但書が適用できる唯一の要件とする原告らの主張に対して、他の要件もあることを説いて、筆者がこれまで述べてきたことと同旨である。

さらに判決は、「原告らは、非常勤職員に対する報酬は、生活給たる意味は全く有せず、純粋に勤務に対する反対給付としての性格のみを持つことを指摘するが、……、そのことと報酬の支給方法として日額制ではなく月額制等を採用することは必ずしも矛盾するものではない。勤務日数に応じて報酬を支給するか月額又は年額報酬を支給するかは、当該非常勤職員が提供する役務の内容及び性質が勤務日数により評価すれば足りるものであるかどうかにより判断されるべきものであって、生活給の性質を有しない場合であっても、その職務内容等に照らして、月額又は年額報酬を支給することが提供される役務の質及び量により相応する支給方法であるといえる場合もあり得る」というが、これも、生活給＝月額報酬制、反対給付＝日額報酬制と論理必然的、固定的にリンクす

るわけではなく、また一般に月額報酬制は日額報酬制よりも処遇における高い評価を意味し、したがって重要な職務を果たし、職責を担う職員についてはたとえ非常勤であっても、月額報酬制を採用することに何ら問題はないとする筆者と同じ判断である。

加えて判決は203条の2第2項について、「同項は、委員会の委員らの具体的職務内容等を踏まえた上で、同委員らについて勤務日数に応じた報酬を支給することを原則としたとまでは解されず、非常勤職員の種類ごとに個別に規定することが立法技術的に容易ではなく、むしろ、各普通地方公共団体の議会がその実情も踏まえて判断することが相当と考えられたため、非常勤職員一般について、非常勤という共通項に着目して報酬日額制を原則とする体裁を採ったと解されるから、同項の規定から、直ちに行政委員会の委員につき日額制以外の報酬支給方法が許される余地は少ないということはできず、上記のとおりその判断は、原則として普通地方公共団体の議会の裁量に属するというべきである」という、さらに踏み込んだ判示をしている。

こうして判決は、「したがって、本件各委員らが、日々、常勤職員と同様の時間勤務しておらず、その年間の勤務日数も200日以下であったとしても（原告らは勤務実態が常勤の職員と異ならないといえる場合の具体的指標としてこのような目安を主張していた―筆者）、そのために本件条例（「兵庫県委員会の委員等の報酬及び費用弁償に関する条例」―筆者）2条、別表第1が地方自治法203条の2第2項の規定又はその趣旨に反し無効であると解することはできない」と結論する。

しかし兵庫訴訟判決の結論はいわば二段構えになっていて、こうした原告らの203条の2第2項の解釈を退ける結論だけでは終らない。続いて訴訟の対象になった行政委員の職務の性質やその内容を検討して重ねて原告らの主張を退ける結論を述べるのである。

すなわち判決は、本件各行政委員の全部又は一部につき、提供する役務の質及び量は勤務日数のみを基準として遺漏なく把握することができ、日額制以外の報酬支給方法を採用する合理性が全く欠けていると認めることはできないとした上で、かえって本件各行政委員らはいずれも長の部局から職務上独立して事務を行う執行機関の構成員として、法令上広範かつ重要な職務権限を行使するとともに、所管する行政運営について直接責任を負う立場にあること、並び

に委員の中には任期中一定の活動の制限や服務上の義務が課され，委員会の会議への出席以外にも委員会活動に関連する公式・非公式の各種行事に出席したり，委員会の会議の開催前後に資料や議案の検討に相当の時間を割いている者もいることも窺え，「したがって，本件における原告らの主張及び当事者双方の立証による限り，兵庫県議会が，本件各委員らについて，委員会の会議等への出席日数という勤務日数に応じて報酬を支給するよりも月額報酬を支給することが相当と判断し，本件条例2条，別表第1を制定したことが立法裁量の範囲を逸脱又は濫用したものであるということはできない」というのである。

　203条の2第2項の文理解釈上兵庫県議会が条例により定めた本件各行政委員の月額報酬制は違法無効ではないのみならず，その勤務内容や態様，あるいは職責等に照らし実質的基盤を有するという点からも月額報酬制は違法無効ではないとするわけである。このように文理解釈と実質的判断という2つの側面に分けてそれぞれ月額報酬制の適法性について結論を示すのも1つの方法と思われるが，ただ判決は昭和31年改正時の但書成立の経緯については全くふれていない。ふれなくても原告らの主張を退ける文理解釈が可能であったということかもしれないが，判決文をみる限り被告側の主張にもそのことにふれた形跡がないことからすれば，あるいは裁判当時は未だ但書成立の経緯が被告側や担当裁判官にもよく知られていなかったということかもしれない。

　愛知訴訟判決はそれと異なり，但書成立の経緯にかなり詳しくふれ，しかも，但書は主として行政委員会の委員を念頭に置いて提案されたものであり，また条例によって特別の規定をした場合にはこの限りではないとしたのは自治体の自主性を尊重するためであるという鈴木議員の説明を中心的に取り上げている。そして判決は，こうした「昭和31年改正の経過に照らせば，地方自治法203条の2第2項本文は，非常勤職員に対する報酬が，常勤職員に対する給与と異なり，原則として，いわゆる生活給たる意味を持たず，純粋に勤務に対する反対給付としての性質のみを持つものであり，したがって，それは勤務量（勤務日数）に応じて支給されるべきことを明らかにし，国の非常勤の職員に対する報酬支給方法と平仄を合わせるため，日額制としたものと解することができる。他方，非常勤の職員には多くの職種が含まれ，その中には，執行機関である行政委員会を構成する委員も含まれており，当該委員の職務内容は，単に委

員会に出席するのみではなく，それ以外，すなわち実際に出勤して勤務をしていない場合でも，職務に関連した調査・研究等をしていることがあるといった勤務の態様，職務の内容及び職責等に照らし，勤務日数に応じた報酬の支給（日額制）をしたのではかえって不都合を来す職種もあるので，同項ただし書を設け，非常勤の職員のうちの一部の者については，各地方公共団体が，各地の実情や当該非常勤職員の勤務の態様や職責等に照らし，月額制等日額制以外の方法による報酬支給をする選択肢を認めたものと解される。……地方自治法203条の2第1項に規定する職員につき，いかなる場合に条例によって日額制以外の報酬を定めることができるかについては，条文上何ら限定はされておらず，上記の昭和31年改正の経過や地方公共団体の自主立法権の尊重という観点に照らしても，上記職員につき，いかなる場合に日額制以外の方法による報酬を支給するかは，条例制定権限を持つ議会の広範な裁量にゆだねられているものと解するのが相当である」と但書の意義を解釈する。

したがってこのような立場からすれば，兵庫訴訟同様，滋賀訴訟の原告と同じ但書解釈を述べた原告らの主張は，当然退けられることになる。「この点，原告らは，同項ただし書により日額制以外の報酬とすることができる場合を，当該非常勤職員が，常勤の職員と比して，それと同程度の勤務実態を有し，常勤の職員と同程度の出勤が予定されているなどの特別な合理的理由がある場合に限られると主張する。しかし，条文上このような限定を読み取ることはできない上，行政委員会の委員は，これまでにも指摘したとおり委員会に出席することのみが職務ではなく，その勤務量を勤務日数のみにより量ることが相当な職種ではないと認められるから，単に勤務実態（勤務日数）のみに着目して議会の裁量権の範囲を画することは相当ではない。よって，原告らの上記主張は採用できない」とするのである。

兵庫訴訟判決は前述のようにここで，したがって行政委員の勤務量が常勤職員と同様ではないにしても，そうした行政委員に月額報酬を支給することを定めた県条例の規定は，203条の2第2項の規定又はその趣旨に反し無効と解することはできないとの結論を示して一旦切り，改めて次に，行政委員の職務権限や職務内容あるいはその地位等の検討を行うのであるが，愛知訴訟判決は殊更そうした二段構えの判示はせず，そのまま行政委員の職責や勤務の態様につ

いての検討に進む（先に述べたように訴えは知事に対し，8委員会の委員への月額報酬の支給の差止めを求めるものであったが，5委員会委員については知事に被告適格がない―事務局長等に報酬支給権限が委任されている―として訴えは却下され，収用委員会，海区漁業調整委員会，内水面漁場管理委員会という3委員会の委員のみが判断の対象とされている）。

　その結果はそれまでの展開から容易に予想がつくが，判決は，「本件で問題となる本件3委員会は，いずれも，地方自治法上，愛知県の執行機関である行政委員会であり，自らの判断と責任において，その与えられた事務を，誠実に管理し及び執行する義務を負う（同法138条の2）立場にあり，その委員の任用にも，前記のとおり一定の制約があるものである。したがって，このような立場にある本件3委員会の委員の職責や勤務の態様は，行政委員会の委員ではない他の非常勤の職員とは大きく異なるものであり，その勤務量を勤務日数のみによって量ることはできない面があることから，その報酬の支給方法についても，必ずしも日額制を採用しなければならないとまではいえず，本件3委員会の委員の報酬について月額制を採用したことが，議会に与えられた裁量権の範囲を逸脱し，又はこれを濫用したものとは認められない」と結論するのである。

　両判決とも上に指摘したように行論に若干の違いはあるものの，このように203条の2第2項の趣旨からも，行政委員の職務権限や職責，あるいは勤務の態様等からも，月額報酬制を定める県条例に違法性はないとするのであるが，筆者にはこれがごく通常の判断ではないかと思われる。いい換えるとその分それとは対極的な判断をした滋賀訴訟大津地裁判決と大阪高裁判決の特異さが改めて浮き彫りになるように思えるのであるが，栃木訴訟判決も，ほぼ兵庫訴訟判決及び愛知訴訟判決と同様の判示をしている。少し長くなるが，但書の解釈についてのその判断を引用すると，栃木訴訟判決は，「法203条の2第2項ただし書は，非常勤の職員に対する報酬について，日額によらない報酬を定めることができる例外規定であるが，規定の文言上，これができる場合の実体的要件や基準については明示されていない。法203条の2第2項は，昭和31年の法改正の際に新設された規定であるが，関係証拠……及び弁論の全趣旨によれば，同項ただし書は当初の改正案には存在しなかったが，全国人事委員会連合会代表及び都道府県選挙管理委員会連合会代表が同改正案の衆議院地方行政委員会

における審議に参考人として出席し，各委員会の委員報酬を日額制にすることは，その職務の性格，責務及び勤務の実態に照らして適当ではないとして月額とするように求める要望を述べ，その後に加えられた修正により新設されたものであり，この修正案についての衆参両議院の審議の経過を見るに，条例で特別の定めをするについて，勤務実態が常勤の職員と異ならないといえる場合に限られるとの趣旨が明確にされていたとは認められない。すなわち，非常勤職員に対する報酬は純粋に勤務に対する反対給付としての性格を有するものであるから，勤務量に応じて支給されることが原則であるが，実際問題としては，非常勤の職員には各種のものがあり，その従事する職務やこれを受けてのそれぞれの勤務の態様は様々であり，各委員会の委員については，かねて全国の地方公共団体のほとんどにおいて月額で報酬が定められていたことを踏まえつつ，その職務の内容や勤務の態様に照らし，報酬を一律にその勤務日数に応じて支給するような取扱いをすることが具体的事情にそぐわないこととなるおそれがあるとの懸念が示されたことを受けて，各地方公共団体においてその判断により特別の定めをすることを認める旨を明らかにしたものであると解される。そうすると，地方公共団体が，本件各委員の報酬を定めるに際し，法203条の2第2項ただし書により条例をもって特別の定めをするについては，控訴人の主張するような勤務実態が常勤の職員と異ならない場合に限られるものではなく，勤務日数や執務時間，業務の繁忙等の業務実態，各委員の業務内容，業務の性質，権限の内容や性質，委員が負うこととなる職責，兼職禁止等の各種制限，各地方公共団体における財政規模や財政状況，適性を備えた人材確保の必要性とそのための相当な報酬額など，各種の要素を勘案した上，自主的な判断の下に行うことができるものと解するのが相当である」と判示している。

愛知訴訟判決同様，但書をその成立の経緯も踏まえて解釈すれば，それを原告主張のように勤務量が常勤職員と同じ非常勤職員に例外的に月額報酬制を認める規定と解するのは妥当ではないとしつつ，但書に基づき条例で特別な定めをする場合に勘案すべき要素について，他の判決にはみられない多くの要件を具体的に挙げているのがこの判決の特色である。

またもう1つの特色は，判決が勘案すべき諸要素として示したもののうちの最後の報酬額について実際にふれていることである。すなわち判決は上の判示

に続いて，こうした諸要素の勘案という点からみて，栃木県条例の制定に議会に委ねられた裁量権の逸脱又は濫用がないかを検討するのであるが，その冒頭で，「法203条の２第２項本文，法２条14項（地方公共団体はその事務処理に当たっては最少の経費で最大の効果を挙げるよう努めるべきことを定めた規定—筆者）及び地方財政法４条１項（地方公共団体の経費は，その目的達成のための必要且つ最少の限度を超えて，支出してはならないことを定めた規定—筆者）の規定の趣旨をも併せ考えれば，報酬額については当然に相当なものと言える範囲にとどまるべきであり，地方公共団体の議会に与えられた裁量権を逸脱し，又は濫用したものと認められるかについては，報酬の多寡が重要な要素となると解される」として，訴えの対象となった栃木県の７行政委員会の会長（委員長）及び委員の具体的な報酬額を示しているのである（兵庫訴訟判決や愛知訴訟判決では，「報酬額の多寡についての当，不当の問題はともかくとして」とか，「月額報酬の額の適正，相当性については争点ではないから立ち入らない」とされるのみである）。

　それは単に各会長（委員長）や委員の月額報酬額のみを掲げるのではなく，併せて各委員会への出席回数，他の都道府県における各委員会の会長（委員長）や委員に対する報酬の定め方として，日額制と月額制を採用する割合，月額制を採用している都道府県の月額報酬額の平均値をも示したものであるが，ただ判決はこのように報酬にまつわる様々な具体的数値を示しながらも，直ちに，かつ明確に報酬額の相当性について結論めいたことを述べるということはしていない。しかしよくみるとそうした報酬にまつわる数値の挙示は他の地方公共団体の報酬の平均額等に比べて栃木県のそれは高くはないこと（むしろ低いこと）が自ずから看取されるようなまとめとなっている。

　先ずこうしておいて判決は次に，栃木県の収用委員会，人事委員会，労働委員会，選挙管理委員会，教育委員会，公安委員会の各委員及び非常勤の監査委員の職務の内容等についてかなり詳しくふれている。その内容はここでは省略するが，判決はこうした検討を経て，「以上によれば，本件各委員に対する報酬として，それぞれ月額制の報酬として，上記各報酬額を定めた本件各条例（栃木県では各委員会の委員毎に報酬及び費用弁償に関する条例が作られているようである—筆者）の本件各条項は，本件各委員の職務の内容や勤務の態様，各委員の職責，事前の準備等，必要な識見の維持，向上のための努力などを総合的に評価して

定められたものと解され，また，上記のとおり，他の都道府県の報酬の額と比較しても，その額が高額であるということはできないところ，これが地方公共団体の議会に委ねられた裁量権を逸脱又は濫用したものと評価することはできない」と結論する。

こうして筆者がみた下級審の関連3判決はいずれも滋賀訴訟1，2審判決を真っ向から否定するものであるが，すでに繰り返し述べているように筆者の立場からすれば，これがごく自然な判断であって，滋賀訴訟においても当然こうした判断が示されるべきであったと思われる。それがそうはならずに，法理論的には極めて疑問があるものの，マスコミや住民運動の関係者にとってはその関心にマッチする判決が行政委員の報酬制度に関する最初の判決として出されたのは，問題の法学的な落着いた検討という観点からすれば，まことに不幸なことであったというべきであろう。

V 最高裁判決

平成23年12月に言い渡された滋賀訴訟最高裁判決は，IVでみた下級審の3判決とその基本的構図をほぼ同じくしている。すなわち最高裁も，但書は常勤の職員と勤務量を同じくする非常勤の職員がいる場合に例外的に月額報酬制等の日額報酬制以外の報酬制をとり得ることを定めた規定という原告の主張を採用せず，但書はそれが適用される実体的要件については何ら規定していないこと，非常勤職員は多種多様であり，その報酬制度については政策的，技術的見地からの判断が必要であること，さらに昭和31年改正の経緯等からすれば，203条の2第2項は非常勤職員の報酬制度を原則日額報酬制としつつも，条例でそれ以外の方法を定めることも可として，その決定を議会の裁量権に基づく判断に委ねたものと解されるとし，続いて滋賀県条例の選挙管理委員会委員（冒頭に述べたように滋賀訴訟は滋賀県労働委員会，収用委員会，選挙管理委員会の3委員会の各委員の月額報酬に係る公金の支出の差止めを求めたものであったが，最高裁係属中の平成23年4月1日より労働委員会と収用委員会の各委員については日額報酬制に変更されたため，最高裁判決は選挙管理委員会委員の月額報酬制のみを対象としている）についての月額報酬制の規定がこのように議会に委ねられた裁量権の範囲を超え又

は濫用するものであるか否かを判断するのである。

　下級審判決が原告らの但書解釈について，「条文上そのような制限は明示されていない」とか，「狭きに過ぎると言わざるを得ない」といい（兵庫訴訟判決），また「条文上このような限定を読み取ることはできない」とか，「単に勤務実態(勤務日数)のみに着目して議会の裁量権の範囲を画することは相当ではない」といい（愛知訴訟判決），さらに「規定の文言上，これ（日額によらない報酬を定めること—筆者）ができる場合の実体的要件や基準については明示されていない」とか，「衆参両議院の審議の経過を見るに，条例で特別の定めをするについて，勤務実態が常勤の職員とは異ならないといえる場合に限られるとの趣旨が明確にされていたとは認められない」といって（栃木訴訟判決），明確にそれを退けているのに対し，最高裁判決はそうした明確な否定はしていないが，そのいわんとするところは，但書の適用は原告らの主張のようなケースに限られるわけではなく，議会の裁量権に基づく判断に委ねられるということであるから，実質的には最高裁判決とⅣでみた下級審の3判決はその判断方法や内容において類似しているといえるのである。

　このことを前置きとして，最高裁判決をみると，判決は先ず，「法203条の2第2項ただし書は，普通地方公共団体が条例で日額報酬制以外の報酬制度を定めることができる場合の実体的要件について何ら規定していない。また，委員会の委員を含め，職務の性質，内容や勤務態様が多種多様である普通地方公共団体の非常勤の職員……に関し，どのような報酬制度が当該非常勤職員に係る人材確保の必要性等を含む当該普通地方公共団体の実情等に適合するかについては，各普通地方公共団体ごとに，その財政の規模，状況等との権衡の観点を踏まえ，当該非常勤職員の職務の性質，内容，職責や勤務の態様，負担等の諸般の事情の総合考慮による政策的，技術的な見地からの判断を要するものということができる。このことに加え，……昭和31年改正の経緯も併せ考慮すれば，法203条の2第2項は，普通地方公共団体の委員会の委員等の非常勤職員について，その報酬を原則として勤務日数に応じて日額で支給するとする一方で，条例で定めることによりそれ以外の方法も採り得ることとし，その方法及び金額を含む内容に関しては，上記のような事柄について最もよく知り得る立場にある当該普通地方公共団体の議決機関である議会において決定すること

して，その決定をこのような議会による上記の諸般の事情を踏まえた政策的，技術的な見地からの裁量権に基づく判断に委ねたものと解するのが相当である」とする。

先に指摘したように原告の但書解釈を必ずしもストレートに否定してはいないが，暗にそのように解する根拠は存在しないことを述べて，実質的にはそれを否定し，203条の2第2項はむしろ日額報酬制を原則としつつ，議会がその裁量権に基いて条例という形式により，それ以外の支給方法と金額を含む支給内容を定めることができることを定めた規定と最高裁はいうのである。

ただここで最高裁が議会が裁量権を行使するに当たって何を考慮すべき事情としているかは，上の説明ではやや分かり難いところがある。直接的に挙げられているのは非常勤職員の職務の性質，内容，職責や勤務の態様，負担等であるが，上の説明の表現の理解次第では，それに止まらず，当該普通地方公共団体の財政の規模，状況等との権衡も諸般の事情の中に数え入れられないわけではなく，さらに見方によっては，当該非常勤職員に係る人材確保の必要性も考慮すべき事情といえなくもないから，そうなると総合考慮すべき諸般の事情は相当多いということになる（横田裁判官の補足意見では，「各非常勤職員の勤務日数・時間……のみならず，職務の性質，権限の性質・内容，職責，選任されることにより受ける各種の制約，人材を確保するための報酬額の在り方，その他当該地方公共団体の財政規模とその状況等」が総合考慮すべき諸般の事情とされていて，人材確保の必要性や財政規模・状況も他の事情と同一レベルの事情とされている）。それが適切な理解の仕方だとすれば，最高裁判決は，先にみたように，議会が条例をもって特別な定めをするに当たって勘案すべき各種の要素として，「勤務日数や執務時間，業務の繁忙等の業務の実態，各委員の業務内容，業務の性質，権限の内容や性質，委員が負うこととなる職責，兼業禁止等の各種制限，各地方公共団体における財政規模や財政状況，適性を備えた人材確保の必要性とそのための相当な報酬額」等を挙げた栃木訴訟判決に特に似ているといえよう。

ともあれ最高裁は議会が政策的，技術的な見地からの裁量権に基づく判断を行うに際して踏まえるべき諸般の事情として，このように勤務量以外にも多様な事情を挙げ，次いで，「したがって，普通地方公共団体の委員会の委員を含む非常勤職員について月額報酬制その他の日額報酬制以外の報酬制度を採る条

例の規定が法203条の2第2項に違反し違法，無効となるか否かについては，上記のような議会の裁量権の性質に鑑みると，当該非常勤職員の職務の性質，内容，職責や勤務の態様，負担等の諸般の事情を総合考慮して，当該規定の内容が同項の趣旨に照らした合理性の観点から上記裁量権の範囲を超え又はこれを濫用するものであるか否かによって判断すべきものと解するのが相当である」という。

　上に述べたように多様な総合考慮すべき諸般の事情の中で，直接的には当該非常勤職員の職務の性質，内容，職責や勤務の態様，負担が挙げられているが，これも上に示唆し，また後にも述べるように，判決の実際の総合考慮においては加えて人材確保の必要性にも言及がされている。さらに最高裁判決では先に述べたような事情で選挙管理委員会やその委員のみが対象であるにもかかわらず，判断過程では，併せて労働委員会や収用委員会，あるいはその委員についても簡単ながらふれられることがある。以下そうした最高裁判決の具体的な展開を，判決原文をほぼ全文引用しながら（判決は極めて簡潔であるので，むしろそうしないと判旨が理解しにくい）追うことにしよう。

　判決は諸般の事情の総合考慮に当たって，最初に職務の性質，内容及び職責の3点について，選挙管理委員会委員に月額報酬制をとる滋賀県条例の規定の合理性を判断し，「そもそも選挙管理委員会を始め，労働委員会，収用委員会等のいわゆる行政委員会は，独自の執行権限を持ち，その担任する事務の管理及び執行に当たって自ら決定を行いこれを表示し得る執行機関であり（法138条の3，138条の4，180条の5第1項から3項まで），その業務に即した公正中立性，専門性等の要請から，普通地方公共団体の長から独立してその事務を自らの判断と責任において，誠実に管理し執行する立場にあり（法138条の2），その担任する事務について訴訟が提起された場合には，その長に代わって普通地方公共団体を代表して訴訟追行をする権限も有する（法192条等）など，その事務について最終的な責任を負う立場にある。その委員の資格についても，一定の水準の知識経験や資質等を確保するための法定の基準（法182条1項，土地収用法52条3項等）又は手続（法182条1項，労働組合法19条の12第3項，土地収用法52条3項等）が定められていることや上記のような職責の重要性に照らせば，その業務に堪え得る一定の水準の適性を備えた人材の一定数の確保が必要であるところ，報

酬制度の内容いかんによっては，当該普通地方公共団体におけるその確保に相応の困難が生ずるという事情があることも否定し難いところである。そして，滋賀県選挙管理委員会の業務も，……，国会及び県議会の議員並びに県知事の選挙の管理という重要な事項に関わるものを中心とする広範で多岐にわたる業務であり，公正中立性に加えて一定の専門性が求められるものということができる」という。

　ここでは何よりも選挙管理委員会等の行政委員会が独自の執行権限を持ち，自ら担任する事務の管理及び執行に当たって決定を行いこれを表示し得る執行機関であることが指摘されている。このことは職務の性質，内容及び職責という3つの事情のいずれにも関わるものであるが，筆者も冒頭に述べているかつての自らの論稿「労働委員会の委員の報酬について」において，行政委員が他の非常勤職員と異なって，このように地方自治法上長と並んで挙げられている執行機関（行政法学でいう「行政庁」）の常任のメンバーであるということが，その報酬制度を考える上での重要なポイントであることを強調した。端的にいえば地方公共団体がこれまで行政委員のほとんどについて月額報酬制をとってきたのは，もっぱらこうした執行機関の常任の一員であるという行政委員の地位や職責のためであって，仮に行政委員の月額報酬制を否定しようとすれば，むしろ，行政委員がこのように他の非常勤職員とは大きく異なる地位や職責を有するにもかかわらず，報酬の支給方法においては一般の非常勤職員と同じ扱いで足りるとすることの理由をそれなりに示す，あるいは少なくとも何らかの言及をすることが求められると考えるのがふつうであろう。

　しかし滋賀訴訟大津地裁判決は前述のように，そもそも地方自治法上労働委員会等3委員会が執行機関とされていることの認識があるのかさえ疑われるほど，それらの委員会及び委員の執行機関という地位の特色や職責には全くふれていない。また大阪高裁判決も行政委員会や行政委員という性格にはふれているが，それを超えて行政委員会が地方自治法上執行機関とされていることに特に注目している気配はなく，したがってそのことを行政委員の報酬制度を考えるに際しての意味のあるファクターとはしていない。

　他方前述のように兵庫訴訟判決や愛知訴訟判決は行政委員会のこうした地方自治法上の位置づけに注目し，またそれを強調している（ただし，栃木訴訟判決

は訴えの対象である各行政委員会の職務内容等を比較的詳しく述べるものの，こうした行政委員会の地方自治法上の位置づけについては直接には言及していない。しかしそれは本件各委員の職務の内容，勤務の態様，職責，事前の準備等，必要な識見の維持，向上のための努力などを指摘すれば，それだけで，月額報酬制の採用が裁量権の逸脱又は濫用に当たらないとの結論は導き出せると考えたためであるように見受けられる）。

　こうしてみると行政委員会の一般的性格のみならず，特に地方公共団体に設置された行政委員会の地方自治法上の位置づけや権限等に関する規定にまで目を配るかどうかで，その報酬制度に対する判断が分かれるといえよう。それはいい換えれば，行政委員の処遇を考えるに当たって，非常勤という形式面に重点を置くのか，それともその権限や職責といった実質面に重点を置くのかの違いでもあるが，元来多種多様で国の行政組織にはみられない職員をも含む地方公共団体の非常勤職員について，非常勤という指標のみによって一括して報酬制度を設定しようとした当初の政府案がいささか強引で無理があり，そのため但書が追加されたわけであるから，やはり実質面を重視した兵庫訴訟判決，愛知訴訟判決，栃木訴訟判決及び滋賀訴訟最高裁判決の方が妥当な判断の仕方をしているというべきであろう。

　続いて判決は総合考慮すべき事情として直接的に挙げた事情のうちの残りの2つ，すなわち勤務の態様と負担について判断し，「また，勤務の態様，負担等については，本件委員の（月間の一筆者）平均登庁実日数は1.89日にとどまるものではあるものの，……広範で多岐にわたる一連の業務について執行権者として決定をするには各般の決裁文書や資料の検討等のため登庁日以外にも相応の実質的な勤務が必要となる上，選挙期間中における緊急事態への対応に加えて衆議院や県議会の解散等による不定期な選挙への対応も随時必要となるところであり，また，事件の審理や判断及びこれらの準備，検討等に相当の負担を伴う不当労働行為救済命令の申立てや権利取得裁決及び明渡裁決の申立て等を処理する労働委員会や収用委員会等と同様に，選挙管理委員会も選挙の効力に関する異議の申出や審査の申立て等の処理については争訟を裁定する権能を有しており（公職選挙法202条等），これらの争訟に係る案件についても，登庁日以外にも書類や資料の検討，準備，事務局等との打合せ等のために相応の実質的な勤務が必要となるものといえる。さらに，上記のような業務の専門性に鑑み，

その業務に必要な専門知識の習得，情報収集等に努めることも必要となることを併せ考慮すれば，選挙管理委員会の委員の業務については，形式的な登庁日数のみをもって，その勤務の実質が評価し尽くされるものとはいえず，国における非常勤の職員の報酬との実質的な権衡の評価が可能となるものともいえない。なお，上記の争訟の裁定に係る業務について，一時期は申立て等が少ないとしても恒常的に相当数の申立てを迅速かつ適正に処理できる態勢を整備しておく必要のあることも否定し難いところである」という。

　一読明らかなように，勤務の態様や負担の考慮に当たっては単なる登庁日数のみならず，所掌事務の検討のための庁舎以外での勤務，争訟に係る事務の処理のための登庁日以外の相応の実質的な勤務，業務に必要な専門知識の習得，情報収集等に努める時間等をも考慮すべきことを説いて，原告の主張や1，2審の判断を退けるのである。すなわち，そもそも勤務量を唯一の例外適用の事由とする主張や判断を退けるとともに，その勤務量を登庁日数と同視することも狭きに過ぎるとするのである。こうして原告の主張や1，2審の判断は二重に否定されることになる。

　なお判決はおそらく近年の労働委員会等の救済命令申立事件数の減少等をも念頭に置いてのことであろうが，念を入れて，一時期は取扱事件数が少ないとしても恒常的に相当数の申立てを迅速，適正に処理できる態勢を整備しておくことの必要性も指摘している。その意はしたがって専門的能力を持った人材を常に一定数確保しておくことが必要であり，そのことに資すると思われる報酬制度は合理的と評価されるということであろう。

　こうして判決は結論として，「以上の諸般の事情を総合考慮すれば，本件委員について月額報酬制を採りその月額を20万2000円とする旨を定める本件規定は，その内容が法203条の2第2項の趣旨に照らして特に不合理であるとは認められず，県議会の裁量権の範囲を超え又はこれを濫用するものとはいえないから，同項に違反し違法，無効であるということはできない」とするのである。

　Ⅳでみた下級審の関連3判決と比べてやや簡潔すぎるきらいはあるが，その判旨は，当時の自治庁のスタッフの解説や解釈をそのまま引き写したり，立法の経緯を極めて一面的に捉えたりしている1，2審判決に比べてごく自然に納得できる妥当なものといえよう。

むすび

　以上みたように滋賀訴訟1，2審判決のような但書解釈は兵庫訴訟判決，愛知訴訟判決，栃木訴訟判決等の下級審判決では否定され，最高裁も同様にそうした但書解釈を採用しなかった。筆者の立場からすればようやく但書の解釈が正常なものになったとの印象を受けるが，ただいうまでもなくこうした滋賀訴訟1，2審判決のような但書解釈を否定した判決は，行政委員の報酬制度は月額報酬制でなければならないとするものではなく，当該自治体のそうした制度の採用は裁量権の踰越又は濫用に当たるものとして違法無効となるものではないとするものにすぎない。要するに月額報酬制をとることも諸般の事情に照らして特に不合理と判断されない限りは認められるということであるから，今後は日額報酬制と月額報酬制のいずれもが選択肢としては可ということになり，どちらが当該自治体にふさわしいかという政策的判断によって現行制度の維持あるいは変更が決せられることになる。このいずれが採用されるべきかということについても筆者なりにいささか考えてえいることはあるが，本稿は最初にも断ったように行政委員の報酬制度の法的検討を目的とするものであるから，その点は別の機会に譲ることにして，最後にこれまで論じてきたことを受けて，途中で述べたことと重なるところもあるが若干の感想めいたことを記しておくことにしたい。

　それは我が国では比較的ポピュラーな官僚（庁）法学ともいうべきものの影響力や功罪，あるいは裁判報道のあり方に関してである。周知のように我が国では重要な法律や国民の関心を惹く法律が制定されると，その法案を作成し，成立後はその執行の任に当たる官庁のスタッフがときには大部の注釈書ないし解説書を著わし，市販することが往々にしてある。筆者はイギリス法に関心を持ってこれまで研究生活を過してきたが，管見の限りでは彼の国ではそうした例をみたことはないから，こうした現象はあるいは我が国特有のものかとも思われるが，いずれにせよ，そうなるとその書は法案作成者すなわち実質的立法者の手になる解説・解釈書として絶対視され，その説くところは無謬のものとして受け取られることになるのである。いわばバイブルとなるのであって，筆

者はこのことを地方公共団体の情報公開審査会や個人情報保護審議会の委員を委嘱され，務めていたときに何度も痛感した。

　周知のようにこれらの審査会や審議会の主要な任務は開示請求に対する非開示ないし部分開示の決定についてなされた不服申立てに関し，実施機関の諮問を受けて委員の意見をまとめ，答申することであるが，我が国の通常のやり方では答申をまとめるための委員の会議の下準備（争点のまとめとそのことについての法律や条例の関係規定の解釈例と当該地方公共団体や他の地方公共団体における先例の収集がその中心になる）は審査会や審議会の庶務を担当する当該地方公共団体の職員が行う。そしてその際彼等がほとんど絶対的なものとして依拠するのは総務省のスタッフによって著わされた情報公開法（「行政機関の保有する情報の公開に関する法律」）や個人情報保護法（「行政機関の保有する個人情報の保護に関する法律」）の解説・解釈書とそれらに基づき当該地方公共団体のスタッフがまとめた情報公開条例や個人情報保護条例の「解釈運用基準」である。つまり担当職員はしばしばそうした解説・解釈や基準に従って答申がまとめられるよう努めるのである。端的にいえば，地方公共団体の職員にとっても中央省庁はいわば「本省」であり，その本省が自ら法案を作成し，成立後は執行に責任を持つ法律についてなした解説や解釈は委員の見解に伍して，ときにはそれにも増して尊重されるべきものとされるのである。

　筆者は行政機関の非開示や部分開示の決定の適法性についての審議に当たって，過度に行政機関のスタッフによる解説・解釈や基準に依拠することの問題性を時折り会議で述べ，また判例批評等でも指摘したことがあるが，そうした意見はほとんどまともには取り上げられない。ことほどさように法案を作成し，その成立した法律の執行の任に当たる官庁のスタッフによる解説・解釈は，行政実務において強い影響力を持つのであり，筆者が官僚（庁）法学というのはこうした威力を持つ官庁のスタッフによる法律の解説・解釈のことである。

　むろん官庁のスタッフが自らが関わる法律について解説や解釈を公にすることは全面的に批判されるべきことではないし，実際筆者自身もそうした解説・解釈書を繙いて参照することがしばしばある。そこには最も密接に当該法律の制定に携わり，執行の任に当たる者ならではの知見がみられることがあるし，第一線の行政実務家的立場からの参考になる指摘もある。また，制定のねらい

や審議・成立の経緯についての資料的価値が含まれていることもある。

　しかしそこにはまた官庁生活の中で身につけた，あるいは身につけさせられた特有のロジックやレトリックが見受けられることもあるのである。それは要するに条文の文言を深入りせずに要領よく，いい換えれば，紛義を生じさせないよう一般的に説明するテクニックである。あるいはまた官庁の不都合をできれば回避しようという意識的，無意識的な工夫も官僚（庁）法学においては施されることがある。特に行政を一方の当事者とする法律の解説・解釈については，当初からこのことを念頭に置いて接する必要があるのである。

　わざわざ直接本件訴訟とは関係なさそうなこうしたことから感想を述べ始めたのは，結局今回の行政委員の報酬制度をめぐる論議も滋賀訴訟大津地裁判決に端を発し，この判決は何度も述べたように，『逐条地方自治法』や『改正地方自治法詳解』という代表的な官僚（庁）法学書の１つに基づくものだからである。つまり官僚（庁）法学は行政実務のみならず，司法にも大きな影響を及ぼしているのである。

　しかし官僚的なロジックやレトリックで一見巧みになされた但書解釈も，一歩踏み込んで考えれば，その不自然さに気がつくはずであるし，また法曹ならば当然そのことに気がつくべきであろう。すなわち『逐条地方自治法』や『改正地方自治法詳解』は但書は常勤職員と同じ勤務量の非常勤職員がいる場合に適用される規定とするのであるが，それはそういう非常勤職員については当然常勤職員と待遇を同じくすべきとの前提に立った上で，但書はその均等待遇のための規定であるとするものであろう。しかし待遇を同じくするというのであれば，基本的な方策は，非常勤職員でも当該業務の遂行は可能としていた見通しのミスを認め，非常勤職員の常勤職員化を図ることであろう。

　具体的には，現行法にすでにある一部委員について常勤化を可能とする条項を活用したり，あるいは法改正によって常勤とすることができる委員の数を増やしたり，さらには原則常勤とすることなどが考えられるであろう。こういう考えに対しては，そのような抜本的な対策をとるまでのつなぎの措置，あるいは今後常勤化あるいは非常勤の維持のいずれを選択すべきかを見極めるまでの当面の措置としてとりあえず給与上の待遇の同等化を図ろうというのが但書の趣旨であるという反論があるかもしれない。しかし給与上の待遇の同等化をい

うのであれば，何よりも支給総額の同等化であるはずであるが，そのためには但書に依拠する必要はないのである。勤務量が常勤職員並みの非常勤職員であるならば，日額制のままでも支給総額は常勤職員と同等となり，場合によってはそれを凌駕することさえあるであろう。万一定められた日額が低くて，支給総額が常勤職員のそれに及ばないということであれば，日額を引き上げれば済むことである。もっとも日額制の場合でも203条の２第４項によって１日当たりの額は条例で決めることになっているから，日額の引上げにも条例改正が必要であるが，203条の２第２項但書による支給方法の変更やそれに応じた支給総額の決定という手続きを経るまでもなく，こうした簡単な手続きで常勤職員並みの勤務量の非常勤職員の給与上の待遇の同等化は実現できるのである。また，こうした措置の方が暫定措置という要請には適うであろう。

　こうしてみると，但書は勤務量が常勤職員と同等の非常勤職員の給与上の待遇の同等化をねらいとするものではなく，むしろ支給方法を月額制にすることによって当該非常勤職員の職務の重要性に対する評価を表すことをねらいとする規定とみるべきなのである。つまり勤務の形態からすれば常勤職員並みの，あるいはそれに近い額を支給するほどではないが，その遂行している職務の性質からすれば，通常の非常勤職員よりも高い給与上の評価が必要であるとか，望ましいとか思料される非常勤職員がいる場合に，そうした評価を支給方法という形で示すための規定と理解すべきなのである。

　このように考えると，勤務量が常勤職員と同じ非常勤職員という存在を持出し，恰も両者の給与上の待遇を同じにするのが但書のねらいであるかのように説く『逐条地方自治法』や『改正地方自治法詳解』の解釈には明らかに看過できない不自然さがあることが分かるであろう。少なくともそうした解釈にいささかなりとも疑問を抱き，自ら但書制定の経緯を調査し，あるいはその意義を検討・考察しようとするのが法曹の感性というものであろう。ところが途中でも指摘したように滋賀訴訟大津地裁の裁判官には全くそういう感性が窺われないし，大阪高裁判決ももっぱら問題の核心の周辺を彷徨しているといった感を否めない。

　これらのことからすると，現在の法曹教育の一部に要領よく言葉を継いで辻褄を合わせるような条文解釈，すなわち悪しき官僚（庁）法学を評価するよう

な風潮があるのではないかという疑いすら感じられるが，官僚（庁）法学に接する側はこれまでにみたように，ときにはそこに官僚（庁）の思惑や利益が忍び込まされていることを充分警戒する必要があろう。同時にまた官僚（庁）法学の主体の側も自らの法学徒としての学問姿勢を厳しく律するべきであろう。

なお付け加えていうと，筆者は念のためと思い，塩野宏東大名誉教授，園部逸夫元最高裁判事，室井力名大名誉教授等が編者あるいは監修者（の1人）となっている『注釈地方自治法』（第一法規），『地方自治法Ⅱ』（青林書院），『基本法コンメンタール地方自治法』（日本評論社）等の但書解釈に当たってみた。しかしいずれも『逐条地方自治法』や『改正地方自治法詳解』と同旨であった。それも調べ，検討した結果同じ結論になったというのではなく，明らかに，『逐条地方自治法』や『改正地方自治法詳解』がそう説くからには，調べ，検討するまでもないといった体の同様の解釈であった。学界もまた官僚（庁）法学の影響を受け，それに追随することを特に異としないところがあるのである。

さらにまたこれらのことは我が国のジャーナリズムにおける司法記事・番組のレベルの問題をも考えさせる。滋賀訴訟大津地裁判決を受けて盛んな報道がなされたが，それはすべて基本的には判決の立場に立って現在の行政委員の報酬を（ときには揶揄的に）批判するものであった。単純に勤務日数と報酬額を比べて1日当たりの報酬額がいかに高額であるかを示し，公金支出の無駄を指摘するものが圧倒的だったのである。そこには判決の内容を落着いて分析し，その適否について先ず判断しようという姿勢はみじんもみられなかった。行政委員の地方自治法上の位置づけや但書成立の経緯にきちんとふれたものもなかった。極論すれば，そもそも但書の説明はおろか，但書の存在そのものにふれたものも余りなかったのである。きちんとした記事の書ける司法記者の育成もまた，正確な法論議のためには重要な課題であるとの印象を改めて抱かされた次第である。

追記1　本稿で述べている昭和31年の衆参両院の地方行政委員会における但書についての審議の模様は，一々頁は示さないが，すべて国立国会図書館の国会会議録検索システムに拠っている。

追記2　本稿公表後間もなく筆者は鹿児島県の収用委員会等，新潟県の教育委員会等

第3章　自治体行政委員の報酬制度についての法と判例

及び東京都の選挙管理委員会等の各委員に対する月額報酬の支出の差止めを求めた住民訴訟についての判決（鹿児島地判平成24・1・18判自362号73頁，新潟地判平成24・2・16判自367号50頁，東京地判平成24・2・29判自373号24頁）をみる機会があった。いずれも滋賀訴訟最高裁判決直後に出されたものであり，同判決を踏襲して差止請求を退けている。

なお最高裁判決前の判決である川崎市選挙管理委員会委員等に対する月額報酬支払差止請求住民訴訟に対する横浜地裁判決（横浜地判平成22・8・4判自342号44頁）もみたが，そこでは地方自治法203条の2第2項但書について，「本条項ただし書きは，日額によらない報酬を定めることができる例外規定であるにもかかわらず，これを可能とするための実体的要件を何ら規定せず，限定列挙の規定形式も採用していない。また，当該非常勤職員の職務の性質や内容及び責任の度合いを勘案すると，勤務実態が月給制が採られている常勤職員とほとんど変わらない職員があるとすれば，これを常勤職員として雇用すべきものといえる。そうすると，本条項ただし書きは，より広い例外，すなわち，勤務実態が月額報酬制の採られている常勤職員とは異なるものの，その職務の性格，責務又は勤務の実態に照らして，日額給与制を採ることが適切ではないと認められる場合に，日額給与制以外の報酬支給方法を採ることを認めているものと解するのが合理的である」と判示されている。この見解が筆者の見解と最も一致するものであり，また重ねていえば，それが但書の真実の趣旨であると考える。

1) 最判平成23・12・15裁時1546号1頁。
2) 大津地判平成21・1・22判時2051号40頁。
3) 大阪高判平成22・4・27判タ1362号111頁。
4) 東京地判昭和36・5・25行集12巻5号1110頁。
5) 室井力・兼子仁編・基本法コンメンタール地方自治法（第4版）121頁。
6) 長野士郎・逐条地方自治法（第11次改訂新版）614頁。
7) 降矢敬義・改正地方自治法詳解131～132頁。
8) 長野・前掲書603頁。
9) 降矢・前掲書132頁。
10) 判時2051号41頁。
11) 判タ1362号113頁。
12) 大津地裁判決について唯一筆者が納得できる批判をしているのは，南川諦弘「県労働委員会等委員月額報酬支出差止請求住民訴訟事件」（判自317号101頁）である。
13) 神戸地判平成22・4・27判例集未登載。
14) 名古屋地判平成22・7・15判タ1362号102頁。
15) 東京高判平成23・10・12判時2137号37頁

第4章
判例にみる自治体公務員・教員の飲酒運転と懲戒免職処分
——懲戒免職処分と退職金不支給処分の適法性

はじめに

　筆者の専攻は憲法学なので，これまで懲戒免職処分という，どちらかといえば行政法学的なテーマについて深く研究したことはなかった。ところが近年周知のように憲法学でいわゆる君が代訴訟について盛んに論じられるようになり，筆者もかなり丹念にその関係の判例をフォローしているうちに，懲戒処分のあり方や適正な懲戒処分というテーマに強い関心を持つようになった。

　というのは，よく知られているように，君が代訴訟の憲法学上の中心的な論点は，公立学校の入学式や卒業式等の式典において掲揚された日の丸に向かって起立し，君が代を斉唱することを教職員に命じる校長の職務命令が，日の丸や君が代に否定的評価を持つ教職員にとっては，憲法19条が保障する思想及び良心の自由の侵害になるのではないかということであるが，筆者はそれとは別に国歌斉唱の際に起立しなかったという単純な不作為について，1回目で戒告，2回目で減給1か月，3回目で減給6か月，4回目以降は停職という風に機械的に加重して懲戒処分を科すこと（東京都の例）の適法性も，重要な論点とされるべきではないかと考えるに至ったからである。すなわち不起立行為という単純な不作為に対して当然のように停職にまで至る懲戒処分を次々に科すことの問題性も君が代訴訟の重要な論点とされるべきではないかと思うようになったのである。

　そして第1章でも述べているように最高裁が平成23年5月以降相次いで起立斉唱を命じる校長の職務命令を合憲とする判決を出す一方で，平成24年1月に，東京都教委（教育委員会については本稿ではすべてこのように「教委」と略称する）が過去に戒告1回の処分歴があることを理由に不起立行為について減給1か月の処分を科したことを裁量権の範囲を超えるものとし，また3回の不起立行為

について順次，戒告，減給1か月，減給6か月という懲戒処分を科し，4回目のそれを受けて停職1か月の処分を科したことを同様に裁量権の範囲を超えるものとして違法の評価を免れないとする判決を出したのをみて，そうした自らの問題意識があながち的外れではないことを知ったのである。

ともあれこうして筆者は近年懲戒処分のあり方や適正な懲戒処分というテーマに興味を持つに至ったのであるが，最近の判例集や報道等において，飲酒運転を理由として自治体公務員や公立学校教員（以下単に「教員」という）に対し懲戒免職処分が盛んになされ，その結果としてかなりの数の取消訴訟が提起され，しかもその判決の多くは懲戒免職処分を違法として取り消すものであることを知って，さらにこうした懲戒処分のあり方や適正な懲戒処分という問題への関心が強められたのである。

むろん飲酒運転を理由とする懲戒処分と不起立行為を理由とする懲戒処分とでは多くの点で違いがある。例えば前者は職務とは無関係の私生活上の行為を理由とするものであるのに対し，後者は職務に関する行動（あるいは不作為）を理由とするという相違がある。しかしその理由に違いこそあれ，処分権の行使が濫用に至らないように適正になさるべきこと，いい換えれば，処分権の行使が許される範囲を超えれば違法として取り消される点では両者は同様である。それに職務とは関わりのない私生活上の行為を理由とする懲戒処分も，それがもたらした職務や職場における秩序の乱れや市民の評価・信頼の失墜の回復を目指してなされるのであるから，一見するほど不起立行為のような職務に関する行動（あるいは不作為）を理由とする懲戒処分と大きく異なるわけでもないのである。

このように考えて筆者は懲戒処分のあり方や適正な懲戒処分の研究の一環として，飲酒運転を理由とする自治体公務員や教員の懲戒免職処分の効力を審査した判例の収集を思い立った。

本稿はこうして集めた昭和48年（1973年）以降の40年にわたる判例のうちほぼ半数の重要と思われるものを分析検討して，判例が飲酒運転を理由とする懲戒免職処分に対してどのように対処しているかをその変遷も含めて確かめ，もって懲戒処分のあり方や適正な懲戒処分という筆者の研究を深めるとともに，近年とみに頻発している飲酒運転と懲戒処分をめぐる紛争の予防解決の一

助となることを目的とするものであるが，本題に入る前に予め用語法等について若干の説明や断りを述べておきたい。

　1つは「飲酒運転」という語の意義である。この語は周知のように広義では，道路交通法（以下単に「道交法」という）65条1項が，「何人も，酒気を帯びて車両等を運転してはならない」として禁止する運転，すなわち飲酒の量や刑罰の有無とは関係なく禁止される酒気帯び運転一般を意味するが，本稿では「飲酒運転」とは原則として，そうした広義の酒気帯び運転のうち，5年以下の懲役又は100万円以下の罰金に処するとされている道交法117条の2第1号の酒に酔った状態でなした「酒酔い運転」（保有するアルコールの基準値についての定めはないが，一般に飲酒の量が多量であることや身分事項についての警察官の質問に対する供述態度，一定時間・一定距離の直立や歩行の可否などを踏まえて判断される）と，3年以下の懲役又は50万円以下の罰金に処するとされている道交法117条の2の2第2号の身体に政令で定める程度（血液1ミリリットルにつき0.3ミリグラム，又は呼気1リットルにつき0.15ミリグラム―なお平成13年6月前はそれぞれ0.5ミリグラム，0.25ミリグラム）以上にアルコールを保有する状態でなした「酒気帯び運転」を意味するものとする（もっとも道交法の規定の仕方や刑罰の程度にはかなり変遷があるが，その詳細は本稿では特に必要はないのでふれない）。

　また，いうまでもなく，飲酒運転はそれに伴いしばしば物損事故や人身事故を惹き起こし，当然懲戒免職処分の重要な理由となるが，こうした飲酒運転による事故については以下では一々「飲酒運転による」と付さずに，単に「（物損・人身）事故」とのみ表記することにする。

　2つ目は判例収集の対象となった資料である。電子媒体資料をも対象として精査すれば，より多くの事例が集められたと思われるが，判例の動向を知るには必ずしもそこまで網羅性にこだわる必要はないであろうと考えて，原則として対象は関心を持つ人が比較的アクセスし易い紙媒体資料に限っている（ただし若干のケースについては電子媒体資料によった。本文中で判例集未登載と表示しているのがそれである）。具体的には懲戒処分の意義等に関する判例の収集も含めていうと，『労働判例』（以下単に「労判」という），『判例時報』（同「判時」），『判例タイムズ』（同「判タ」），『判例地方自治』（同「判自」），『労働経済判例速報』（同「労経速」），『公務員関係判決速報』（同「公判速」）の6誌であるが，他に『労働

関係民事裁判例集』（同「労民集」）と『最高裁判所民事判例集』（同「民集」）を用いているケースが１つずつある。

　なお筆者は上記の判例集を対象とする調査と併せて補助的に，ここ数年の朝日新聞と毎日新聞の縮刷版にも当たってみた。その結果かなり重要と思われる判例でありながら判例集に登載されていないケースがいくつかあることに気がついた。そうしたケースについては当該訴訟に関わる自治体に情報提供の依頼の連絡をとったが，そのうち多くの自治体からは実際に極めてスピーディに判決文の写しを情報提供していただいたり，一応情報公開条例に基づく請求の形式はとったものの，手続をできるだけ簡略化してほとんど情報提供同然にいただいたりした。これらの事例のうち本稿でふれている事例についてはそうした関係者の好意を万が一にも損ない，迷惑をかけることのないよう，念のため，本稿では自治体名はアルファベットで記し，判決年月日や裁判所名等も記さないことにした。

　最後に叙述の順序であるが，先ず簡単に懲戒処分の意義やそれに対する裁判所の審査方法のあり方について判例がどのように述べているかを紹介し，次いで飲酒運転と懲戒免職処分に関する判例を平成17年迄に言い渡されたものと18年以降に言い渡されたものに分けて順次紹介する。このように平成18年を境に判例を二分するのは，その頃から飲酒運転と懲戒免職処分に関する判例の数が増え始めるとともに，従来とは異なる判断をみせ始め，特に平成18年の福岡市職員による不幸な事故以降は各自治体で飲酒運転の厳罰化が進み，往々にして従前にはみられなかったような懲戒免職処分のケースがみられるなど，懲戒処分の科し方に相当の変化が生じ，それに伴って判例が質量ともに新しい展開をみせているためである。

I　懲戒処分の意義と懲戒処分に対する裁判所の審査方法

　筆者がみた判例のなかで公務員に対する懲戒処分の意義について最も明確にまとめて述べているのは，国家公務員の懲戒処分について論じたいわゆる神戸税関事件最高裁判決（最判昭和52・12・20判時874号3頁）であり，そこでは，「公務員に対する懲戒処分は，当該公務員に職務上の義務違反，その他，単なる労

使関係の見地においてではなく，国民全体の奉仕者として公共の利益のために勤務することをその本質的な内容とする勤務関係の見地において，公務員としてふさわしくない非行がある場合に，その責任を確認し，公務員関係の秩序を維持するため，科される制裁である」と述べられている。

　もっとも公務員関係の秩序の維持という言葉を文字どおりに理解すると，職務の遂行の過程や職場における行動において何らかの非違行為があった場合のみが懲戒処分の対象となり，飲酒運転のような職場外の職務遂行とは関係のない私生活上の行為は対象外となると理解されかねないが，判例は懲戒処分の対象をそのように限定せず，飲酒運転のような職務の遂行と関係なく職場外でなされた私生活上の行為，いわゆる私行もその対象となるとしている。当時は公務員に準ずる地位にあるとみられていた国鉄職員に関する国鉄中国支社事件最高裁判決（最判昭和49・2・28民集28巻1号66頁）はその理由を，「従業員の職場外でされた職務遂行に関係ない所為であっても，企業秩序に直接の関連を有するものもあり，それが規制の対象となりうることは明らかであるし，また，企業は社会において活動するものであるから，その社会的評価の低下毀損は，企業の円滑な運営に支障をきたすおそれなしとしないのであって，その評価の低下毀損につながるおそれがあると客観的に認められるがごとき所為については，職場外でされた職務遂行に関係のないものであっても，なお広く企業秩序の維持確保のために，これを規制の対象とすることが許される場合もありうるといわなければならない」と述べている。

　ただ筆者が調べた限りでは，最高裁が同様に公務員の私行も懲戒処分の対象になると正面切って断じている例は見当らなかった。しかしかつての下級審判決のなかには，「原告は，本件事故は純然たる私生活上の非行であり，かつ原告の職務と関連性はないから地公法29条1項3号には該当しないと主張するが，私生活上の非行であっても全体の奉仕者たるにふさわしくない非行であれば，同号に該当するといえるし，職務との関連性についても公務員であれは必ずしも職務との直接の関連性は要しないと解される」とした，後にも述べる札幌市事件1審判決（札幌地判昭和54・12・18判時959号128頁）のように，公務員の私行も懲戒処分の対象となることを明確に述べている例があり，また最近の判決のなかにも，「私生活上の行為であるからといって公務員に対する信用と無

関係であるということはできず，……本件酒気帯び運転が公務員の信用を失墜させるものというのが相当であ」ると同旨を述べている．これも後にも述べる都城市事件1審判決（宮崎地判平成21・2・16判タ1309号130頁）のような例がある．

それにそもそもこのように公務員の私行が懲戒処分の対象となるかどうかを殊更論じた判例が少ないこと自体が，被処分者も裁判所もそのことを当然視している証左ともいえるであろう（公務員の場合，「全体の奉仕者たるにふさわしくない非行のあった場合」〔地方公務員法29条1項3号〕や「国民全体の奉仕者たるにふさわしくない非行のあった場合」〔国家公務員法82条1項3号〕が懲戒事由の1つとされているが，このように「非行」という言葉を用いるなど，私行ももちろん対象となるとするかのような懲戒規定の定め方もこうした当然視の理由ではないかと推察される）．

このように公務員は公務員関係の秩序の維持のため，職場外でなされた職務遂行に関係のない私生活上の行為についても懲戒処分による規制を受けることになるのであるが，判例はこの規制の程度について公務員と民間企業の従業員とでは差があるものとしている．すなわち上でふれている国鉄中国支社事件最高裁判決は，「上告人のように極めて高度の公共性を有する公法上の法人であって，公共の利益と密接な関係を有する事業の運営を目的とする企業体においては，……その企業体の一員である上告人の職員の職場外における職務遂行に関係のない所為に対しても，一般私企業の従業員と比較して，より広い，かつ，より厳しい規制がなされうる合理的な理由があるものと考えられるのである」と述べているのである．これは公社時代の国鉄の職員と民間企業の従業員を比較しての判示であるが，この判示は判決の趣旨からすれば，公務員と民間企業の職員との間においてはより強く妥当することになろう．

さらに近年の教員の飲酒運転に対する懲戒免職処分についての判例をみると，「教職員だけを一般の地方公務員から区別し，より重い処分基準で臨むというのは，公平取扱いの観点からすると問題がないわけではないが，少なくとも教員については，児童生徒と直接触れ合い，これを教育・指導する立場にあるから，とりわけ高いモラルと法及び社会規範遵守の姿勢が強く求められるものというべきである」とする後述の熊本県教委事件2審判決（福岡高判平成18・11・9労判956号69頁）のように，公務員のなかでも教員にはとりわけ強い規制が及ぶとしているかにみえる判例がかなりの数みられる．したがってこうした

第4章　判例にみる自治体公務員・教員の飲酒運転と懲戒免職処分

　判例を総合すると，理論的には，私行に対する懲戒処分による規制の程度は，民間企業の従業員，一般公務員，教員という順序で強くなるといえよう。
　そして実際にも近年処分権者は通常こうした理解に基づき飲酒運転について懲戒処分を選択し，その内容を決定する。すなわち公務員や教員は職務の遂行とは関係のない職場外での私生活においても，高いモラルとコンプライアンスの姿勢が要求されることを理由に飲酒運転をした自治体公務員や教員を懲戒免職とし，またそうした処分を適法と主張するのである。
　ここで問題になるのが，そうして実際になされた懲戒免職処分の適法性の判断を求められた場合の裁判所の態度である。詳細は後の具体的な判例の分析検討の際に述べるが，上述のようにそもそもは裁判所自身が私行に対する懲戒処分による規制については，民間企業の従業員，一般公務員及び教員との間では強弱の差があるかのように説いているのであるが，実際の判決では必ずしもそうした立場を貫徹しているようにはみえないのである。むしろ看取されるのは基本的には同じ基準に立って三者に対する懲戒免職（解雇）処分の適法性を判断しようとしているかのようにみえる態度であり，裁判所のこうした処分権者の懲戒（免職）処分の科し方についての一般的な考え方と実際に懲戒免職処分の適法性を判断する際の態度の齟齬が実は最近懲戒免職処分を違法として取り消す判決が数多く発生していることの原因ではないかと推測される。
　裁判所がこのように民間企業の従業員，一般公務員及び教員との間では私行に対する懲戒処分による規制の度合いに差があるかのように説きながら，いざ懲戒免職処分の適法性の判断を求められると，そうした差を余り考慮しないようにみえるのは，一般的に懲戒処分の科し方について論じる場合はともかく，実際に科された懲戒免職処分という最も重い不利益処分の適法性の判断に当たっては，その重大さに鑑み，三者の間の差のみならず，三者間の平等も考慮する必要があるという意識が働いているのではないかと思われる。筆者はそうした三者の間の平等という視点は確かに重要であり，適切でもあると考えるから，もし判例が筆者の推測のように，平等ということを意識した結果自治体公務員や教員に対する懲戒免職処分を取り消しているのであれば，それは妥当な態度だと考えるが，それならばそもそも三者の間では懲戒処分による規制に強弱の差があるとするかのような一般論を安易に展開するのは控えた方がよいの

ではなかろうか。

　いささか先取り的になったが，これらのことについては改めて後にふれることにして，本節の最後に懲戒免職処分の裁判所による審査方法について，判例がどのように述べているかを紹介しておこう。

　この点についても最も明確に述べ，しばしば先例として引用されるのは，神戸税関事件最高裁判決であり，そこでは，「公務員につき，国公法に定められた懲戒事由がある場合に，懲戒処分を行うかどうか，懲戒処分を行うときにいかなる処分を選ぶかは，懲戒権者の裁量に任されているものと解すべきである。もとより，右の裁量は，恣意にわたることを得ないものであることは当然であるが，懲戒権者が右の裁量権の行使としてした懲戒処分は，それが社会観念上著しく妥当を欠いて裁量権を付与した目的を逸脱し，これを濫用したと認められる場合でない限り，その裁量権の範囲内にあるものとして，違法とならないものというべきである」と述べられている。

　そしてこの国家公務員の懲戒処分は処分権者の裁量に任され，裁判所はただ処分権者がその裁量権を濫用したと認められる場合に限り，違法であると判断できるという考え方は，当然自治体の公務員や教員についてもそのまま妥当するものとされ，本稿で扱う判例のほとんどでこの判旨が引用されている。

　こうした判例の態度については特に異論は唱えられておらず，一般的に受容された見解といえよう。ただ，「社会観念（「社会通念」といわれることもある—筆者）上著しく妥当を欠」いているかどうかは，いうまでもなく一義的ではない。また時代の進展に伴って「社会観念」や「社会通念」のレベルが変わることも当然あり得る。したがって「社会観念」や「社会通念」に照らして是認できない懲戒権の濫用があったと判断される場合のみ懲戒処分は違法となるといっても，それだけではさして明確な基準や指針ではなく，結局は判例を具体的に分析検討して，「社会観念」や「社会通念」としてどのようなレベルが想定されているかを探ることが必要になる。

　筆者がかなり長い期間にわたる判例を取り上げる所以であるが，ただそれでも予め次のことは指摘しておくことが必要であろう。

　すなわち前述のように懲戒処分は公務員関係の秩序の維持を図るためのものであるから，逆にいえばそれが行われるのは，そうした秩序が公務員の行為に

よって損なわれたと判断された場合である。本稿ではそうした行為のうち飲酒運転に着目して考察を行おうとしているから，そのことに即していえば，公務員の飲酒運転によって公務員関係の秩序が影響を受け，損なわれたと判断された場合に，懲戒処分が行われるわけである。そして当然その受けた影響の大小あるいは強弱によって具体的な懲戒処分の種類が決定されるから，最も重い懲戒処分である懲戒免職処分がなされるのは飲酒運転や事故が極めて重大であると判断された場合であるということになる。したがってそうした懲戒免職処分をめぐる紛争において「社会観念」や「社会通念」が適用されるのはつまるところ処分権者のこうした「重大」という評価についてであるということになるが，以下の行論の都合上やや先取り的にいっておくと，こうして処分権者の「重大」という評価が一般にも認められるか否かを判断してきたこれまでの判例が考慮した事情は単純一様ではなく，相当に多様であって，飲酒運転の態様（故意・過失の程度など），事故の発生の有無と程度，被処分者の属性と情状（職種，地位，飲酒運転の前歴・その他の前科，懲戒処分歴，示談の成立，反省の念，平素の勤務態度と周囲の評価など）の3つを中心としつつ，さらに場合によっては飲酒運転や事故が報道の対象となったかどうかや同一地域内における同種のケースに対する処分例といった外的事情も考慮要素としているのである。

しかしこのように考慮要素が多くなると，当然そのどれを重視するかについて判例間で差が生じることもあり，したがってときにはそれほど差がないようにみえる飲酒運転，あるいはほとんど同一と思える飲酒運転について懲戒免職処分を違法とする判例と適法とする判例がみられることにもなる。

その意味で飲酒運転を理由とする懲戒免職処分に関する判例をかなり丹念に研究しても，いえるのは大方の傾向であって，明確な判例法理といえるほどのものは存在しないのが実状である。ただ後にみるように，近年は傾向がかなりはっきりみえるようになったということはあるが，それでも上に挙げたように考慮事情が多種多様であり，また，被処分者の事情がそれぞれに差がある以上，今後ともそうした飲酒運転を理由とする懲戒免職処分の適法・違法の基準が必ずしも一義的に明らかにならないという状態は続くものと思われる。そしてそのことはまた処分権者も懲戒免職処分を行うについては今後より一層慎重であることが求められることを意味するものともいえるであろう。

第4章 判例にみる自治体公務員・教員の飲酒運転と懲戒免職処分

II 平成17年迄の公務員の飲酒運転と懲戒免職処分に関する判例

　平成17年迄の間で公務員（以下「公務員」という場合は原則として自治体公務員のことである）の飲酒運転に対する懲戒免職処分の効力が争われた事例としてよく知られているのは，京都府事件，札幌市事件，東京消防庁事件の３つであり，前二者では懲戒免職処分が取り消され，後者では是認されているが，ただ東京消防庁事件は，原告が飲酒の事実を否定し，また処分者が飲酒運転による事故とした死亡交通事故も二重轢過事件であるなど，本稿で扱う他の事例とはかなり異なる様相があるので，ここでは前二者のみを紹介することにする。

　そのうち京都府事件は京都府亀岡土木工営所に勤務していた事務職員であった原告が昭和44年９月京都府職員互助会亀岡支会主催のレクリエーション行事である兵庫県内での「なし狩り」に参加し，食堂で昼食をとった際日本酒約２合を飲み，また帰路のバス車内でも４合入り日本酒１本を同僚と回し飲みし，さらに解散後同僚１名とともに亀岡市内の飲酒店２軒に立ち寄ってビール約１本と日本酒１合を飲み，その直後に付近の空地に置いていた自己所有の通勤用の軽４輪貨物自動車を運転して帰宅途中の午後６時15分頃（アルコール保有量は呼気１リットルにつき1.5ミリグラムとされている），前方を同一方向に進行中の自転車の後部に自車の前部を衝突させ，自転車を運転中の女性に加療約40日間を要する傷害を負わせる事故を起こしたことに対してなされた懲戒免職処分が争われた事例である。

　すなわち原告はこの衝突の際被害者救護等の措置をとらずに現場を立ち去り，1.5キロメートル進行してＵターンし，停車していたところを亀岡警察署員に逮捕され，業務上過失傷害と飲酒運転（事故当時は現在のような「酒酔い運転」と「酒気帯び運転」の区別がなかった―その区別がなされたのは昭和45年の法改正からである）により罰金５万円の刑事処分を受けたが，京都府知事は事故後３日目に原告が提出した依願退職願を受理せず，この刑事処分がなされる以前の事故後11日目に懲戒免職処分を行ったため，原告が処分の取消しを求めて提訴したのである。

　知事のこうした処分の背景には本件飲酒運転の前年から知事が京都府全職員

に対し、飲酒運転で人身事故を起こした場合は即刻懲戒免職処分を行なう旨を通達するとともに、新聞紙上でもそのことを公表していたなどの事情があったが、1審判決（京都地判昭和48・4・13判時719号99頁）は、原告の行為が地方公務員法29条1項3号に該当することは明らかであるとしながらも、上述のように、本件懲戒免職処分を違法な処分として取り消した。

　このような判決の判断の元になっているのは、懲戒権は本来「公務員関係における秩序の維持を目的として行使されるべきものであるから、地方公共団体の長は、この目的にそった一定の客観的標準に照らして懲戒権を行使すべく、その行使の限界は、具体的事情に即し右目的を達するに必要かつ相当な範囲に限られ」るという、それ自体は誰しも異論のない原則を、いささか原告寄りのスタンスで適用する態度である。つまり判決は続けてこの説示中の「具体的事情」とは、行為の外形的事情に止まらず、行為の主観的事情、行為時の公的地位、行為後の事情等広く諸般の事情を総合したものを意味するとした上で、結論として、「ところで、原告が右飲酒運転によって惹起した交通事故は、原告の一方的過失によるものではあるが、幸い人命にはかかわりなく、被害者の傷害もすでに順調に完治して後遺症を残していない。原告は右事故後間もなく被害者の申出どおりの損害賠償金を支払って示談を成立させ、被害者側は原告の誠意を認めて宥恕の気持を現わしており、被害者側の関係ではすでに右事故による被害は回復された。そうして、原告が、本件事故直後被告知事に対し依願退職願を提出していることは、被害者に対する右のような態度とあいまって、本件事故に対する原告の反省と悔悟の情を現わしたものであるし、本件事故について原告の受けた刑事処分が、この種の事件としては比較的軽い罰金刑に止まったことは、本件事故が社会公共の秩序におよぼした影響がさほど重大なものではなかったことを裏付けるものである。さらに、本件事故当時、原告は、京都府の出先機関である土木公営所の一事務職員であって、他の職員に対する監督権をもたず、教員、警察官などのように府民に対する交通事故防止の教化指導をその職責とするものではない」として、原告の飲酒運転と事故が懲戒免職処分を除いては他に公務員関係における秩序の維持を図る適当な方法がないほど重大な非行に当たるとは到底認められず、本件懲戒免職処分は懲戒権行使の限界を逸脱した違法な処分として取消しを免れないとしたのである。

一応原告の責任は軽々しく評価することは許されないとするものの，ここでは原告が飲酒運転に至るまでの5，6時間の間に3度も違った場所で飲酒していること，酔いを醒ます努力をせず，また時間的余裕もとらず，飲酒後直ぐに平然と運転を始めてかなりの程度の人身事故を起こしていること，事故現場から約1.5キロメートル先でUターンして停車していて事故の認識があったことを窺わせると解されないこともないこと，飲酒検知の数値が極めて高いことなどの原告の飲酒運転の態様や事故の程度・状況などのマイナスの事情はほとんど考慮されていない。むしろ事故の程度については，「幸い人命にはかかわりなく」とか，「この種の事件としては比較的軽い罰金刑に止まった」とか，いささか大雑把な原告に好意的な評価をしている。

　第Ⅰ節の末尾で，飲酒運転を理由とする懲戒免職処分の適法性について判断した各判決が考慮した主な事情を挙げると，飲酒運転の態様，事故の発生の有無と程度及び被処分者の地位や示談の成立，反省等の属性や情状の3つである旨を述べたが，結局この判決は被処分者の属性と情状に重点を置いて判断し，その分飲酒運転の態様と事故の発生と程度の評価が軽くて，今日の時点ではもちろん，当時においても充分な妥当性を有していたか疑問があるところであるが，昭和40年代の飲酒運転と懲戒免職処分についての判例の傾向を示す興味深い例といえよう。なおこの判決ですでに「教員」が交通事故防止の教化指導を職責とする地位にあり，その交通事故については原告の場合よりも厳しい評価がなされる可能性があることが示唆されていることも注目されるところである。

　この事件は控訴されたが，2審判決（大阪高判昭和49・11・7判時771号82頁）も1審判決を維持した。この2審判決は事実認定及び判断においては1審判決と同一であって，その点ではここで紹介する必要のある判示はないが，ただ控訴人京都府知事の懲戒処分のあり方についての主張等を退けている判示部分は今日の懲戒免職処分，さらには行政処分一般に関する紛争でも登場する論点についての判断であるので，その箇所のみを簡単に紹介しておこう。

　それは京都府知事がした，通達を以て，飲酒運転により人身事故を生ぜしめた職員は懲戒免職に付するとの処分基準を設定していたから，その基準に従った本件処分は正当であるという主張に対する，「処分権者が行政上の必要から，懲戒処分の基準を設定していたとしても，それに従うことが処分を正当化する

ものではなく，あくまでも具体的な事案に即してなされた処分が法の定める裁量に従った正当なものであることを要することはいうまでもない。従って処分基準に従ったから正当であるとか，処分基準に拘束され裁量の余地がない等の控訴人の主張は本末を誤ったもので採るに足らない」とした判示部分である。この自明のことを述べた判示部分をなぜわざわざこうして紹介するかというと，後にみるように，この京都府知事と同様の主張が盛んになされるからである。つまり多くの自治体が飲酒運転に対して原則懲戒免職という処分基準を定め，それに従ってなされた懲戒免職処分が訴訟で争われると，京都府知事同様当該処分は定められた処分基準に従っていることをその適法性の理由の1つとして主張する例がよくみられるのである。

　しかし処分基準はあくまでも懲戒権者が自らの権限行使や判断のために定めた当局内部のみに通用する自主規範であって，外部に対して拘束力を持つものでは全くない。一度訴訟になった場合に当局がなすべきことは，基準は適正であり，また現実の事案へのその適用も適正であるから，処分は適法であるとの主張なのである。「処分基準に従ったから正当であるとか，処分基準に拘束され裁量の余地がない等の控訴人の主張は本末を誤ったもので採るに足らない」と2審判決が断言する所以である。

　筆者は上に述べたように1・2審判決の本件飲酒運転の態様と事故の発生及びその程度の評価，ひいてはその結論には必ずしも納得できないところがあるが，2審判決のこうした判示は当然の理を極めて明快に述べたものと評価するので，やや詳しくふれた次第である。

　札幌市事件は札幌市衛生局に勤務していた清掃業務職員が昭和53年4月午後10時頃から自宅でビール2本を飲んだ後，珈琲を飲みに行こうと考え，自家用車を運転して約3キロ離れた喫茶店に出掛けたが，同店には入らず，その2階のキャバレーに入ってビール2本位を飲み，その後階下の喫茶店で酔いを醒ますため，昆布茶を飲むなどして30分程時間を費やして自家用車を運転して帰宅途中の午前0時20分頃，左右に蛇行運転しているところをパトカーにより交通取締を行なっていた警察官に発見されて停止を指示されたにもかかわらず，これを無視して走行を続け，一時停止場所と指定されている交差点も一時停止せずに進入通過し，なお運行を続けた後，湾曲していた道路を直進したため路外

にある立木に衝突してようやく停止したという行為につき，酒気帯び運転（その数値については判決では示されていない—なお2審判決では「酒酔い運転」と改められている）と一時停止義務違反の罪で逮捕起訴され，罰金4万2000円を科されたのを受けて，事件から約1か月後に札幌市長より懲戒免職処分を受けたことに対し，その取消しを求めた事例である。

1審判決（札幌地判昭和54・12・18判時959号128頁）は，原告が勤務していた札幌東清掃事務所では，約30回にわたる交通事故防止の指導と飲酒運転をすれば懲戒免職処分にする旨の警告をなしていたにもかかわらず，あえて飲酒運転をした原告の行為は決して軽微な非行ということはできないとしながらも，「原告には前科はなく，……本件事故は刑事制裁としては略式命令による罰金刑ですんでいること，立木に車を衝突させはしたが，自己も含めて人身事故とはならなかったこと，逮捕後一貫して改悛の情が認められること（「警察での取調及び札幌市における事情聴取において自己の犯罪事実を素直に供述し，一貫して改悛の情を示している」と認定されている—筆者），原告は，札幌市衛生局清掃部に所属する単純労務に従事する職員であり，他の一般職員に比して，札幌市民の札幌市職員に対する信頼を裏切った程度は低いと考えられること，過去3年間道内においても，本件のように人身事故に至らず罰金刑で終わった飲酒運転の事例について懲戒免職処分とした例は，警察官を除けば，見当らないこと，その他前記判示にかかる本件諸般の事情を総合すると，本件処分は，原告の行為に対するものとしては著しく重く，……社会観念上著しく妥当を欠き，裁量権を付与した目的を逸脱し，これを濫用したものと認められる」として，懲戒免職処分を取り消した。

飲酒運転の態様は相当悪質にみえるが，判決は事故が発生していないことや原告の属性，情状，北海道内の同種事案の処分例などを考慮すれば，本件は懲戒免職処分以外には札幌市における公務員関係の秩序の維持を図る適当な方法がないほど重大な非行とは認められないと評価するわけである。確かに人身事故が発生し，また飲酒後直ぐに運転を開始している京都府事件で懲戒免職処分が取り消されていることとの比較でいえば，本件判決の結論は当然といえるが，今日の時点からすれば，判断過程においてやはりいささか飲酒運転の態様の悪質さのウェイトが軽く，その分原告の属性や情状のウェイトが重くなっている

との観は否めない。

また，京都府事件と本件の両事件で，被処分者が「一事務職員」であることや「単純労務に従事する職員」であることが懲戒免職処分を裁量権の濫用として取り消す理由として強調されていることについては，職務上の懈怠やミスについてはともかく，職務とは関係のない私行の評価においてまでこのように地位を重要な考慮要素とすることがはたして理論的に十分に根拠づけられるのか疑問もないわけではないが，後にもみるように，飲酒運転をした公務員の地位をかなり重視するのは一貫した判例の傾向である。

本件は控訴され，上告もされたが，いずれも1審判決を維持する判決が出されている（札幌高判昭和55・10・29労民集31巻5号1129頁，最判昭和57・12・2労判397号〔カード〕）。

こうした事例からこの時期の公務員の飲酒運転と懲戒免職処分に対する判例の大方の傾向をまとめてみると，故意の飲酒運転であり，かつ事故（それも物損事故のみならず人身事故も含めて）が生じていても，それだけでは懲戒免職処分を適法とする決定的事情とはならず，さらに被処分者の属性や情状に処分を加重する事情が存在する場合にはじめて懲戒免職処分は適法とされがちであったということになるであろう（懲戒免職処分の事例ではなく，また，処分の取消事例ではなくて是認事例であるためやや事情が異なるところもあるが，参考までに紹介しておくと，原動機付自転車の酒気帯び運転により店舗兼家屋のガラスを破損した職員に対する停職1か月の処分が争われた上関町事件でも，山口地判平成14・8・1判自241号41頁は，飲酒運転の態様などよりも，むしろ事故後の措置義務・報告義務違反，警察官の取調べに対する非協力的態度，過去の酒気帯び運転による戒告処分歴，係長という地位などの当該職員の属性や情状について詳しく述べ，それを加重事由とすることによって，処分を是認している）。それはいい換えれば，この時期の判例においては，被処分者の属性や情状に酌むべき事情が認められれば，飲酒運転の故意があり，事故が生じていても，懲戒免職処分を違法とする傾向が強かったということである（なお本稿では紙幅の都合上紹介することができないが，民間企業の従業員や電々公社などの公社職員の飲酒運転を理由とする解雇や免職の処分に対する無効や地位の確認，あるいは取消しを求める訴訟においてもこの時期の判例は同様に行為者の属性や情状を重視する傾向をみせている）。

Ⅲ 平成18年以降の公務員・教員の飲酒運転と懲戒免職処分に関する判例

1 懲戒免職処分が取り消された事例

（1） 飲酒運転の認識がないか又は弱く，事故も発生しなかったケース（飲酒と運転との間にかなりの時間が経過しているケース）

このケースは従来みられなかったもので，平成18年の福岡市職員による不幸な事故等により飲酒運転についての社会的非難が一段と高まり，それに伴って特に公務員や教員の飲酒運転に対する懲戒処分が厳罰化したことによって生じた事例である。

その典型は秋田県の小学校の教頭が平成22年2月午後8時頃から10時頃まで自宅での夕食時にアルコール度数25度の芋焼酎をロックで3杯飲み，その後普段どおり入浴，就寝し（午後11時30分頃），翌朝5時30分頃起床，朝食をとるなどして6時30分頃自家用車を運転して自宅を出たところ（自宅から勤務校まで約30キロメートルあった），2分後（この間の走行距離は約700メートル）に検問中の県警交通機動隊に停止を求められて飲酒検知を受けた結果，呼気1リットル中0.29ミリグラムのアルコールが検出されたとして酒気帯び運転で検挙されたことに対してなされた懲戒免職処分が争われた秋田県教委事件である（ただし酒気帯び運転については結局不起訴処分とされ，刑事処分は科されていない）。

飲酒後約8時間30分を経過し，また，いつもの生活サイクルに従って約6時間睡眠をとった後のこうした飲酒運転について県教委が懲戒免職処分を行ったのは，平成21年12月より適用されている県教委制定の懲戒処分の基準中の「懲戒処分の基準例」に，「飲酒運転（酒気帯び運転及び酒酔い運転の両方が含まれる―筆者）をした職員は，緊急避難的行為等特別な事情がある場合を除き免職とする」とあるのに従ったためであるが，原告は，こうした本件基準の違法性（酒酔い運転と酒気帯び運転が区別されていない等の公正，比例，平等原則違反）と本件処分の違法性（飲酒量も多量とはいえず，飲酒後運転開始まで約8時間30分経過していること等を理由とする裁量権の逸脱もしくは濫用）を主張して，懲戒免職処分の取消しを求めたのである。

この2つの争点に対する当事者双方の主張の細部はすべて省略して，判決（秋

田地判平成24・3・23判タ1379号109頁）の判断にしぼって紹介すると，前者の基準の違法性については，その定め全体からすれば，飲酒運転に対する処分は原則として懲戒免職処分となるが，勘案事情如何によっては，量定を軽減することがあり，それは，「緊急避難的行為等特別な事情がある場合」に限定されないものと解するのが相当であるから（ただし判決は，被告は飲酒運転については，「緊急避難的行為等特別な事情がある場合」以外での量定の軽減はないとした上で，「特別な事情」について類型化できない固有の事情〔緊急避難的行為に類似しない事情〕をも含むといういささか不自然な解釈を採っているようにみえるが，それは飲酒運転については勘案事情を考慮せず一律に免職処分とするという，上記の基準の趣旨に反する運用につながりかねないと批判している），そうであれば，飲酒運転厳罰化という社会的要請の高まりや度重なる再発防止策にもかかわらず飲酒運転が繰り返されたため，段階的に処分が引き上げられてきたという秋田県における厳罰化の経緯等からして，本件基準は社会観念上著しく妥当を欠いているとはいえないとして原告の主張を退けている。

しかし秋田地裁は懲戒免職処分の違法性という第2の争点については原告の主張を容れ，結論として処分を取り消している。

秋田地裁のこうした判断の基礎になっているのは，懲戒免職処分が公務員に対しその身分を失わせる重大な処分であることを考慮すると，本件基準に従って免職処分とする場合には，飲酒運転の故意又は過失の程度が充分に考慮されなければならないなどとして，飲酒運転の故意又は過失の程度を重視する態度である。

筆者が平成17年迄の判例をみていささか不可解だったのは，当然ともみえるこうした判示がそれらの判例には余りみられず，また，飲酒運転の故意又は過失の程度が意識的には論じられていないことであった。例えば京都府事件では前述のように，5，6時間の間に3度違った場所で飲酒をし，しかも間を置かずに運転を始めているのであるが，判決はこうした飲酒運転の故意（これまで筆者が使ってきた言葉でいえば飲酒運転の態様）に特にふれていないのである。この意味で秋田地裁の上述の判示は当然のことではあるが，従来余り重視されてこなかった点を指摘したものとして評価されるが，このように述べた上で秋田地裁は，上述のように原告が前夜夕食の晩酌として飲酒し，その後平素のとお

り入浴・就寝し，当日朝もいつものような起床・朝食等の生活サイクルを経て出勤する途上で，飲酒から8時間30分後に基準値を超えるアルコールが検出されたという事実や，起床後体調に変わったところはなく，酒気が残っているという自覚もなかったという原告の供述を前提とする限り，「同種事案の中で，本件行為における飲酒運転の故意又は過失の程度が大きいということはできない」と結論している。

　これがまた一般人の受け止め方でもあろうと思われるが，判決はこのことをメインとしながら，さらに加えてその他の事情も挙げて，検討を進めている。それはこれまで筆者が使ってきた用語でいえば，事故の程度・状況及び被処分者の属性や情状に相当するものであるが，判決は，「処分の量定の決定に当たって考慮すべき他の勘案事情についてみても，本件行為の結果事故は起きておらず，本件行為について刑事処分は科されていないこと，原告にはこれまで懲戒・分限処分等の前歴はなく，同種前歴もうかがわれないこと，原告は，教育公務員として24年間勤務し，教員ないし教頭として多くの実績を重ねており，A小学校（原告が教頭を務めていた小学校—筆者）の校長からも高い評価を受けていること，保護者らも原告に寛大な処分を求める嘆願書を提出していることという事実が認められ，……」と述べて，処分を加重すべき事情は存在せず，むしろ原告がこれまで真面目に勤務し，周囲から高い評価と信頼を得ていたことを指摘している。

　ここで飲酒運転の認識の有無に加えて，勘案すべき事情の筆頭に事故の発生の有無が置かれていることもまた注目すべきところであろう。というのは上に述べたように，飲酒運転の認識のことが余りふれられていないことと併せて，従来の判例について筆者がやや不可解だったことのもう1つは，事故の発生の有無，程度，状況等が被処分者の飲酒運転行為の悪質さを判断するに際してさしたる考慮の対象とはなっていないことであった。むろん事故が伴っていれば，そのことは当然言及されはしたが，それは，幸い人命に関わりはなくとか，傷害は完治しているとか，示談が成立し，履行されているとかいう，むしろ被処分者の飲酒運転行為の悪質さを軽減するような方向で語られることが多く，飲酒運転行為の悪質さを示す基本的事項として位置づけられているようにはみえなかった。秋田地裁の判決も事故の発生の有無や程度をそうした基本的事情と

明言しているわけではないが、勘案事情のトップにそれを置いていることは、従来の判例よりも事故の発生の有無や程度を重視することを意味するものといえるのではなかろうか。

ともあれ判決は原告の飲酒運転の故意又は過失の程度が大きくはないことや、その他の勘案事情を考慮すると、「原告が教育公務員でありしかも教頭という管理監督者の立場にあったことを考慮しても、本件行為について免職処分……をもって臨むことは、社会観念上著しく妥当を欠くものといわざるを得ない」として、懲戒免職処分を取り消したのである。原告の飲酒運転の故意又は過失の程度が大きいとはいえないという判断同様、この結論も確かに社会観念や社会通念に合致するものといえよう。

これと類似するのがＡ県地方公営企業事件である。事件はＡ県の地方公営企業の次長兼課長であった原告が休暇を取得して友人と旅行中、横浜市内の飲食店で午後7時頃から午後9時頃までの間にビールを飲み、さらにその後午後11時頃から他の飲食店で焼酎の水割りを飲み、翌日午前2時頃同店を出て宿泊先のホテルに戻り、午前3時頃就寝して午前9時頃起床し、午前10時15分頃車に友人3人を乗せ、自ら運転してホテルを出発、横浜市内を走行中の午前10時30分頃交差点において指定通行区分違反で検挙され、パトカー内で警察官の事情聴取を受けている際に、警察官から酒の臭いを指摘され、飲酒検知を受けたところ、呼気1リットル中0.2ミリグラムのアルコールが検出されたことに起因する。

原告はその後上記の検挙に係る指定通行区分違反及び酒気帯び運転の罪で罰金20万6000円に処せられ、その約1か月後、Ａ県地方公営企業の「職員による交通事故等に対する懲戒処分の基準」中の「酒酔い運転又は酒気帯び運転に関する懲戒処分の基準」において当該運転の当事者は懲戒免職とされていることにより、懲戒免職された（なお基準では考慮すべき特段の事情があると認められるときは、軽減する場合もあると注記されているが、それは飲酒後に急病人が出たため、やむを得ず運転することとなった場合等、極めて限定された場合を指すものとされ、本件にはそうした特段の事情は見当たらないとされた）。

そこで原告が、本件のような1回の酒気帯び運転で懲戒免職処分とすることは比例原則に違反し、また国家公務員や他の都道府県の基準、処分例と比較す

ると平等原則にも反するとした上で,本件懲戒免職処分は本件酒気帯び運転の悪質性に対し,余りに過酷な処分というべきであるから,社会観念上著しく妥当性を欠き,裁量権の逸脱又は濫用があるとして,取消しを求めて出訴したのである。

秋田県教委事件では秋田地裁は基準の違法性と処分の違法性という2つの違法性の検討を行ったが,興味あることに本件の1審判決は,前者については,本件懲戒処分基準は行政組織内の規範にすぎず,具体的な処分が本件懲戒処分基準に沿うか否かによって,直ちに,当該処分について懲戒権者の裁量権の範囲を超えたものか否かが判断されるものではないので,本件懲戒処分基準の酒気帯び運転の標準量定自体の当否については判断しないとして,後者の処分の違法性についてのみ,検討,判断している。

秋田県教委事件判決も,また,後にみるその他の処分基準の違法性を論じた判決も,たとえ結論がその違法性を否定するものであったとしても,そのこととは関わりなく,処分の違法性を判断しているから,そうであるならば,むしろこのように基準の当否については判断をパスする方が合理的とも思えるが,こうして判決は直ちに処分の違法性の検討に入っている。

判決は先ず本件酒気帯び運転は私生活上行われた行為であるとしても,公務員に対する信頼を失墜させる非違行為といえると非難し,さらに続けてその態様自体も検出されたアルコール量は道交法違反として処罰される最下限に照らして決して少なくない量であって,それにもかかわらず,原告が体内に残っているアルコールの影響を軽く考え,原告自身が運転しなければならない切迫した事情もないのに(同乗の3人も全員免許保持者であった)運転を開始していることからすると,「その行為の悪質さは軽視できず,自らの深酒の程度や体内にアルコールが残存している状況についての原告の認識の甘さは,厳しい非難を免れない」と非難を繰り返している。

この飲酒運転の故意又は過失の程度は軽くはないという非難は秋田県教委事件判決の場合よりも強いが,それは前夜の飲酒の時間や量が後者の場合は晩酌を嗜む体のものであったのに対し,本件の場合はいわば飲み会的なものであっただけに,やむを得ないところであろう。

しかし判決はこのように原告の認識の甘さを厳しく非難した上で,酒気帯び

運転という原告の非違行為の悪質性を軽減あるいは加重する事情の有無を細かく検討し，管理監督する立場にあるなど，加重する方向に考慮すべき事情もあるものの，むしろ軽減すべき方向で考慮すべき事情の方が多々あるとしている。

すなわち判決は先ず，本件酒気帯び運転は飲酒後約8時間余り経過した後で，かつ，通常程度の睡眠時間をとった後に開始されたもので，当初から酒気帯び運転をする意図で飲酒したものでも，飲酒直後に開始されたものでもないこと，及び交通事故には至っておらず，交通事故に結びついた事案と比較する限りにおいては，悪質さの程度は低いことを指摘する。そして判決は特にこれらの事情の中で酒気帯び運転の悪質性を検討するに当たって重視すべき事情として，交通事故発生の有無やその程度を挙げている。判決によればそのことは，違法行為による公務員としての信用失墜の程度に影響を及ぼすというべきであり，したがって交通事故の有無や程度で処分内容に差を設けてしかるべきであるとされ，被告の，交通事故が生じなかったことは結果論にすぎず，処分を軽減する事情とするべきではないという主張は採用できないとされるのである。

ここでは秋田県教委事件の場合よりももっと明確に，交通事故の発生の有無やその程度が飲酒運転の悪質性＝処分の程度を決定する上で重要な事由であることが述べられている。すでに述べたようにこうした事由が事件の判断に当たっての決定的要素ではなくとも，相応に重要な要素であることは当然であるにもかかわらず，従前の判例がなぜかこの交通事故という事由をそれほど考慮せず，その分判断の座標軸がどうなっているのかやや漠然不明確であったのと比べて，このＡ県地方公営企業事件判決は飲酒運転と懲戒免職処分に関する判断の座標軸をかなり明確にしているという印象を筆者は受ける。

判決はさらに上記の事情に加えて，原告には交通違反歴や懲戒処分歴もないことなどを指摘して，原告の規範意識の低さを看取することもできないとしている。

そうした上で判決は，当該酒気帯び運転自体の悪質性，危険性等を一切考慮せずに，酒気帯び運転をしたことの一事を以て常に免職処分とすることまでが，社会観念上妥当であると解されているとは認められず，加えて免職処分は停職以下の懲戒処分とは質的に異なるから，その選択は慎重になされるべきであるとし，そうだとすれば酒気帯び運転という非違行為についても，相応の理由が

あれば，免職以外の処分を選択することも可能であると論を進めている。

そして結局結論として，上に述べたように処分を加重すべき若干の事情はあるものの，本件酒気帯び運転の態様の悪質性は低く，さらに学齢に達しない子を含めて養うべき妻子があることや，免職処分になれば退職金の受給権も失うことなどの諸事情を総合的に考慮すれば，「本件処分は，本件酒気帯び運転の悪質性，これによる影響の程度と対比して，あまりに苛酷で重きに失するというべきである」といい，本件処分は，社会通念上著しく妥当性を欠き，裁量権を濫用して行なわれたものと評価すべきであるとしている。

筆者がこれまで用いてきた用語でいえば，事故は発生しておらず，飲酒運転の態様にも重大な非違性はなく，また原告の属性や情状にも管理職であることを除けば，処分を軽減すべき事情こそあれ，加重すべき事情は乏しいことなどからすれば，懲戒免職処分は裁量権の濫用であるとするものであって，妥当な結論というべきであろう。

なお本件は控訴され，さらに上告もされたが，いずれも退けられ，懲戒免職処分の取消しが確定した。この上訴審判決（決定）については，ここでは，ただ２審判決のうちの注目すべき，あるいは興味ある三点のみを付記しておくことにする。

１つは事故の不発生と処分との関係についての判示である。前述のように控訴人（１審被告）はこのことにつき，酒気帯び運転の懲戒処分の判断に当たり，交通事故の有無を考慮するのは妥当ではない旨主張したが，２審判決は，「交通事故を伴わない単純な酒気帯び運転については，その違法性が極めて高いと評価することができないのは当然であって，少なくとも交通事故に至った案件と比較して，事案に対する社会的評価に差異があることは否定できない」といい，事故の発生の有無が処分の量定の決定に当たっての重要な要素であることを明言している。

続く注目すべき２点目は１審判決と異なり，本件は懲戒処分基準自体の適否が直接の問題となるものではないものの，それを設けた控訴人は事実上その定めるところに従った処分をせざるを得ず，他方では，当裁判所はその結果としての本件処分に裁量権の濫用があると判断する以上，基準にも言及せざるを得ないとして，控訴人が定立した懲戒処分基準について相当詳しく論じ，批判し

ていることである。

　例えば、交通事故その他の重大な結果が発生しておらず、飲酒後、相当時間が経過して、行為者に体内にアルコールを有しているとの明確な認識が過失によって失われている事例に対しても、懲戒免職以外の処分を行うことができず、あるいはそれが著しく困難になるような懲戒処分基準を定立したり、そのような内容の基準の運用を実施することは、目的と手段の均衡を欠くことにもなりかねないなどといい、控訴人の本件懲戒処分基準ないしその運用は、硬直したものと評価せざるを得ないというのである。

　以上の２点に加えてもう１つ興味があるのは、被控訴人（１審原告）の処分取消請求を認容すれば、同じ懲戒処分基準に基づいてなされ、争われていない（＝被処分者がそれに従った）他の処分事例との均衡を欠くことになるという、他の自治体のケースでもみられる控訴人の主張に対する判断である。こうした主張に対し２審判決は、本件懲戒処分基準に従ってなされた事例の中にはアルコール濃度という点からいえば、本件の0.2ミリグラムに対し、0.17ミリグラムの事例があり、このような点を踏まえると、本件懲戒免職処分に裁量権の濫用があると判断されると、他の事例との間に不均衡が全くないとはいい切れないが、「本件だけが裁判によって争われることとなった以上、異なる考え方に従い異なる結果が生じることはやむを得ないのであり、そのことの故に、本件処分に裁量権の濫用がないということはできない」といっている。自らが行った過去の処分を持出して、それとの平等を主張しても、それは主観的な平等にすぎず、後の処分の客観的評価は別問題としてなされるべきことを述べて妥当な見解といえよう。

　以上の二例と内容をほぼ同じくするのが、県立高校の教員が午後６時頃自宅で食前に缶酎ハイを１本飲み、食後の午後８時頃から10時過ぎにかけてウィスキーの水割り３杯と焼酎の水割り２杯の計５杯を飲んで午後10時過ぎに就寝し、翌朝５時30分頃に起床して、朝食をとらずに午前５時50分頃自宅を自家用車で出て、近隣の市の入浴施設に向かう途中の午前６時10分、県警の一斉検問において、呼気１リットル当たり0.31ミリグラムのアルコールが検出されて酒気帯び運転で検挙され、そのことを理由に受けた懲戒免職処分の取消しを求めたＢ県教委事件である（なお原告は飲酒については、その前夜幼い子供を抱えて闘

病中の長女より再手術の予定日が決まった旨の連絡を受け，大きな衝撃を受けていたためであること，また入浴施設に向かったのは自身が前年6月に心臓病で約1か月入院し，現在も投薬治療中であるところ，同年10月頃から心臓の療養に効果があると聞き，当該入浴施設での炭酸泉入浴をした後，そのまま早朝出勤するのを日課としていたためであった旨を述べている。また，酒気帯び運転についての刑事処分は罰金30万円であった)。

　原告の取消請求の理由は，県教委が定めている懲戒処分の基準では，一般論としては勘案事情を総合考慮した上で処分を決定することになっているが，飲酒運転に限っては，緊急避難的行為等特別な事情がある場合を除き，一律懲戒免職という規定になっており，不合理であることを理由とする基準の違法性と，裁量権の逸脱，濫用等を理由とする懲戒免職処分の違法性であるが，1審判決は前者については，勘案事情は，「緊急避難的行為等特別な事情がある場合」に限定されないものと解するのが相当であることなどを理由に，基準は社会観念上著しく妥当を欠いているということはできないとして，原告の主張を退けつつ，処分の違法性については，「本件においては，勘案事情を総合的に考慮すれば量定を軽減すべきであったのであって，そのような考慮をすることなく免職処分とした本件処分には，裁量権を逸脱した違法があるというべきである」として，原告の主張を認め，懲戒免職処分を取り消した。

　そこでこの処分を取り消した判旨のみをやや詳しく紹介しておくと，飲酒を終えて約6時間半就寝し，飲酒から約8時間経過後の出勤途中でアルコールが検出されたことや，原告は起床後体調に若干の不調は感じたものの，心臓病の薬を増量されて服薬しており，その不調が前夜の酒気が残っていた結果のものであることを確定的に認識していたことを認めるに足る証拠はないことなどを前提とする限り，同種事案の中で，原告の飲酒運転の故意又は過失の程度が大きいとまではいうことはできないこと，事故は生じておらず，刑事処分は罰金30万円の略式命令に止まっていること，原告には懲戒処分歴や同種前歴も見当たらないこと，教育公務員としての勤務歴は30年近くになること，寛大な処分を求める要請書が県人事委員会に提出されているという事実が認められること，被告の調査についても進んで協力している上，飲酒量や当日朝の体調等の自己に不利な事情についても特に隠すような行為をせず，自己の責任を受け止め，深く反省していたことが認められることなどを挙げて，原告が教育公務員

であったことを考慮しても，原告の行為について免職処分をもって臨むことは，社会観念上著しく妥当を欠くものといわざるを得ないとしたのである。

　自宅での１人での飲酒という点では秋田県教委事件に類似し，飲酒量という点ではＡ県地方公営企業事件に類似するが，飲酒後通常の睡眠をとり，８時間以上経過後の運転中に偶々飲酒検知を受けた結果基準値以上のアルコールが検出されたということと，何らの事故も発生していないという点では上記二例と完全に共通するこの事件でも，結局，飲酒運転の態様，事故の発生の有無，被処分者の属性と情状の総合考慮によって，懲戒免職処分が取り消されたわけである。

　これらの判例は飲酒運転を絶対悪とし，それに対する一発アウト的な懲戒免職処分も処分権者の裁量の範囲内だと考えるならば，それはいささか単純であって上述の諸事情，特に飲酒運転の態様と事故の発生の有無に留意して懲戒免職処分の是非を決すべきことを説くものと理解され，これが近年の大方の判例の傾向といえるであろう。

　なお筆者が目にすることができた以上の三例と類似した事例としては長野県教委事件（長野地判平成24・11・30判自375号53頁，東京高判平成25・5・29同前50頁）と神戸市消防局事件の二例もあるが，ここでは以上の三例とは異なる職種に係る事例として神戸市消防局事件を追加して簡単に説明しておくことにしよう。

　この神戸市消防局事件は，昭和52年に神戸市消防局に採用され，事件当時は消防士長の地位にあった原告が，平成19年３月に１週間の休暇をとり，１人でバンコクに旅行して帰国日である29日午後８時頃（以下すべて日本時間）バンコク市内のホテルで夕食の際350ミリリットルのビール２本を飲み，その後午後11時30分頃帰国便に搭乗して直ぐにシャンペンをグラス２杯飲んで熟睡し（酒量については本人の供述によるが，後にみるように判決はそれを信用していない），翌30日午前５時19分に関西国際空港に到着したことに端を発する事件である。

　原告はその後同空港内で休憩し，同日午前７時15分神戸空港行きのベイシャトルに乗船して午前８時頃に神戸空港内の駐車場に着き，そこに置いていた自家用車の車内でさらに休憩をとった上で，午前９時10分頃出勤のため出発したが，途中の９時30分頃大型貨物自動車に追突し（被害車両は後部バンパーを破損したが，運転手に負傷はなかった），通報で事故現場に到着した警察官に事故の状

況を説明している途中アルコール臭を感知され、飲酒検知の結果呼気1リットル中0.2ミリグラムのアルコールが検出されて、5月下旬罰金25万円の刑事処分を科されることとなった。

神戸市消防長は平成19年5月11日本件酒気帯び運転を理由に原告を懲戒免職したが、その根拠となったのは、市長が一般職員を対象に定めたそれに合わせて消防長により消防局職員を対象に平成13年に制定され、平成18年9月16日に改正された「懲戒処分の指針」において、酒気帯び運転の標準量定が「免職又は停職」とされていたことであった（この場合実際の適用場面においては免職が原則で、情状酌量すべき事情が認められる場合のみ停職とされていたが、本件では、アルコール濃度や物損事故等からすれば、情状酌量すべき事情は認められないとして免職とされたのである）。それに対し原告は、「懲戒処分の指針」やその運用の違法などを理由に免職処分の取消しを請求したのであるが、神戸地裁はこの請求を認容して免職処分を取り消した（神戸地判平成20・11・26判例集未登載）。

判決は先にふれたように、原告の供述した時間における供述どおりの飲酒量で本件事故当時（午前9時30分頃）呼気1リットル中0.2ミリグラムものアルコールが検出されるかは甚だ疑問であって、原告の飲酒量はその主張する量よりも多い疑いが強いといわざるを得ないとし、またこうした濃度のアルコールが身体に残存している場合、ふつうの人間であれば当然そのことを自覚できるはずであるから、原告は運転時酒気を帯びていたとの認識があったはずであるとしているのであるが、にもかかわらず、免職処分を取り消したのは次のような判断によるものであった。

判決は先ず、「懲戒処分の指針」等は、あくまでも行政組織内の規範であって、ある具体的な懲戒処分が適法かどうかの司法判断の基準ではなく、したがって懲戒処分の適否の判断は、端的に、非違行為の原因、動機、性質、態様、結果、影響等のほか、非違行為の前後における態度、懲戒処分等の処分歴、選択する懲戒処分が他の公務員や社会に与える影響等を考慮してなされた消防長の判断が社会通念上裁量権の濫用とみなされるものでないかどうかを論ずれば足りるとし、次いで具体的に非違行為の原因、動機等を考察する。

その結果本件酒気帯び運転の非違行為としての性質、態様、結果については、出勤途上という公務に極めて近接した状況でした行為であり、アルコール濃度

の点からも悪質さの程度が低いとはいえないが，原因や動機は前日の夜摂取したアルコールが分解されることなく体内に残存したという事案であって，非難に値するとか，破廉恥な事情があったとはいえず（すなわち直後に運転することが分かっていながら飲酒したとか，飲酒後僅かな休憩をとっただけで敢えて運転したといった事情までは認められず），影響も，地域社会に与えた悪影響は軽微とはいえないが，物損事故自体は犯罪ではなく，その発生をそれほど重大視することは公正とはいえず，また酒気帯び運転の事実も当日直ちに職場に報告し，前科前歴及び懲戒処分歴もないなどの原告に有利に酌むべき事情も多々あると判決はいっている。そして「懲戒処分の指針」では重過失により人に傷害を負わせた場合は減給又は戒告となる一方，本件酒気帯び運転については直ちに免職とするのは均衡を欠くきらいがあることを指摘した上で，懲戒免職処分は当該公務員の半生を棒に振らせるに等しいのであるから，処分権者の側にも相応の慎重さが求められるといわなければならず，「そのことに鑑みると，前日の夜の飲酒の影響で検挙された本件酒気帯び運転に対し，懲戒免職処分で臨むことは，やはり，社会通念上著しく妥当を欠いて苛酷であり，裁量権を濫用したものと評価すべきであり，したがって，本件処分は公正原則に抵触する違法なものというべきである」と結論している。

　物損事故は生じているが，それはネグリジブルなものであるとし（被害車両の運転手は警察官に短時間で事故の状況を説明し，すぐに現場を出発した），基本的には上記三例と同様，飲酒後相当な時間が経過しているという飲酒運転の態様に原告の情状等を加えれば，懲戒免職処分は裁量権の濫用というべきであるとする事例といえよう（なお上訴審である大阪高判平成21・4・24判例集未登載，最決平成22・1・21判例集未登載もこうした1審判決を維持した）。

　以上の例は諸事情の総合考慮という点では平成17年までの判例と似ているようにみえるが，実際にはかなり異なっている。というのは被処分者の情状を重視するところでは確かに共通するところがあるが，上にも述べたように近年の判例ではそれは飲酒運転の故意又は過失が大ではなく，また事故も発生していないのに加えて，被処分者の情状にも酌むべき事情が少なくないという形で展開されている。それに対し従前の伝統的な判例は前述のように，飲酒運転の故意又は過失は軽くはなく，また事故も発生しているにもかかわらず，被処分者

の情状からすれば，懲戒免職処分は過酷にすぎ，社会通念に反するという構成になっている。すなわち総合考慮すべき事情そのものには変わりはないものの，それぞれの事情にどのようなウェイトと順序を割り当てるかで，両者には違いがみられるようになったと思われるのである。

（2）　飲酒運転の認識はあったが，事故は発生しなかったケース

この飲酒運転の認識はあったが，事故は発生しなかったという，懲戒免職処分が取り消された第2のケースには実はより詳しくいうと，それにプラスして共通するもう1つの事情がある。それは確かに飲酒運転の故意は明らかであるが，当事者からすれば，平然と無頓着に飲酒運転に至ったわけではなく，やむを得ず，あるいはいきさつからして余儀なく飲酒運転を行ったということである。むろんこうした事情が判決において被処分者に有利な事情として積極的に評価されているわけではないが，飲酒運転の悪質さの度合いが必ずしも重大ではないと判断する根拠の1つとして言及されている場合があるし，言及されていなくてもそうした事情が暗々裡に裁判官の判断に何がしかの影響を与えている可能性があるように思われるのである。

それはいい換えれば，それと明示されているわけではないが，その故意が明らかな飲酒運転を理由とする懲戒免職処分を違法とする結論を導き出すには，単に事故が発生しなかったというだけではなく，少なくとも，併せて，飲酒運転の態様や動機が，当事者の立場にも鑑みて評価すれば，極めて悪質とまではいえないという事情が存在することが必要とされているように思われるということである（それをさらにいい換えれば，上の(1)のケースでは飲酒と運転との間にかなりの時間が経過していることが，飲酒運転の悪質さの度合いを低下させる役割を果たしていたのに対し，この(2)のケースでは，曲がりなりにも飲酒運転を回避しようとした努力や飲酒運転に至った余儀ない事情がそうした役割を果たしているということである）。

以下こうしたケースのうち主なもの二例のみを挙げると，先ず兵庫県加西市の職員（課長）であった原告が，酒気帯び運転を理由になされた懲戒免職処分の効力を争った加西市事件がある。

事件は原告が平成19年5月の日曜日の午前8時頃，自身が居住する町の役員

A等に草刈機の操作方法を説明するため、年に1回町の役員で行う河川堤防の草刈作業現場に立会い、1時間余りで現場を立ち去って自宅に戻っていたところ、上記草刈作業を終えたA（原告はその前任者であった）から電話で食事に誘われたため、自家用車で自宅から約1.5キロメートル離れた焼肉店に赴いたことがきっかけである。すなわち原告は自動車で自宅を出るときは飲酒のことは考えていなかったのであるが、この焼肉店での昼食の際Aから勧められ、断るのもはばかられて（原告の主張―筆者）ビール中ジョッキ1杯、日本酒1合を飲み、こうした昼食・飲酒の後町役員らと30分ないし40分程度雑談をし（飲酒を終えた後直ぐに車を運転するのを躊躇したためと判決は認定している）、午後2時前店を出、帰宅のため駐車場に停めておいた自家用車の運転を始めたが、時速約40キロで店から約400メートル進んだ所で追尾してくるパトカーを確認したため、空き地に車を停め、追随して停車したパトカーの警察官による飲酒検知を受けたところ、呼気1リットル中から0.15ミリグラムのアルコールが検出されたのである（刑事処分は罰金20万円）。

原告が翌日この件を市の総務部長に報告したところ、市長が4日後この酒気帯び運転を理由に、原告を懲戒免職処分としたため、原告が処分の根拠となった「職員の懲戒処分に関する指針について」中の酒気帯び運転の標準量定を「免職」とのみする規定（以前の標準量定は「免職・停職」であったが、平成18年9月より「免職」のみに改正された）は、職員の懲戒は公正でなければならないとした地方公務員法27条1項の「公正の原則」に違反することなどを理由に処分の取消しを求めて提訴したのが、本件加西市事件である。

1審判決（神戸地判平成20・10・8労判974号44頁）は、焼肉店から原告宅までは徒歩で帰宅できるのに安易に飲酒運転に及んだ原告は、社会全体の奉仕者である地方公務員としての自覚が足りないと厳しく叱責されねばならないし、本件酒気帯び運転を重大な非違行為と受け止め、厳罰をもって対処しようとした市長の判断もよく理解できるところではあるとしたものの、懲戒免職が公務員にとって著しい不名誉であるだけでなく、被処分者が被る有形・無形の損害は甚大であることに鑑みると、本件処分はやはり、社会通念上著しく妥当を欠いて過酷であり、裁量権を濫用して行われた違法なものというべきであるとした。

判決がそう判断する理由は、処分の対象となった非違行為は、原告が職務と

は無関係に休日に行った酒気帯び運転であること、しかも検出されたアルコールの量は道交法違反として処罰される最低限の水準にすぎず、酒気帯び運転の態様等の悪質さの程度はそれほど高いわけではないこと、原告は店に赴く際は飲酒する気はなく、また店でも積極的に飲酒を要求したわけではなく、偶々知人の手伝いをしたことをきっかけとして、当該知人に勧められて飲酒したにすぎないのであって、酒気帯び運転に至った原因や動機について、非難に値するとか、破廉恥な事情があったとまではいえないこと、本件酒気帯び運転によって公務への影響が生じたとはいえないし、また、事故が起きて第三者に被害が生じたというわけではなく、公務員への信頼という観点から地域社会に与えた悪影響も甚大とまではいえないこと、原告は本件酒気帯び運転の事実を隠蔽せず、翌日直ちに報告しており、また過去に前科前歴や懲戒処分等の処分歴もないことなど、原告に酌むべき事情が多々あることである。

　本件は控訴されたが、2審判決（大阪高判平成21・4・24労判983号88頁）も1審判決を支持して控訴を棄却した。内容も1審判決をほぼそのまま踏襲しているが、若干の相異点や追加点についてのみ簡単に説明しておくと、「職員の懲戒処分に関する指針について」は行政組織内の規範であって、それが定める標準量定の当否は判断しないという、上でふれたA県地方公営企業事件1審判決と類似した見解を述べている1審判決と異なり、指針についても判断し、個別の事案の内容によっては標準量定以外の処分とすることもあることなどからすれば、本件指針自体には一応の合理性が認められ、裁量権の濫用はないとしていること（指針等について判断した判例はほとんどすべてこう結論していることは、これまで述べてきたとおりである）、また、原告は当時課長という指導的立場にあり、非管理職の職員と比較すれば、その責任が重いことは否定できないが、管理職であっても課長に止まることや、直接飲酒運転を取り締まったり、交通安全運動を主催したりする部署に所属していたわけではないことなどからすれば、被控訴人が課長職にあった点を殊更重視するのは相当ではないとしている点などである。最後の点は管理職であっても一括りにすべきではないこと、及びその職務内容も考慮すべきことを指摘していて、参考になる判示である（その後最決平成21・9・19判例集未登載もこの2審判決を維持した）。

　同様に当事者からすれば余儀なく飲酒運転に及んだという事情を酌むという

判断方法を用いているのが，C市事件である。

　事件はC市の職員であった原告がC市現業労働組合が主催する新年宴会に来賓として出席したことに起因する。原告は従前からそうした飲み会があったときには職場の駐車場に置いた自家用車（以下「自車」という）で車中泊しており，当日もその予定で宴会の会場には上司や同僚と共にタクシーで向かい，終了後再びタクシーで職場の駐車場に戻るつもりであった。ところが宴会への出発直前に原告らの職場のインターネットのシステムに不具合が生じ，対処に時間をとられて会場への出発が遅くなったため，原告はタクシーを呼ぶよりも自車で上司らを送り届けた方が早いと考えて，自車を運転して会場に向かい，上司らを会場に送り届けた後，近くのコインパーキングに自車を駐車し，徒歩で会場に向かったが，そのときは宴会終了後はそのままコインパーキングに置いた自車で車中泊するつもりであった。

　宴会は約2時間で終了したが，原告はその後二次会にも参加し，この間ビールや焼酎の水割りなど飲んで二次会解散後の翌日午前2時頃コインパーキングの自車に戻り，予定どおり車中泊をしようとした。しかし用意していた布団をかけてもなお寒かったため，エンジンをかけて暖房を入れようとしたが，アイドリングすればコインパーキング近隣住民の安眠を妨害することになるのを懸念し，約1.5キロメートル離れた住宅等に隣接していない公園駐車場で車中泊をしようと考えて，自車を移動させるため運転を開始したところ，約700メートル進行した午前2時45分頃酒気帯び運転により検挙され（検出されたアルコールは，呼気1リットル当たり0.35ミリグラム，刑事処分は罰金30万円），事件から約1か月後市長より懲戒免職されたのである。

　処分の根拠とされたのは平成18年10月10日以降に発生した事案から適用するとされていた「C市職員の飲酒運転に係る懲戒処分の基準」の飲酒運転をした職員は人身・物損事故が起こっていない場合でも原則免職とするとの定めであったが，原告は処分が飲酒運転の態様，動機等に照らして重きに失し，裁量権を逸脱する違法なものというべきであることなどを理由に，その取消しを求めて提訴したのである。

　こうした請求を認容した1審判決を紹介すると，原告は多量の飲酒をしたことを自覚しており，実際にも検出されたアルコールは相当程度の量であって運

転の態様は悪質であり，社会に与えた影響も考えると厳しく非難されるべきであるなどとしながら，他方，懲戒免職処分は停職以下の処分とは質的に異なることからするとその選択は慎重になされなければならず，また，懲戒処分の対象となる非違行為自体も，同じ違法行為とはいえ，刑罰法規に触れる犯罪行為とそれ以外の違法行為との間には質的な差異が存在することは明らかとした上で，こうしたことからすると，飲酒運転について懲戒免職処分を定める本件基準の下にあっても，一律に免職との結論を導き得るものではなく，上司に速やかに飲酒運転の事実を報告したか，人身事故や物損事故を伴うものであったか否か，勤務先での職務の内容（教師や警察官といったその言動が模範とされるべきものとみなされる職務であるかなど）等の種々の事情を勘案した上で，懲戒免職処分の是非を決すべきものと認められるとしている。

そして原告の酌むべき事情としては，当初は職場の駐車場に自車を置いてそこで車中泊しようとしていたところ，インターネットシステムの不具合のため自車を運転して会場に向かい，また近隣住民への迷惑を懸念して当初駐車したコインパーキングから別の駐車場に移動しようとして酒気帯び運転に及んだという点からすれば，本件酒気帯び運転は計画的なものではなく，偶発的な側面が認められること，原告はこれまで懲戒処分歴，前科・前歴等はなく，また交通違反により検挙されたことや公務員としての問題のある勤務状況もなかったこと，人身事故，物損事故を伴っておらず，結果として被害はなかったこと，原告は主事という末端の事務職員の地位にあり，管理職等の地位にあったのではないことからすると，そのような立場にある者に比べ，社会に与える影響は比較的少なかったということができ，また，原告の主張に係る職員及び周辺住民から情状酌量を求める1284筆の署名があったこと，検挙後速やかに上司に報告し，反省の態度を示していたものと認められること，従前のＣ市又は同一県内の他市における処分に比して，本件処分は重いものと考えられることなど，多くのことがあることを指摘し，加えてＣ市の分限懲戒審査委員会で懲戒免職処分相当と決議したとき，原告が意見を求められたとか，反省の態度を真摯に表明する機会が与えられたとかの事実を認めるに足りる証拠はないことも述べて，結論として，原告の本件酒気帯び運転による社会に対する信用失墜は，懲戒免職処分によってしか回復できないとまではいうことはできず，本件処分

は重きに失し，裁量権を逸脱・濫用したと認めるのが相当であるとした。

　飲酒運転の態様を厳しく非難さるべきであるとしながら，他方そこに一定の重罰猶予の要素を認め，事故が生じていないことや多くの酌むべき原告の事情を列挙して，結論として懲戒免職処分を取り消しているところは上の加西市事件と共通するところがあり，この判決も首肯できるものといえよう。

2　懲戒免職処分が是認された事例
（1）　飲酒運転の認識はあったが，事故は発生しなかったケース

　上の1の（2）で，飲酒運転の認識はあったが，事故は発生せず，懲戒免職処分が取り消されたケースを紹介したが，同様に飲酒運転の認識はあったが，事故は発生しなかったケースでありながら，懲戒免職処分が是認されたケースもある。

　都城市事件がそれで，事案は都城市の現業職員であった原告が，平成19年9月午前0時30分頃から午前4時頃までの間，都城市の飲食店において焼酎（ロック）を6杯程度飲んで帰宅のため自家用車（以下「自車」という）を運転中の午前4時30分頃警察官から職務質問を受け，飲酒検知の結果，呼気1リットルにつき約0.35ミリグラムのアルコールを身体に保有する状態であることが判明して，約1か月半後酒気帯び運転により罰金20万円を科されたことを理由に，懲戒免職処分を受けたことに対し，裁量権の逸脱などを主張して，処分の取消しを求めたというものである。

　市の懲戒処分の指針においては，飲酒運転（酒酔い運転又は酒気帯び運転）をした職員に対する処分は免職又は停職とされていたが，そのうち停職は飲酒後家族の急病等により運転することを余儀なくされたとか，十分な休憩をとったにもかかわらずアルコールが検出されたとかの例外的に情状酌量の余地がある場合の処分とされており，本件ではそうした情状が認められないとして免職処分がなされたのであるが，1審判決（宮崎地判平成21・2・16判タ1309号130頁）も，上記の指針や運用方針は不当，不相当であるとは認められないとした上で，「原告が本件酒気帯び運転の直前に飲酒した飲食店まで自車で赴いた上，少なくない飲酒に及んでいること，同飲食店と原告の当時の自宅との間の距離が約2.6キロメートルであり，深夜，代行運転やタクシーに乗車することができなくて

も徒歩で帰宅することが可能な距離であったこと，それにもかかわらず，原告が飲食店を出て30分後に本件酒気帯び運転に及んでいること，その他，必要に迫られて本件酒気帯び運転に及んだような事情は一切窺えないこと，本件酒気帯び運転の際に検知されたアルコールの保有量が呼気1リットルにつき0.35ミリグラムと，……多量であることなどに照らすと，およそ情状酌量の余地あるものということはできない」と判示して，原告の請求を棄却した。

　先に飲酒運転の認識はあったが，事故は発生しなかったケースで懲戒免職処分が取り消された場合，そこには実は当事者は平然，無頓着に飲酒運転を行ったわけではなく，飲酒を予期せず出掛けたが，その場の成り行きからしてやむなく飲酒に及んだとか，飲酒後一定の休憩時間をとったとかの，少なくとも主観的には飲酒運転を躊躇し，それを回避しようと努力したものの，それが叶わなかったため，あるいは経緯からしてやむなく飲酒運転に至ったという事情が背後にあることを指摘したが，本件ではそうした事情が判決文を読む限りでは全く認められない。原告はいわば平然，無頓着に飲酒のため自車で飲食店に赴き，躊躇することなく帰途飲酒運転を行っているのであり，そこに事故が生じていないという結果においては同一であっても，懲戒免職処分が取り消された上の1の（2）のケースと本件の違いがあるといえよう。いい換えると，これまで何度か述べたように，事故の発生の有無は近年飲酒運転を理由にした懲戒免職処分の適法・違法を判断する際の重要な基準となっているが，それは必ずしも絶対的な基準ではなく，飲酒運転の態様が極めて悪質で，そこに酌むべき事情が全く認められない場合は，事故の発生がなくても，懲戒免職処分は適法とされることがあるということである（なお本件は上訴されたが，棄却された—福岡高宮崎支判平成21・6・24公判速401号6頁，最決平成22・2・8公判速同前同頁）。

　また同様に事故は伴わなかったものの，運転は飲酒に引き続いてのもので，その間に睡眠,休憩等の酔いを醒ますための手立てを講じたということもなく，飲酒運転の確定的な故意があるとして懲戒免職処分が是認された例として松本市事件（長野地判平成21・3・27公判速402号9頁，東京高判平成21・10・8同前6頁，最決平成22・3・25同前6頁）がある（刑事処分は罰金20万円）。

第4章 判例にみる自治体公務員・教員の飲酒運転と懲戒免職処分

(2) 飲酒運転の認識があり、事故も発生したケース

このケースを物損事故に係る事例からみていくと大阪府堺市の建設局の職員であった原告が、酒気帯び運転により物損事故を起こし、またそのことの報告を怠ったことを理由に懲戒免職されたことを、処分には相当性が認められないとして争った堺市事件がある。

事案をやや詳しくいうと、平成20年2月末午後6時から原告が勤務していた堺市建設局土木部南部地域整備事務所の新年会を兼ねた懇親会が居酒屋で開催され、原告も参加して380ミリリットル入りのジョッキで生ビール3杯、ウィスキーをロックで3杯程度飲んだが、この懇親会が9時頃終了した後原告がタクシーで自宅から1キロ程度離れた保育所に預けてある子を迎えに行き、そのまま帰宅するつもりで、懇親会場から1駅の私鉄の駅のタクシー乗り場に並んだところ行列が長く長時間待つことになりそうな状況であったため、原告は予定を変更して当該駅から5分ほど離れた駐車場に置いてあった自家用車(以下「自車」という)に乗車して午後10時25分頃保育所に立ち寄り、子を引き取って自車に同乗させ自宅に向かったが、直後の10時27分頃自車走行車線前方路肩に駐車中の無人の普通乗用自動車1台の後部に接触し、次いで反対車線の路肩に駐車中の無人の普通乗用車1台にも接触していずれも損壊させたため(当時のアルコール量は呼気1リットルにつき約0.75ミリグラムで、刑事処分は罰金50万円)、堺市長がこうした非違行為とその報告を怠ったことを理由に平成20年4月末原告を懲戒免職としたところ、取消訴訟が提起されたというものである。

1審判決(大阪地判平成21・12・24労経速2065号16頁)は、報告の遅れについては原告の身柄の引き受けのため警察に赴いた直属の上司(係長)から所属長の代理に的確な報告がなされていたため、原告の責任が大きいとまではいえないとしたが、懲戒免職処分の根拠とされた「飲酒運転で物の破損に係る交通事故を起こした職員は、免職又は停職とする」という「堺市職員の懲戒処分に関する指針」中の定めは相当であるとし、この定めに基づく本件処分も、呼気に含まれていたアルコール濃度は極めて高濃度であり、運転には極めて危険な状態であったこと、飲酒運転をしなければならなかった正当な事由がないこと、危険な運転が想定されていたにもかかわらず自身の子とはいえ自らその危険について認識し得ない同乗者(子)を同乗させたこと、2台の自動車に接触、衝突

して，示談金の合計額が180万円余りという，決して軽くはない物損事故を惹起こしたことなど，本件酒気帯び運転がその態様，動機において悪質で重大な危険を孕む行為である所以を指摘して，本件処分には裁量権の逸脱濫用はなく，相当な処分というべきであったとした。

2審もこの1審判決を維持したが（大阪高判平成22・7・7労経速2081号28頁），これまでにふれた平成18年以降の判例のうち，物損事故を含んだ唯一の事例である神戸市消防局事件の物損事故は極めて軽微で（判決文では示談のことは登場せず，ただ原告が謝罪したことのみが述べられている），かつ，飲酒から運転まで相当時間が経過しているから，本件との差異は明らかで，何よりも相当な飲酒量であり，また，飲酒運転に至った経緯に特段酌むべき事情が認められないこと（懇親会場から直接タクシーを頼むとか，運転代行業者に連絡をとるとかいう飲酒運転回避に努めた形跡はない）ことなどからすれば，懲戒免職処分が是認されたのもやむを得ないといえよう。

人身事故が含まれた事例としては，豊中市水道局事件と三重県教委事件がある。

前者は豊中市水道局係長であった原告が平成17年2月自家用車（以下「自車」という）を運転して公園に出掛け，午前9時頃からラグビーの練習をした後，午後1時前頃から午後3時45分頃まで飲食店において友人らと飲食し，ビール中ジョッキ2杯，焼酎のお湯割り4杯を飲んで，午後4時頃自車を運転して飲食店を出たところ，その直後の4時2分頃，自車を対向車線に進出させ，対向して走行してきた普通乗用自動車の右側部に自車の右前部を衝突させ，同車の運転者に加療約10日間の傷害を負わせ，かつ，救護や警察官への報告をしないままその場を離れ，さらに4時5分頃同様に自車を対向車線に進出させ，対向していた普通乗用車の右側面前部に自車の右前部を衝突させ，同車に同乗していた2名にそれぞれ加療約1週間，約5日間の傷害を負わせたが，この際も救護や報告をしないまま現場を離れて自車を運転して自宅に戻ったという経緯が原因の事件である。

すなわちその後午後5時頃原告は自宅に来た警察官から警察署に任意同行され，飲酒検知を受けたところ，呼気1リットル当たり約0.5ミリグラムのアルコールが検出されて逮捕され，約3か月余後の5月18日業務上過失傷害と合わ

せて罰金50万円が科されたのであるが，豊中市水道事業管理者が上記の刑事処分の翌日原告を懲戒免職処分にしたところ，原告は裁量権の逸脱又は濫用を主張してその取消しを請求したのである。

しかし大阪地裁（大阪地判平成18・9・27労判924号165頁〔ダイジェスト〕）は，原告には被告に対し事実を認め（警察署及び検察庁での取調べにおいても同様），顛末書を提出して反省の意を強く示し，被害者らの所に繰り返し出向いて謝罪し，示談を成立させ，同僚職員や近隣住民から寛大な処分を求める嘆願書が相当数提出され，本件非違行為までに懲戒処分や刑罰を受けたことはないことなどの酌むべき事情もあるものの，本件非違行為の内容や態様に加えて，本件非違行為により逮捕されたことが新聞で報道されたこと，原告は係長として係全体の事務について上司の命を受け，所属係員を指揮監督すべき職責を担っていたこと，水道局においては飲酒運転の禁止・交通法規の遵守等について繰り返し周知徹底が図られていたこと，近年飲酒運転等についての罰則が強化されたことなどを考慮すれば，本件非違行為について懲戒免職処分とすることが裁量権の範囲を逸脱し，又はこれを濫用したものとは認められないとして請求を棄却した。

このように被処分者に一定の情状が認められるとしながら，判決がとりわけ原告の飲酒量や飲酒直後の運転開始といった飲酒運転の態様及び人身事故の発生や法定の事故についての措置や報告の怠りを問題視し，そうしたマイナスの事情は有利な情状を上回るとして請求を棄却したのも，確かに飲酒運転の悪質さの程度が大であることや，法違反が明確であることからすればやむを得ないところであろう。

三重県教委事件は三重県の高校の教員であった原告が，平成15年9月就寝しようとしても寝つくことができなかったため，午前0時前自家用車（以下「自車」という）で自宅から10分程度の距離にあるスナックに行き，ブランデーを水割りでコップに3杯位飲酒し，午前2時頃同スナックを出て自宅に帰るため自車を運転中の午前2時10分頃交差点で信号待ちのために停止していた被害者運転の軽4輪自動車の左後部に自車の右前部を追突させ，同車の車体後部及びバンパーを大破させるとともに，被害者に1週間入院，退院後もリハビリ等の通院治療という傷害を負わせたことと，3か月余の後ようやく本件事故を校長に報

告したことを理由に県教委が平成16年1月原告を懲戒免職処分としたことに対し，この処分とそれに対してなされた審査請求を棄却した県人事委員会の裁決の取消しが請求された事件である（事故当時のアルコール量は呼気1リットル中0.3ミリグラムで，業務上過失傷害と合わせて懲戒免職処分の2日前に罰金30万円に処せられた）。

なお原告がうつ病に罹患して治療中であり，また，上記のように懲戒免職処分のみならず，裁決の取消しも請求されているため，争点は多岐にわたっているが，ここでは，懲戒免職処分を裁量権の逸脱・濫用とする主張に対する津地裁の判断部分（津地判平成19・4・26判自294号47頁）のみを紹介しておこう。

すなわち津地裁は，酒気帯び運転により交通事故を起こした場合は「免職又は停職」とするとしていた当時の県教委の懲戒処分の基準や，そのうち入院する程度の傷害を与えた場合には免職又は停職，入院しない程度の傷害を与え，又は物損事故，自損事故を起こした場合は停職とするという運用方針は社会観念上著しく妥当を欠くということはできないとした上で，原告の病状がおよそ所属長への報告を期待できないほどの状態であったとまでは認め難く，したがって県教委が事故報告の遅延について処分の加重事由としたことが，社会観念上著しく妥当性を欠くとまではいえないとし，さらに上記の懲戒免職処分の基準やその運用方針によれば，本件は仮に報告の遅延を加重事由に含めない場合であっても，「免職又は停職」の処分が妥当する事案であったということになり，そのうちいずれを選択するかは懲戒権者の裁量に委ねられているところ，停職処分を選択することがおよそ考えられない事案ではないにしても，社会通念上，停職処分に止まることが当然の事案であって，免職処分とすることが明らかに過重であるということはできず，まして報告の遅延を処分の加重事由として考慮した場合はなおさら，本件懲戒免職処分が著しく妥当を欠く結果になっているとはいえないとして請求を退けたのである（2審判決―名古屋高判平成20・2・20判自307号65頁―もこうした1審判決を支持した）。

以上みてきた懲戒免職処分が是認された例を総合してみると，たとえ事故が生じなかったにせよ，飲酒運転の態様が極めて悪質であれば，それだけで懲戒免職処分は是認され，ましてや平然と躊躇なく飲酒運転が行われ，物損事故や人身事故が生じていれば，被処分者の属性や情状に考慮すべき事情があったと

しても，懲戒免職処分が是認されるのが近年の傾向であるといえよう。それはいい換えると前にも述べたように懲戒免職処分の適法・違法の判断において，被処分者の属性や情状が占めるウェイトが下がり，その分飲酒運転の動機・態様の悪質度や事故の発生が占めるウェイトが上がってきているということ（飲酒運転の動機・態様に一定程度酌むべき事情があり，特段の事故が発生していないという前提があってはじめて，被処分者の属性や情状が処分の取消事由として考慮されることが多いということ）である。

　ただし最近の判例誌に登載されている姫路市消防局事件では，神戸地裁（神戸地判平成25・1・29労判1070号58頁）は，同窓会に原動機付自転車で出掛け，一次会，二次会で飲酒した後帰宅しようとして原動機付自転車を運転中転倒して自損事故（鎖骨と肋骨の骨折）を起こした姫路市消防局職員に対してなされた懲戒免職処分について，本件酒気帯び運転（呼気1リットル中0.3ミリグラムのアルコールが検出され，罰金20万円が科された）には酌むべき事情は何ら認められないが，運転は私生活上の行為であること，管理職員ではなかったこと，それまで表彰を受けるなど勤務態度が良好であるとの評価を受け，また懲戒処分を受けたことや前科前歴もないことなど，原告職員には酌むべき事情が認められるとして，懲戒免職処分を取り消しており，依然として被処分者の属性や情状をむしろ重視しているかにみえる判例がないわけではない（同様の判例として京都市事件1審判決—京都地判平成21・6・25労判985号〔ダイジェスト〕とそれを維持した大阪高判平成21・12・3判例集未登載—もある。また次にごく簡単にふれる高知県事件1審判決にもそうした傾向がみられる）。

3　1審と2審で判断が分かれた事例

　筆者がみたこの1審と2審で判断が分かれたケースを1審判決の年月日順で挙げると，熊本県教委事件，高知県事件，千葉県事件の3つであるが，友人2人と居酒屋で誘い合わせて飲酒し，生ビールを3，4杯，焼酎の水割りを4，5杯飲み，さらにスナックでもビールを飲み，そのまま自車で帰宅途中携帯電話の操作に気をとられて前方不注視となり信号柱に自車を衝突させ，駆けつけた警察官による飲酒検知の結果（呼気1リットル中0.7ミリグラムのアルコール検出—刑事処分は後に酒酔い運転で罰金80万円）への署名を拒否したこともあって酒酔

い運転の被疑事実で逮捕された県職員に対してなされた懲戒免職処分が争われた高知県事件は，原告が管理職ではなく，職務の信用を害する程度は小さいといえ，また懲戒処分等の前歴もないことなどを理由に懲戒処分を取り消した１審判決（高知地判平成22・9・21労判1029号13頁）に現在の判例の傾向からすれば無理があり，飲酒運転の態様や飲酒運転後の情状の悪質さを強調して１審判決を取り消した２審判決（高松高判平成23・5・10労判1029号5頁）が当然と思われるので，ここでは熊本県教委事件と千葉県事件のみをみることにする。

そのうち熊本県教委事件は，近接した時間に連続２回酒気帯び運転の現行犯として検挙されたことをめぐる事案であるが，熊本県の中学校の教員であった原告が平成15年11月勤務を終えて熊本市内の浴場（「B湯」）に入浴に行き，帰宅後持帰った生徒の名簿等を保存した光磁気ディスク（以下「本件MO」という）がなくなっていることに気付き，心当たりの場所を探しても発見できなかったため，B湯に問い合わせをしておいて，宇土市（熊本県）で開かれた研究会で授業をし，その日の午後7時30分頃から開かれた同研究会の反省会（宴会）に出席していたところ，9時頃B湯から本件MOの拾得者の存在とその電話番号の連絡があったため，原告は直ちに拾得者に連絡を取り，同日午後11時B湯の駐車場でその受け渡しをする約束をし，宴会が終了した午後10時30分頃ビールをコップ5杯以上飲んでいたことは自覚していたので，運転代行業者に電話を掛けたが，（予約がたくさん入っているので）40分待ちになるといわれ，拾得者との約束の時間が気になってその場から自家用車（以下「自車」という）を運転してB湯に向かったところ（ただし１審判決は単に，「宴会が終了した同日午後10時30分ころ，原告はビールをコップで5杯以上飲んでいることは自覚していたが，拾得者との約束の時間が気になり，その場から自家用車を運転してB湯に向かった」としていて，その理由は不明であるが，運転開始前に運転代行業者に依頼したことには全くふれていない），途中で警察官の検問を受け，飲酒検知の結果呼気1リットルにつき0.25ミリグラム以上のアルコールが検出され，酒気帯び運転の現行犯として検挙されたが，事情を聞いた警察官によって原告は車とともにB湯に搬送してもらい，その駐車場で拾得者に謝礼を支払って予定どおり本件MOは受け取ったというのが，1回目の酒気帯び運転のいきさつである（刑事処分は罰金20万円）。

その後原告はそのままＢ湯駐車場の自車内で仮眠をとり，約２時間後の翌日午前１時頃目を覚まし，帰宅のため運転代行業者２社に相次いで電話したが，Ｂ湯までは行けないとか，出払っているなどとしていずれの業者にも断られたため，原告はとりあえず運転代行業者が来てくれる地点まで自ら運転して行くほかはないと考え，運転を再開したところ（ただしこの部分も１審判決では，「そのまま自車内で仮眠を取り，約２時間後の……午前１時ころ目を覚まし，帰宅のため運転代行業者に電話したが断られた。そこで，原告は自ら運転を再開したところ，」と述べられており，原告の飲酒運転回避のための努力がなぜか矮小化されている），熊本市内の路上で取締中のパトカーに停止を命じられ，飲酒検知の結果0.25ミリグラム以上のアルコールが検出され，再度酒気帯び運転の現行犯として検挙された（刑事処分は罰金30万円）。

　こうした２回の酒気帯び運転と本件MOの紛失を理由に熊本県教委は50日余後懲戒免職処分を行ったが（県教委が策定した懲戒処分の指針では酒気帯び運転の標準処分例は停職であったが，複数の非違行為等に該当する場合は，標準例よりもさらに重い処分を行うこともあるとされていた），それに対し原告が本件処分が相当性の原則を逸脱していることなどを理由に懲戒免職処分の取消しを求めたのである（なお原告は併せて熊本県に対し損害賠償も請求しているが，それについてはここではふれない）。

　１審判決（熊本地判平成18・3・27労判956号78頁）は，原告が酒気帯び運転で１度検挙されたにもかかわらず，さらに同一夜間の近接した時間において敢えて再度酒気帯び運転に及んだことからすると，その非違性は高いものといえること，さらに１度目の酒気帯び運転は宴会終了直後になされ，２度目の酒気帯び運転も１度目のそれから約２時間経過後のものであることからすると，いずれの酒気帯び運転も故意に基づくものと認定でき，この点でも悪質性が高いこと，県教委が教職員の飲酒運転については知事部局より重い処分を課すという方針を明らかにしていた折から，２度の酒気帯び運転を敢行した原告の態度は熊本県の教職員に対する県民一般の信頼を裏切ったものであり，原告の責任は軽々に評価することはできず，加えて本件MOの紛失も併せて考えると，本件当時原告が仕事量が過多で１日につき２ないし３時間しか睡眠時間が取れていなかったという勤務状況等，原告の酌むべき一切の事情を考慮しても，県教

委が懲戒免職処分を選択したことについては相応の合理性が認められるとして，原告の請求を棄却した。

しかし2審判決（福岡高判平成18・11・9労判956号69頁）は，教師である控訴人が2度にわたって，ほとんど同一の機会に酒気帯び運転を繰り返したことは強く非難されるべきは当然であること，本件MOを回収する手はずが整ったからとはいえ，また運転代行を頼むことができなかったからといって，宴会終了直後に自ら運転して待合わせ場所に向かうなどというのは余りに無謀であること，本件酒気帯び運転は直接の教え子や父母の信頼はもとより，熊本県教職員に対する県民一般の信頼をも裏切ったものであって，控訴人の責任は極めて重いものがあることなどを指摘したものの，他方では，控訴人が宴会終了後にB湯の駐車場に向かうことになったのは，たまたま宴会の最中にB湯から連絡があり，また拾得者との連絡の結果B湯駐車場で待ち合わせて本件MOを受け取る約束ができたからであって，当初から酒気帯び運転をするつもりであったわけではないこと，控訴人は2度の酒気帯び運転のそれぞれに先立ち，一旦は運転代行業者に連絡して代行運転者の派遣を要請しており，それらがいずれも断られたため，本件酒気帯び運転をしたものであり，酒気帯び運転を回避するための一定の努力をしたことは考慮してもよいこと，本件酒気帯び運転は回数は2回であるが，1度の機会におけるものといっても差し支えない性質のものであって，時期を異にして酒気帯び運転を繰り返したというものではなく，ましてや酒気帯び運転の常習性が窺われるというような事情があるわけでもないこと，偶然の結果にすぎないとはいえ，人身事故はもとより，物損事故すら伴わなかったこと，本件MOの紛失は短期間であり，実害が生じた事実はないこと，控訴人は酒気帯び運転の事実を校長に報告していること，さらにそれらのことにも増して考慮しなければならないのは控訴人に対する教師としての評価が極めて高く，県教委にとっては有為な人材であったとさえいっても過言ではないことなど，控訴人にとって酌むべき事情が少なくないことなどを強調し，以上の諸事情を総合的に考慮するならば，本件懲戒免職処分はいかにも厳しすぎ，違法なものとして取消しを免れないとした。

比喩的にいえば2審判決が前述の1(2)の飲酒運転の認識はあったが，事故は発生しなかったケースで紹介した，飲酒運転回避の努力を暗々裡に評価して

懲戒免職処分を取り消した判決と同様の立場をとったのに対し，1審判決は2（1）で述べた都城市事件のように，飲酒直後の運転などの飲酒運転の態様の悪質さを強調し，それに係る事情やその他の事情とは関わりなく懲戒免職処分を有効としたといえよう。

　2度の酒気帯び運転といっても，その都度運転代行業者に依頼しようと努力したこと，紛失した本件MOの回収を第一義とし，敢えて酒気帯び運転に至った事情や動機等を踏まえると，本件酒気帯び運転の悪質さのみを強調してその他の事情や情状を簡単に切り捨てることは過酷に過ぎる観があり，2審判決の方が社会観念，社会通念に合致するように思われる（なお県教委の上告受理申立に対して最高裁は不受理の決定をした）。

　続く千葉県事件は，千葉県の主幹という管理職の地位にあった原告が平成19年11月，原告の業務に関して国，県及び関係市の職員が参加して行われた視察等の終了後，その参加者有志により午後5時40分頃から午後11時30分頃まで行われた一次会から三次会に及ぶ懇親会に出席し，合計してビールを大瓶にして5本，焼酎を中ジョッキにして1杯程度飲んだ後午前0時頃帰宅して0時30分頃就寝し，翌朝午前6時30分頃起床後，7時50分頃原動機付自転車（以下「本件車両」という）を運転する途中で起こした事故を理由としてなされた懲戒免職処分をめぐる事例である。

　すなわち原告は通常は5時頃起床し，7時30分頃に家を出て，バスを利用してJRの駅に向かい，電車に乗換えて出勤していたが，当日は起床時間が1時間30分程度遅れ，そのため普段の出勤時間から20分程度遅く家を出ることになり，しかも議会の関係資料を午前中までに作成する必要があったため，遅刻しないように，バスよりも速い本件車両を運転してJRの駅に向かったところ，途中の道路上で先行する自転車や対向車が目に入ってカーブ内で急ブレーキをかけたためバランスを崩して転倒・滑走して本件車両を対向車に接触させ，そのバンパーに損傷を生じさせる物損事故を起こし，現場に赴いた警察官による飲酒検知の結果呼気1リットルにつき0.4ミリグラムのアルコールが検出されて酒気帯び運転として検挙されたのであるが（刑事処分は罰金30万円。なお物損事故の被害は約5万円程度とされている），県知事がこうした原告の行為について，飲酒運転で交通事故（人身事故及び物損事故）を起こした職員は免職とするとい

う「交通事故等に係る職員の懲戒処分等に関する指針」に従って平成20年1月原告を懲戒免職処分としたのに対し，原告は裁量権の逸脱・濫用などを主張して，処分の取消しを求めたのである。

1審判決（千葉地判平成23・1・21判例集未登載）は，本件酒気帯び運転は重大な法規違反であること，飲酒検知の数値が基準値を大きく上回るものであること，原告は本件酒気帯び運転の際，酒の影響により，運転技能に悪影響が及んでいたものと推認されること，原告が酒の影響が残っていることを認識していたこと（原告は警察官及び検察官の前で本件運転の際，まだ前日の酒の影響が残っていることを認識していたと供述したものの，その後それはそうした認識があったはずであるといわれ，否定する雰囲気ではなく，取調べをやり直されるのが大変だからその旨を記した調書に署名・押印したものであり，実際は酒の影響が残っているとの認識はなかったと主張したが，判決は原告のこの主張は不自然であり，信用できないとしている）などからすると，本件非違行為の性質・態様は悪質であり，また原因である前夜の飲酒も翌日通常どおりの勤務を予定していたことからすると過度であったと非難されてもやむを得ないものといえ，飲酒からの時間経過も本件懇親会での飲酒状況等からすれば処分を軽減する事由とはならないことを述べ，さらに原告が管理職であり，本件事故が各新聞紙上に大きく取り上げられたことからすれば，県民及び県職員への影響は大きいというべきであると付け加えて，原告の非違行為が重大であることを詳細に指摘している。

飲酒後約6時間の睡眠を経るなどかなりの時間経過後になされた運転が惹き起した軽微な物損事故をきっかけに発覚した酒気帯び運転を理由になされた懲戒免職処分という点では前出の神戸市消防局事件に似ているが，本件判決は酒気帯び運転が重大な法違反行為であることや検出されたアルコールの数値が高かったことなどを理由に，神戸市消防局事件判決と異なり，懲戒免職処分を是認したわけである。

しかし2審判決（東京高判平成24・8・16判例集未登載）はこうした1審判決を取り消し，懲戒免職処分を違法とした。2審判決は，本件非違行為の態様等，本件非違行為に至る原因あるいは動機等，及び本件非違行為後の控訴人（原告）の対応に分けて，かなり詳細に検討し，そのいずれにおいても控訴人に有利な事実ないし事情が多々認められるとするのである。

すなわち先ず本件非違行為の態様等については，本件のような高いアルコール濃度の飲酒運転は強い非難に値し，また，県が長年にわたり職員の飲酒運転の禁止を徹底し，そのための周知や懲戒処分における厳罰化に取り組んでいるなかで，管理職である控訴人が本件非違行為に及んでいることも強い非難を受けてしかるべきであるとしながらも，本件非違行為は，飲酒の直後又は間もない時間にされたものではなく，飲酒の終了から8時間20分程度の時間が経過しており，その間相応の睡眠もとっていた場合であること，控訴人は本件事故直後においても言語態度や身体能力等においてほぼ正常な状況にあり，捜査機関によっても酒酔い運転とは認定されていないこと，控訴人が本件車両を運転する際に酒気帯び運転となることを認識していたか否かについては未必的な認識に止まり，明確な認識があったとまでは認められないこと（判決は，取調べの際に警察官や検察官に対し前日の酒の影響が残っていることを認識していた旨供述したのは本意ではなく，実際にはそうした認識はなかったとの前にもふれた原告の主張は，飲酒検知において高濃度のアルコールが検出されていることなどからすれば直ちには採用できないが，他方飲酒を伴う三次会が終了した前日の午後11時30分頃から，帰宅後就寝し，家を出た翌日の午前7時50分までに8時間20分程度の時間が経過し，その間6時間程度の睡眠をとっていること，本件事故の当日に家を出るとき控訴人は特に異常を感じることもなく，家族からも特に指摘を受けなかったことからすれば，控訴人の主張を全面的に排除して，本件車両の運転開始時に，前日の飲酒の影響が残っていて酒気帯び運転となることを控訴人が明確に意識していたとまでは断じることができないとしている），また，控訴人が運転していた本件車両は原動機付自転車であり，自動車と比較すると危険性が軽減されているといえること，さらに本件非違行為の結果は，幸い人身事故ではなく，比較的軽微な物損事故であることなどを縷々説明し，次いで本件非違行為に至る原因あるいは動機等についても，出勤時間が遅れ，午前中に仕上げる仕事の必要から駅に急ぐため本件車両を運転したという動機それ自体は不謹慎，不当といった評価や非難には当たらず，前夜の飲酒も職務に関する相応の必要性があったと認められ，三次会までの飲酒という点についても，午後11時30分頃までに終了して帰宅の途についていることを考慮すると，翌日の勤務を控えた公務員のあり方として道義上の非難をする向きがあるとしても，それほど強いものとして考慮すべきではないと解されると控訴

人に理解を示し，さらに飲酒の直後や間もない時間に，飲酒場所からの移動のために飲酒運転をした場合とは大きく異なる事案といえるとし，また，本件非違行為後の控訴人の対応も担当部署への報告や被害者との示談において誠実であり，これまでに懲戒処分歴等もないなどの控訴人に対する有利な事情を列挙している。

そして判決は結論として，「前記認定事実あるいは検討結果を総合すると，処分行政庁は，懲戒処分の前提となる本件非違行為についての考慮要素につき，本件非違行為の重大性等の控訴人の責任を重くする事情については，十分にこれを評価して，免職処分を選択したといえる。しかし，本件においては，控訴人にとって有利な，あるいは控訴人に同情すべき事実ないし事情が多々認められることは前記認定，判断のとおりであって，これらの事実ないし事情は，本件非違行為の重大性を前提としても，また懲戒権者である処分行政庁の裁量判断が尊重されるべきであることを前提としても，懲戒処分の選択に大きく影響する考慮要素というべきものであり，これを正当に考慮していれば，本件処分の結論は異なるべきところ，処分行政庁は，本件処分に当たって，これらの事実ないし事情の全部についてではないにしても，これらを考慮せず，あるいはその評価を誤り，また……懲戒処分の軽減要素（懲戒処分歴がないことなど―筆者）……についての評価を誤り，その結果として，免職以外の処分を選択しなかったということができる」といい，本件処分は社会観念上著しく妥当を欠き，懲戒権者の裁量権を逸脱したものといわざるを得ず，違法であるというべきであるとしたのである。

1審判決は前述のように，飲酒から相当時間経過した後の本件飲酒運転と飲酒後間もない飲酒運転とを同様に論じて，本件飲酒運転を悪質なものとし，直接衝突したという重大な物損事故ではなく，急ブレーキをかけたため転倒・滑走した結果生じた原動機付自転車による軽微な物損事故であることにも配慮しないなど，いささか単純な判断と思えるのに対し，2審判決は神戸市消防局事件やその他の懲戒免職処分が取り消された飲酒後相当時間経過した後の飲酒運転のケースと同様，飲酒運転を被処分者の情状等を考慮に入れる余地のないほど重大，悪質なものとはせず，その分被処分者に有利な事実や事情にも目を配っていて，バランスのとれた判断をしているという印象を与えるものとなってお

り，こうした2審判決の方が支持できるように思われる。

IV 懲戒免職処分と退職金

かつて国家公務員退職手当法は，懲戒免職の処分を受けた者や失職した者については退職金は支給しないと定め（旧8条1項），それを受けて自治体の職員についても条例により同旨が定められていたため，飲酒運転により懲戒免職処分を受けた公務員や教員は自動的に退職金を全く受給できないことになっていた。そのためこれまでにみた判決はしばしば懲戒免職処分が他の懲戒処分と決定的に異なる具体的な徴表としてこのことを指摘し，こうした重大な不利益をもたらすため懲戒免職処分を行うに当たっては慎重でなければならないことを説いてきたのであるが，平成20年国家公務員退職手当法が改正され，懲戒免職処分を受けて退職した者や失職した者の退職金について，「当該退職に係る退職手当管理機関は，当該退職した者……に対し，当該退職をした者が占めていた職の職務及び責任，当該退職をした者が行った非違の内容及び程度，当該非違が公務に対する国民の信頼に及ぼす影響その他の政令で定める事情を勘案して，当該一般の退職手当等の全部又は一部を支給しないこととする処分を行うことができる」（12条1項）と定められて，懲戒免職処分と退職金の全額不支給処分は必然的にはリンクしないものとされ，自治体公務員の退職金についての条例もそのように改正されたため，飲酒運転について懲戒免職処分と退職金不支給処分がなされた場合，懲戒免職処分と併せて，あるいはそれとは独立に退職金の全額不支給処分を争うことが可能となったのである。

こうした国家公務員退職手当法の改正は，退職金には，勤務報償的，生活保障的，賃金後払い的という複合的な性格があり，在職中の功績が没却されたからといって直ちに退職後の生活保障や賃金後払いを全くしなくてもよいということにはならないことや，民間企業では懲戒解雇の場合でも退職金は一律全額不支給とはせず，一部を支給する規定を設けているところがあり，判例にも懲戒解雇は認めつつも，退職金は部分的にせよ支給を命じているものが少なくないこと（セールスドライバーの飲酒運転に対してなされた懲戒解雇と退職金不支給の決定が争われたヤマト運輸事件で東京地判平成19・8・27労経速1985号3頁が，懲戒解雇

は適法としたものの，過去に懲戒処分歴がないことや飲酒運転の際に事故を起こしていないことなどからすれば，原告は受給し得たはずの退職金の3分の1を下回ることのない退職金請求権を有するとしたのは，よく知られた先例である）などがその理由とされているが，同様の改正を行った自治体においてもこうした改正の趣旨は当然に受け継がれるべきであろう。

　しかし改正後間もないこともあって，改正された退職金に関する条例の解釈運用は必ずしもこうした改正の趣旨をそのまま反映したものとはなっていないようで，そのことが争われたのが京都市教委事件と三重県教委（高校職員）事件である。どちらの事件でも1審判決は飲酒運転を理由とする懲戒免職処分と併せてなされた退職金の全額不支給処分は裁量権の濫用であり，違法であるとして取り消したが，2審判決は逆に全額不支給処分を是認して1審判決を取り消すという同じ経過を辿り，判旨もほぼ同様であるので，ここでは三重県教委（高校職員）事件のみにふれることにする（京都市教委事件の1審判決は京都地判平成24・2・23労判1054号66頁，2審判決は大阪高判平成24・8・24公判速418号18頁）。

　この三重県教委（高校職員）事件は，三重県立高校の事務職員（管理職）であった原告が平成22年7月年休を取得し，自宅のある市内の海の家で午後3時過ぎから午後5時頃までの間地元の夏祭りの打合せをしながら瓶ビール2本と缶酎ハイ2本を飲み，同日午後5時頃（すなわち飲酒を終えると直ぐに）アルコールが体内に残っているとの自覚はあったものの，翌日の出勤に必要であり，自宅も近いからと考えて自動車を運転して自宅に向かったが，途中喫茶店に立ち寄って食事をし，また居住町内のコンビニにも立ち寄るなど寄り道をしたため，時間を費やして（海の家から自宅までの最短距離は2.8キロメートル）午後6時45分頃自宅に向け上記のコンビニを出発したところ，それから間もなく自宅から0.8キロメートル手前の路上で検問を受け，飲酒検知の結果呼気1リットル中に0.54ミリグラムのアルコールが検出されて酒気帯び運転として検挙されたことにつき（ほぼ1か月後罰金30万円が科された），そのことと当該事実をほぼ2か月間校長に報告しなかったことを理由に事件から3か月余後に県教委が懲戒免職と退職金全額不支給の処分を行い，対抗して原告がこの2つの処分の取消しを求めて出訴したという事案である（このように2つの処分の取消しを求めている点は，退職金不支給処分のみを争った京都市教委事件と異なっている）。

1審判決（津地判平成25・3・28判自376号69頁）は懲戒免職処分については，原告が飲酒を抑制したという事情はおよそ認められず，人通りの多い時間帯であるのに，飲酒運転を回避する努力を全くすることなく，さしたる理由もないのに本件酒気帯び運転に及んだ上，寄り道までして走行距離を延ばしたもので，飲酒運転に対する考えの甘さには甚だしいものがあること，また本件酒気帯び運転直後のアルコール濃度は道交法違反として処罰される最下限の3倍を超える高濃度であるなど，本件酒気帯び運転は悪質であり，さらに本件酒気帯び運転を匿名の情報提供があって問い質されるまでのほぼ2か月間校長に申告することがなかったことなどからすると，本件非違行為は勤務先高校の生徒や保護者を含め地域社会の被告の職員に対する信頼を損ね，また管理職自ら飲酒運転を敢行したものであるから，指導体制にも悪影響を及ぼす可能性があったと考えられ，原告の責任は重く，事故は生じていないことや過去懲戒処分歴はないことなどの原告の酌むべき情状を考慮しても，本件懲戒免職処分は裁量権を逸脱濫用したものとまでいうことは困難というべきであるとして，請求を退けたが，しかし退職金の全額不支給処分については逆に原告の請求を認容して処分を取り消した。

　すなわち判決は，退職金には賃金後払いとしての性格や退職後の生活保障としての性格があることも否定できないことからすると，免職処分を受けて退職したからといって直ちに退職金の全額の支給制限が正当化されるものとはいえないと先ず述べた上で，本件非違行為は強い非難に値するものであるから，退職金が相応に減額されることはやむを得ないというべきであるとしつつ，交通事故等は発生していないこと，交通法規違反の事案としてはその悪質性が極めて高いとまではいえないこと，公務に具体的な支障は生じていないこと，原告は教員と異なり生徒を直接教育指導する立場にあったものではないことなどからすると被告の職員に対する信頼を著しく損ねたとまではいえないこと，県教委の懲戒処分基準において飲酒運転＝免職と重い懲戒処分が標準例とされているのは，飲酒運転撲滅という社会秩序維持の強い要請を背景とする公務に対する県民の信頼を根拠とするものであって，これを複合的性格を有する退職金の支給制限においてまで大きく考慮すべきものとはいえないこと，原告は約39年間にわたり被告職員として勤務し，その間懲戒処分を受けたことはなく，また

その勤務態度にも問題はなく，相応の公務貢献をしてきたこと，本件非違行為について反省していること，原告はすでに59歳となっていて再就職には相当な困難が予想され，要介護状態にある両親を抱え，多額の負債もあることなどから，退職金の支給なしには退職後の生活に困難を生じさせることなど，原告の酌むべき情状を縷々述べ，こうした事情に照らすと，「本件非違行為が原告の長年の勤続の功績を全て抹消するほどの重大な非違行為であるとも，賃金の後払いの性格や退職後の生活保障の性格を全て否定すべきものとまではいえない」として，本件不支給処分は社会観念上著しく妥当性を欠き，裁量権を逸脱濫用したと認められるので，違法であり，取り消されるべきであるとしたのである。

総じていうと懲戒免職処分の適法性の判断においてはそれを違法とするほどではないとして切り捨てられた原告の情状が退職金全額不支給処分の適法性の判断においては拾い上げられ，それなりに評価されて，全額不支給処分の取消しという結果になっており，このように懲戒免職処分の取消しと退職金不支給処分の取消しの判断においてはいわば二重の基準を用いるという点において上述の京都市教委事件1審判決と同じ判断の仕方をしていると捉えてよいであろう。

ところが双方の控訴に基づく2審判決（名古屋高判平成25・9・5判自376号66頁）は京都市教委事件2審判決同様原判決を変更し，1審原告の請求をいずれも棄却するとして，懲戒免職処分のみならず，退職金の全額不支給処分をも是認したため，両事件とも地裁と高裁で判断が分かれる結果となった。

すなわち2審判決は先ず原告には飲酒を抑制したという事情はおよそ認められず，人通りの多い時間帯であるのに飲酒運転を回避する努力を全くすることなく，翌日の出勤に自動車が必要であるという程度の理由で本件酒気帯び運転に及んだ上，寄り道までして走行距離を延ばすなど，飲酒運転に対する考えに甚だしい甘さがあること，また，検出されたアルコール濃度が高濃度であったことからすれば，本件酒気帯び運転は悪質であり，これに至った経緯について酌量すべき事情があるとはいえないとし，次いで，さらに，原告は匿名の情報提供があって問い質されるまでの約2か月間校長に本件酒気帯び運転を申告することがなかったのであり，これに原告が法令の遵守等の教育を担う高校に勤務する公務員であり，しかも管理職として部下職員に飲酒運転の撲滅を指導監

督する立場にあったことからすると、本件非違行為は被告の職員に対する信頼を損ね、指導体制にも悪影響を及ぼす可能性があったと考えられ、さらにまた被告がその職員に対し飲酒運転の撲滅のために飲酒運転の問題性を指摘し、懲戒処分の量定を周知してきた状況をも考慮すると、原告の責任は重いといわざるを得ないと判示している。

これはいうまでもなく先にみたように1審判決の判示をほぼそのまま踏襲したものであるが、1審判決ではこの判示は一次的には懲戒免職処分を是認する理由として述べられ、退職金との関係ではそれが相応に減額されることはやむを得ない理由として述べられているのに対し、2審判決はそれとは異なり、これらのことを以て退職金の全額不支給処分を是認する主たる理由ともするのである。

つまり2審判決はこうした原告の本件飲酒運転の悪質さや責任の重さに、公務員の退職金が勤続報償としての性格を基調としていること、公務員の退職金に関する法律、条例の改正の経緯等を併せ考えると、1審判決が全額不支給処分を取り消す理由とした本件酒気帯び運転によって勤務先の公務遂行に支障が生じたことはなく、原告は反省していること、また、懲戒処分歴はなく、約39年間の長きにわたり勤務状態に問題なく勤務してきたことなどの多くの酌むべき事情を考慮しても、「飲酒運転撲滅に向けた社会秩序維持の強い要請の下、処分行政庁が第1審原告を本件不支給処分にしたことがその裁量を逸脱濫用したものとまでいうことはできない」としたのである。

この2審判決を一読して思うのは、上にも簡単に指摘したが、このように非違行為を犯した者の情状を低く評価して（敢えていえば無視して）、実質的には非違行為の悪質さと非違行為者の責任の重さを懲戒免職処分を受けた者の退職金不支給処分の判断にまで結びつけてしまうと、そもそも懲戒免職処分は非違行為が悪質であり、当該非違行為者の責任が重い場合になされるわけであるから、その判断が適法とされる限り、実際には従前通り懲戒免職処分＝退職金全額不支給となって、法律や条例の改正の意義が没却されかねないのではないかということである。

さらにまた具体的にこの2審判決の個別の判断についての疑問をいうと、判決は一応退職金が賃金の後払い的性格や退職後の生活保障的性格も持つとはし

ているものの，それはほとんどリップサービスに止まっていて，結局は上にみたように基調としてのその性格は勤続報酬であるとしているが，そのように他の2つの性格を排除して，勤続報酬的性格に限定，特定する理由が必ずしも明らかではなく（1審判決は前述のように退職金は複合的性格を持つという把握を最後まで維持しており，また，それが一般的な理解でもある），また，法律や条例の改正の経緯が退職金全額不支給処分是認の根拠の1つとされていることの理由も分明ではない。後者はあるいは前述の平成20年の国家公務員退職手当法の改正に先立って設けられた国家公務員の退職金の在り方等に関する検討会の報告書中に，懲戒免職処分を行う場合であっても，退職金については，全額不支給を原則としつつ，非違の程度等に応じて，その一定割合を上限として一部を支給することが可能となるような制度を創設することが適当であるとの言及があるため，改正後もやはり原則は全額不支給であると理解すべきであるという趣旨かと推測されるが，法律や条例の当該条項にはそうした原則を窺わせる文言は何もないのである（1審判決は，法律や条例の条項は免職処分を受けた者に対しては退職金全部支給制限を行うのが原則であるとする旨の規定にはなっていないとしている）。

また飲酒運転撲滅に向けた社会秩序維持の強い要請も全額不支給処分をバックアップするものとされているが，こうした要請の実現は基本的には刑事処分によって図られ，それに懲戒処分を加えればより充分に図られると考えられるから，この要請に応えるにはさらに加えて退職金の全額不支給といういわば徹底した経済的制裁まで必要であるとするのは過度に過ぎるのではないかと思われる（1審判決は，「地方公務員に対する懲戒処分は，公務員として相応しくない非違行為がある場合に，その責任を確認し，それによって地方公共団体における規律の維持と公務遂行秩序の維持を目的とする制裁であって，飲酒運転撲滅という社会秩序維持を直接の目的とする制度ではないから，社会秩序維持を過度に考慮することは懲戒処分としての趣旨を逸脱するおそれがある」としつつ，本件飲酒運転の悪質さや原告の責任が重いことからすれば，原告の酌むべき情状を考慮しても，「飲酒運転撲滅に向けた社会秩序維持の強い要請の下では」，原告を懲戒免職処分にしたことが裁量を逸脱濫用したものとまでいうことは困難であるとしていて，「社会秩序維持の強い要請の下」という文言を2審判決と異なり懲戒免職処分をバックアップするものとしている。そして退職金支給の問題との関係では，前述のように，被告において「交通事故等を伴わない飲酒

運転が免職と重い懲戒処分が標準例とされているのは，飲酒運転撲滅という社会秩序維持の強い要請を背景とする公務に対する県民の信頼を根拠とするものであって，これを複合的性格を有する退職手当の支給制限においてまで大きく考慮すべきものともいえない」としている）。

このように筆者には丁寧，正確，適切であった1審判決に比べて三重県教委（高校職員）事件2審判決の退職金全額不支給処分を是認した判示は，そもそもなぜ法律や条例が改正されたのかも充分には認識されておらず，その判旨もかなり大雑把で妥当性を欠くようにみえるのである。その意味でこの2審判決にはかなり疑問も感じられるが，ともあれこうして2つの事件においてともに1審と2審で相異なる判断が示されている以上，今後の懲戒免職処分と退職金の関わりについての判例の展開を注意深く見守り，分析検討することが必要であろう。

おわりに

最後にこれまで述べたことと重複するところもあるが，昭和48年から平成25年に至る公務員・教員の飲酒運転を理由とする懲戒免職処分に関する判例を分析検討してきた筆者の感想をここでまとめて記しておくことにしたい。

本稿で取り上げた判例の多くでは懲戒免職処分が裁量権の濫用として取り消されているが，大雑把な筆者の感想を先ずいっておくと，前半期のものは懲戒免職処分の方に妥当性が認められ，それを取り消した判例には，少なくとも今日の時点からみれば，むしろ疑問が残るのに対し，後半期（平成18年以降）のものは，逆に懲戒免職処分を取り消した判例に妥当性が認められ，当局の懲戒免職という決定に不合理さが感じられるケースが多いということである。

このことをいい換えると前半期においては，飲酒運転の撲滅という当局の先導的努力が正当に評価されず，判例が飲酒運転に未だそれほど厳しくはなかった一般の社会的風潮と同様，飲酒運転という行為の非違性・危険性の重大さの認識にやや欠けるところがあったような印象を受けるのに対し，後半期においては飲酒運転の非違性・危険性の重大さを認識し，強調するようになった判例の立場を以てしても是認できないほど，当局の飲酒運転に対する措置＝厳罰化

がいささか過度と判断されるケースがしばしばみられるということである。

　筆者のみるところこうした変遷の原因はつまるところ，懲戒処分が処分権者の裁量行為とされていることの意味がかつては裁判官において，現在は処分権者において，必ずしも充分に詰めて検討され，認識されていなかった，あるいはいないところにあるように思われる。

　本稿のⅠで最高裁が国家公務員の懲戒処分について，「公務員につき，国公法に定められた懲戒事由がある場合に，懲戒処分を行うかどうか，懲戒処分を行うときに，いかなる処分を選ぶかは，懲戒権者の裁量に任されているものと解すべきである」と判示し，また，それが広く受け入れられた見解でもあること，及びそうした理解がそのまま自治体公務員や教員の懲戒処分についても妥当するものとされていることについて述べた。しかし最高裁は上に引用した判示の前に実は，「懲戒権者は，懲戒事由に該当すると認められる行為の原因，動機，性質，態様，結果，影響等のほか，当該公務員の右行為の前後における態度，懲戒処分等の処分歴，選択する処分が他の公務員及び社会に与える影響等，諸般の事情を考慮して，懲戒処分をすべきかどうか，また，懲戒処分をする場合にいかなる処分を選択すべきか，を決定することができるものと考えられるのであるが，その判断は，右のような広範な事情を総合的に考慮してなされるものである以上，平素から庁内の事情に通暁し，部下職員の指揮監督の衝にあたる者の裁量に任せるのでなければ，とうてい適切な結果を期待することができないものといわなければならない。それ故，」という判示を置いた上で，上に引用した「公務員につき，……」という判示を続けているのである。

　すなわち最高裁が懲戒処分を処分権者の裁量行為とするのは，懲戒処分を当局に無条件で任せるという趣旨では全くなく，懲戒処分は諸般の事情を考慮して慎重になされなければならないところ，その任を最もよく果たし得ると思われるのは，普段から庁内の事情をよく掌握し，職員を指揮監督している当局であるから，懲戒処分権はそこに委ねられているという趣旨なのである。したがって処分権者がなすべきことはそうした期待や信頼に応えるため上に述べた諸般の事情をよく吟味，検討して処分するかどうか，あるいはいかなる種類の処分を行うかを決定することであり，処分がなされて取消しの訴えが提起された場合に裁判官がなすべきことは，当局の諸般の事情の吟味，検討が期待されたと

おりに適切になされたかどうかを判断することなのである。

　ところが，京都府事件や札幌市事件等の平成17年迄の判例をみると京都府や札幌市の長の懲戒免職という処分権の行使が最高裁の挙げている諸事情をまだしも考慮してなされているようにみえるのに対し，それを取り消した判例がその取消しの理由として述べているのは，ほとんどもっぱら被処分者が真面目に勤務していたとか，反省の念を深く示しているとかいう行為の前後の態度や過去に処分歴がないことなど，考慮すべき諸般の事情のうちのごく一部であって，肝心の行為の原因，動機，性質，態様，結果などはほとんど考慮に入れられていないようにみえる。いわば懲戒免職処分の方が諸事情を考慮してなされ，判例の方がそのレベルに追い付いていないという観を呈するものとなっているのである。

　こうした傾向が窺える判例が近年でもみられることはすでに述べたが，しかし平成18年以降の判例の多くはようやくその原因，動機，性質，態様，結果などに着目して飲酒運転を理由とする懲戒免職処分の適法性を判断するようになり（前述のように飲酒運転に対する社会的非難の高まりが裁判官にも及んだということであろう），その結果多くの懲戒免職処分を適切な裁量権の行使を欠くものとして取り消すに至っている。そのことはすなわち近年の飲酒運転を理由とする懲戒免職処分はその原因，動機，性質，態様，結果などの考慮，評価において反ってかつてより適切妥当ではないと判断されることが多いということである。

　このように近年飲酒運転を理由とする当局の懲戒免職処分が違法として取り消されることが多くなっている具体的原因は，筆者のみるところ飲酒運転を絶対悪として強調する余り，自治体の長や教委の懲戒処分の方針の定め方とその運用の仕方に上記の最高裁の裁量行為に関する判旨にそぐわない偏りがみられることにあるように思われる。

　判例から窺われるところでは，自治体の長や教委が飲酒運転に関して懲戒処分を料す場合の基本的方針＝標準的処分量定（以下「標準量定」という）の定め方のタイプには，「職員の懲戒処分に関する指針」等の名称の規定を作って想定され得る職員の非違行為のすべてについて標準量定を定め，飲酒運転もこうした非違行為の一つとして挙げ，免職（場合によっては停職）という標準量定を定めるタイプと，「職員の飲酒運転に係る懲戒処分の基準」とか，「職員による

交通事故等に対する懲戒処分の基準」等の名称の飲酒運転や交通事故（飲酒運転もその1つとされている）に特化した規定を作り，第1のタイプと同様の標準量定を定めるタイプの2つがあるようである（こうした規定はあくまでも組織の内部的規範であって，法的拘束力を持つものではないと判例がいっていることはすでに何度か述べた）。

　そして第1のタイプをみると非違行為の種類を掲げ，それぞれに対する標準量定を示すに先立って，いわば大前提として，最高裁が処分に当たって考慮すべきものとして挙げた諸般の事情がより敷衍された形で述べられ，以下の標準量定もそれらの事情如何によっては加重されあるいは軽減されることがあるとされているから，このタイプにおいては一応文言上は最高裁判決の趣旨が取り入れられているといえる。ところが飲酒運転については前述のように原則懲戒免職とされつつ，特別の事情がある場合や一定の情状がある場合は停職とすることもあるとされていて，大前提として挙げられている諸般の事情とこの特別の事情や一定の情状がどういう関係にあるのか，やや曖昧なところがあるのである。すなわち読み方によっては規定は諸般の事情をこと飲酒運転に関する限りは特別の事情や一定の情状に狭めている（大前提は飲酒運転には及ばない）と読むことも可能であると解される余地があり，実際にも判例をみると飲酒運転の危険性を力説し，その撲滅を期す当局は概ねそのように規定を解して，懲戒処分を行っているようにみえる。

　さらに第2のタイプの場合はそもそも上にみたように大前提が述べられておらず，通常はただ特別の事情や一定の情状が軽減事由とされているのみであるから，こうしてみると自治体の長や教委の作成した飲酒運転の懲戒処分に関する規定にはどちらのタイプでも諸般の事情の総合的な考慮という裁量行為の基本的な要件が充分かつ明瞭には反映されていないといえよう。

　ただそれでも運用において特別の事情や一定の情状が適切に軽減事由として考慮に入れられれば，上に述べた規定そのものの問題性もいくらかは解消される可能性があるが，実際にはそれはそうとは知らずにアルコールを含んだ飲食物を摂取して飲酒運転に至った場合とか，飲酒後家族に急病人が出てやむなく飲酒運転と認識しつつ病院に搬送した場合とかいう極めて稀な場合を指すものとされ，それ以外の被処分者の酌むべき事情はできるだけ低く評価されて，特

別な事情や一定の情状には該当しないとされる一方，逆に飲酒運転には関係ない数年前の職務上のミスが飲酒運転を理由とする懲戒免職処分を適法とする根拠の1つとして引っ張り出されさえするような運用がなされているのである。

　こうした運用は飲酒運転に対する懲戒処分の標準量定を原則免職と定めた以上，運用もできるだけそうした原則を損なわないようにせねばならないとの考慮によるものであろうが，こうして元々裁量の余地が少ないかのように解される規定の定め方がなされているのに加えて，その残された裁量の余地もほとんど放棄するような運用がなされる結果，懲戒処分は処分権者の裁量行為とされてはいるものの，こと飲酒運転についての懲戒処分の実態はむしろ定型的なあてはめ作業になっているとの観さえ呈するものとなっている。それは本稿の冒頭で述べた学校の式典において国歌斉唱時に起立しなかった教職員に対し1回目戒告，2回目減給という風に定型的，固定的に懲戒処分が科されているのと似通ったところがないではない。

　もちろん処分権者が懲戒免職という厳罰を科すのは，そのことによって飲酒運転の撲滅という社会的課題に対して自治体や教委が先導的役割を果たしたい，あるいは果たさねばならないという思いによるものであろうし，また，そうすることが県民や市民，あるいは父兄や生徒の信頼を回復・確保する途であるとの判断もあるであろう。さらにまた事例ごとに一々諸般の事情を細かく考慮して処分を決定せねばならないとなると，処分の決定が難しくなって長引いたり，場合によっては類似とみえる事例間で処分に差が生じてアンバランスとの批判を招きかねないとの懸念もあるのかもしれない。

　しかし懲戒処分には当然被処分者が存在するのであって，それを行うに当たっては，処分権者の思いのみならず，被処分者の事情も適切に考慮され，両者間のバランスが図られねばならないであろう。その意味で筆者には近年の飲酒運転に対する懲戒処分権の行使はこうした配慮を欠き，ひいてはこれまで繰り返し述べてきたように裁量行為の本質や最高裁の懲戒処分を処分権者の裁量行為とする判旨に反するものとなっていて，結局それが近年懲戒免職処分を取り消す判例が多数みられる原因ではないかと思われるのである。

　要するに近年の判例の大勢は上記の最高裁判決の趣旨に沿い，かつ，飲酒運転の危険性，非違性の重大さの認識を踏まえて，飲酒運転の態様や事故に酌む

べき事情がなければ，情状に酌むべきところがあっても懲戒免職処分を認容するが，反面懲戒免職処分が被処分者にもたらす重大な不利益を考慮して，飲酒運転の態様や事故に相応の酌むべき事情があり，かつ，充分酌むべき情状がある場合には飲酒運転の一事のみを以ては懲戒免職処分を行うことを認容しないのに対し，自治体側は必ずしもそうした幅のある対応ができておらず，そのため取消訴訟で敗訴することが多くなっているのである。

　したがって筆者は現在のこうした飲酒運転に対する固定的・硬直的な処分のあり方については，見直しが強く求められると考える。その場合指針や基準の運用をもっと柔軟にすることも必要であるが，そもそも指針や基準の定める標準量定に選択肢が乏しければ，上にみたように当然運用もそれに引きずられ工夫の余地もなくなるから，何よりも指針や基準の定めにおいて標準量定の選択肢を増やし，そのことによって全体的に処分を行うに際しての裁量性を高めることが求められるであろう。例えば人院院が定めている国家公務員についての「懲戒処分の指針」は，最初に最高裁の判旨を詳しく敷衍し，加重事由と軽減事由を具体的に示した上で，飲酒運転に対する標準量定として基本的には酒酔い運転の場合は免職又は停職，酒気帯び運転の場合は免職，停職又は減給を定めているが，こうしたケースを分け，また一定の幅をもった標準量定の定め方が参考になるであろう。本稿でふれた自治体の中には免職のみであった標準量定に停職を加えるなど，すでにこの方向に踏み出した自治体もあるようであるが，重ねていえば，筆者は近年の懲戒免職処分を取り消した判例はそうした方向で飲酒運転を理由とする懲戒処分のあり方について見直しがなされるべきことを強く示唆しているものとして受け取らねばならないと考えるのである。

　なお以上に述べたことは懲戒免職処分を受けた者の退職金の支給の問題にも基本的にはそのまま妥当すると筆者は考える。すなわち懲戒免職処分を受けた者については依然，不支給が原則であって，特別な事情が認められる場合にのみ一部支給もあり得るとし，その特別な事情を極めて限定することによって結局は懲戒免職処分＝退職金不支給という従前と同様の結果になるような解釈や運用を行うのではなく，改正法や改正条例の趣旨に沿ってそれらが挙げている諸般の事情を適切に考慮して，事例ごとに丁寧な判断を行うことが強く求められるといえよう。

第5章
判例にみる自治体の国家賠償責任
――情報公開と戸別訪問調査に係る賠償責任

はじめに

　筆者の専攻は憲法学であり，大学勤務中の講義もほとんど憲法のそれで終始した。したがって日々の研究の対象ももちろんそうした格別の規制があるわけではないものの，やはり憲法に関わるテーマが中心であった。ただ筆者は40歳を過ぎた頃から自治体より行政委員（労働委員会委員）や情報公開審査会委員等の役職を委嘱されたりしたこともあって，いわゆる ADR や情報公開制度（さらには個人情報保護制度）にもかなり関心を持つようになったため，筆者がこれまで取り組んできた研究は一様ではない。

　具体的にいうと，40歳代前半までのいわば研究生活の初期から中期にかけては筆者の関心はイギリス憲法思想史，それもレベラーズやホッブズを中心とする17世紀イギリス憲法思想史という基礎理論の研究に注がれ，そのため通常我が国の憲法専攻者が対象とする日本国憲法に関わる実定法的なテーマにまで手を拡げる余裕はほとんどなかった。

　また，こうしたイギリス憲法思想史の研究が一段落した後も，しばらくは1980年代後半のロンドン大学での在外研究中に知見した地方オンブズマン等のイギリスにおける ADR や情報公開制度の有様に前述のような理由もあって興味を持ち，しばらくはそうしたイギリスの ADR や情報公開制度の状況を理解し，発展をフォローすることを研究生活の中心として過ごした。我が国でもその頃から ADR の論議が高まり，また，情報公開制度が論議から実践の段階に入り始めたため，例えばオンブズマン制度を中央行政，地方行政の双方ですでに実践し，情報公開についても地方行政についてはすでに法律により（すなわち我が国のように条例によって自治体ごとにではなく，全自治体一律に）実施し，中央行政の情報公開についても，「国家秘密保護法」（Official Secrets Act 1911）の

改正という形で検討を開始していた当時のイギリスの状況とその後の展開は，上に述べたような筆者の個人的関心を強く刺激するとともに，我が国にも有益な比較例ないし1つのモデルを提供する好個の研究対象とみえたのである。

　実際筆者は現在でも例えば地方オンブズマン制度についていうと，イギリスのそれに比べれば，我が国の幾つかの自治体が実施しているそのように称する制度は実際には到底オンブズマン制度といえるような救済制度ではなく，もっとイギリス地方オンブズマン制度が研究され，参考にされるべきだと考えているが，ともあれこうしてイギリスの憲法思想史やADR，あるいは情報公開制度及びそれと比較した我が国のADR（特にオンブズマン制度）や情報公開制度の研究に研究時間の大部分を費やしたため，ようやく日本国憲法研究に本格的に取り組み，研究のエネルギーの大半をそのために割くようになったのは，50歳代になってからであった。

　そうした研究生活を経て筆者は2年前に退職したが，こうして憲法の講義やそれに関わるテーマについての研究から解放されたことはやはり筆者の研究上の関心にそれなりに影響を与えるようになり，再び憲法以外の問題についても論文を書くようになった。1つは本誌（九州国際大学法学会刊『法学論集』）19巻1・2合併号に発表した「行政委員の報酬制度について」であり（改題して本書の第3章としている），もう1つは『判例地方自治』に連載中の「判例にみる公務員・教員の飲酒運転と懲戒免職処分」である（若干改題して本著の第4章としている）。

　前者は盛んな論議を呼んだ大津地裁判決以来のその問題に関する判例や地方自治法の変遷について，筆者自身の行政委員の経験やかねて感じていた法案を作成した官僚が成立した当該法律の解説を書くことの問題性等も踏まえながら書いたものであるが，後者は筆者の近年の主たる憲法研究の対象であった君が代訴訟の研究が契機となっている。というのは，筆者はこの訴訟には職務命令の憲法19条適合性とともに懲戒処分の適法性という問題もあり，そのこともっと重視すべきではないかと考えるに至ったが，そうした懲戒処分の適法性，あるいは懲戒処分のあり方という問題意識を持って最近の判例集や新聞報道をみてみると，懲戒処分については，君が代訴訟のそれ以外にも様々な興味を惹く判例があることに気がついたのである。特に近年は飲酒運転を理由とする自治体公務員や公立学校教員の懲戒免職処分の取消しが請求され，認容された事

例がかなり頻繁にそれらに掲載されており，懲戒処分のあり方というかねてからの関心の赴くままに専攻のジャンルなどは特に意識することなく，飲酒運転を理由とする懲戒免職処分の取消請求に係る判例の動向をフォローする気になったのである。

　こうしたジャンルに特にこだわることなく，興味を抱いた判例を取り上げては考え，コメントを書き連ねるという筆者の作業は現在もささやかながら続いており，こうして幾つかの筆者が興味を持った判例についてしたコメントをまとめて1つの論文としたのが，本稿である（ただし紙幅の都合上発表時よりも短縮している）。当初からそのつもりであったわけではないが，まとめてみるといずれも国家賠償請求事件なので，そのことをタイトルに反映させた。判例研究といっても，かつてのように大きなテーマについて多くの判例を集めて分析検討するものではなく，個々の判例について自由に感想を述べるといった体のもので，これまでの筆者の判例研究とは趣旨もスケールもかなり異なっているが，現在の筆者にとってはそれが精々なので，こうした形で現在の筆者の研究状況や関心を示すことにする次第である。

I　大洲市情報公開事件

　事件は，愛媛県大洲市の住民である原告らが，ダム計画に係る住民投票条例制定請求に向けて，条例制定請求代表者から署名収集活動のための委任を受け，その氏名，住所及び生年月日等を一覧表にしたリスト（受任者名簿）が法の規定に従って請求代表者により市長に届け出されたことに端を発するものである（請求代表者の意義やその旨の長による証明書の発行，請求代表者が署名収集活動を選挙権を有する者に委任することができること，その場合の氏名，住所等を記すことを求める委任状の様式，請求代表者による受任者名簿の長と選挙管理委員会への届け出，その届出書の様式等については，地方自治法74条，地方自治法施行令92条，地方自治法施行規則9条，同別記等で規定されている）。

　すなわち原告らの署名収集活動によって作成された署名簿は市の選挙管理委員会に提出され，選挙管理委員会において，署名簿に署名押印した者が選挙人名簿に登録された者であることの証明が行われた後，地方自治法の規定により

その証明が終了した日から7日間，選挙管理委員会が指定した場所（大洲市役所2階大ホール）において関係人の縦覧に供され，併せてこれも法の規定により（地方自治法施行令92条2項），署名簿には当該署名簿に係る署名収集活動を行った受任者の委任状を付す（署名簿の表紙の次に綴り込む）ことが求められているため，実際に署名収集活動を行った受任者に関する限りは，それぞれの氏名，住所等もこの署名簿の縦覧の間ともに縦覧に供されたが，こうした住民投票条例制定運動が市議会による条例案の審議と否決という形で一応結着した後，大洲市情報公開条例に基づき市長に対し受任者名簿の公開が請求され，市長がそれに応じたため，氏名，住所，生年月日等を公開された原告らがプライバシーの侵害等を理由に市と市長に対し，国家賠償法1条1項と民法709条に基づき損害賠償を請求するという形で住民投票条例制度運動は新たな展開をみせたのである（以下では民法709条に基づく市長に対する請求〔棄却された〕についてはふれない）。

なお署名収集活動の委任に関する法令の規定はやや複雑なので，ここで上に簡単に述べたことを改めてやや詳しくまとめて説明しておくと，地方自治法施行令92条2項は前述のように請求代表者は選挙権を有する者に署名収集活動を委任することができると定めるとともに，この受任者は活動に当たっては署名簿に委任状を付さなければならないとしているので，請求代表者は委任状を発行することが求められることになるが，施行令自体はこの委任状の内容については特に定めていない。次いで同施行令92条3項は2項による上述の委任をしたときは，請求代表者は直ちに受任者の氏名及び委任の年月日を長及び選挙管理委員会に届け出なければならないと定めている。

これが施行令の委任に関する主な規定であるが，地方自治法施行規則9条はそれを受けて，署名収集委任状や署名収集委任届出書等は別記様式のとおりとすると定め，末尾の「別記」で，委任状には受任者の氏名，住所，委任状発行の年月日，請求代表者氏名印を記載することを求め，署名収集委任届出書（本件訴訟ではこれまで述べてきたように受任者名簿とか受任者の一覧表といわれている—以下「受任者名簿」で統一する）には，受任者の氏名，住所，生年月日及び委任の年月日を記載することを求めている。したがって施行規則によって委任状の内容（記載事項）がはじめて具体的に示され，また受任者名簿については，施

行令ではただ受任者の氏名と委任の年月日の記載のみを定めているところ，施行規則はそれに住所と生年月日を付け加えていることになるわけである。

ともあれこうして上記のように7日間の署名簿の縦覧期間中に併せて委任状も縦覧に供されたことによって，期間中は実際に署名収集活動に従事した受任者に関する限り，その氏名と住所は一般に知り得る状態に置かれたわけであるが，この縦覧期間後の本件受任者名簿の開示によって全受任者（判決によれば1559名）の氏名，住所及び生年月日という（もう1つの記載事項である委任の年月日は特に問題とはされていないので，以後この事項についてはふれない）基本的な個人識別情報が開示され，開示請求者，さらに場合によってはその他の者もそれを知り，また保有し続けることができるようになったわけである。

原告らはこうした開示について，開示された受任者の氏名，住所及び生年月日は単に個人識別情報というに止まらず，受任者が特定の政治的主張を有するという，極めてセンシティブ性の高い情報も含んだ個人情報であり，その開示はプライバシー権として特に強く保護されるべき利益を侵害するものであることなどを主張して提訴したわけであるが，それに対し被告側は，前述のように，少なくとも実際に署名収集活動に従事した受任者に関する限り，その氏名と住所を記した委任状が7日間縦覧に供されたことや，受任者は大洲市の選挙権者でなければならないところ，選挙権者の氏名，住所，生年月日を記載した選挙人名簿の抄本は原則として常時閲覧することができる制度が存在すること，原告ら受任者は，そろいの法被で幟旗を立てて練り歩き，街宣車を繰り出して署名収集活動を行ったことなどを理由に，開示された受任者の氏名，住所，生年月日という情報については，原告らはそれをみだりに公開されない利益を放棄した，又はそれらの情報は他人に知られたくないと思うことの「正当性」を欠く私的な情報に過ぎないなどとして，条例において個人情報であっても例外的に開示することが認められている「法令……の規定により……公にされ，又は公にすることが予定されている情報」に該当することを主張して，開示の違法性を否認したのである。

1審判決は先ず原告が主張するように，受任者名簿に記載された原告らの氏名，住所及び生年月日並びに条例制定の署名収集における受任者であることという情報がプライバシーとして保護される利益であるか否かについて検討する

が，その際用いる基準は「宴のあと」事件で展開され，その後広くプライバシーをめぐる争訟で倣われている，個人の私生活上の事実に関する情報であること，社会一般の人々の感受性を基準として，当該個人の立場に立った場合，その情報の開示を欲しないであろうと考えられること，及び，社会一般の人々にまだ知られていない情報であることという三基準である。

そして判決は比較的簡単に氏名，住所及び生年月日は，私生活上の事実に関する情報であるとともに，社会一般の人々にまだ知られていない情報であり，さらにコンピューターやネットワーク等を用いた情報の管理流通技術の発展により，個人に関する情報が容易に収集・利用されている現状においては，自らの与り知らない人や場所においてそれらが利用されることによって，好ましくない者からの電話や郵便などを受けたり，場合によっては，これらの情報によって新たな個人情報が引き出されることもあり得るのであるから，社会一般の人々の感受性を基準として，当該個人の立場に立った場合，みだりに公開されることを欲しない情報でもあると考えられるとする。

筆者もこうした結論に特に異論はないが，ただ，氏名，住所，生年月日はそれぞれを個別に取り上げてみれば，単なる固有名詞や数字にすぎないから，これらの情報（少なくともその2つ）が組み合わされることによって，はじめてプライバシーとして保護される個人情報になると考えるべきであろう。

そしてこの氏名，住所及び生年月日のプライバシーとしての保護の必要性はさらにそれが条例制定請求の署名収集活動の受任者であることという情報と結びつけられることによって，より確かなものになると考えられる。いい換えると本件で問題とされる条例制定請求の署名収集活動の受任者であるという4番目の情報は他の3つの情報にも増して一般に要保護性が肯定される情報と考えられるということである。判決も，「当該個人がいかなる政治的信条を有し，それに基づいてどのような活動を行っているかという情報は，極めて個人的な情報であって，一般的には開示することが許容されない性質の情報であることは明らかであるところ，この情報と当該個人が本件制定請求における受任者であることとは密接に関連しているものである」としている。

ただこうした判示については，ダム計画の是非を問う住民投票条例の制定運動が判決がいうほど政治的信条やそれに基づく活動と密接に関わるか，それは

むしろ政治的信条とは別の地域の利害関心事についての一種の住民運動とみるべきではないかという疑問は生じ得るし，仮に政治的信条やそれに基づく活動を窺わせる情報であるとしても，署名収集活動の受任者であるという情報は例えば一定の政策目的を掲げた政治結社のメンバーとして活動しているという情報等に比べれば，要保護性に差があると考えるべきではないかという疑問もあるであろう。筆者も後にも述べるようにそうした疑問を持つが，しかしそのことはむしろ次にみる要保護性の程度の問題として考えるべきであって，社会一般に公開することを予定されていない地位に就くことを依頼され，承諾して就任したという情報は，当人の何らかの考えを推知させるものとして，上に述べたようにその要保護法の程度については議論があっても，基本的にはやはり判決のいうようにプライバシーとして保護されるべき利益と捉えるべきことになろう。

　ともあれ判決はこうして，「したがって，本件受任者名簿に記載された原告Ａらの氏名，住所及び生年月日並びに本件制定請求における受任者であることという本件個人情報は，プライバシーとして保護されるというべきである」とするのである。

　そしてこのことは当然被告側の主張を全面的に退ける判示につながっている。すなわち判決は続けて，受任者らのそれを含む選挙権者の氏名，住所及び生年月日を記載した選挙人名簿の抄本が原則として常時閲覧に供されること，同じく受任者の氏名，住所及び生年月日等を記載した受任者名簿が長と選挙管理委員会に提出されていること，各受任者の委任状が付された署名簿が縦覧に供されること，署名簿が縦覧に供されている法制度の下にあって，住所，氏名及び生年月日を明らかにして署名簿に署名することを承諾して受任者となった者であること（施行規則が定める署名簿の様式をみると，署名者は住所，生年月日，氏名を記し，押印することになっている）などからして，本件個人情報はプライバシーとして法的保護に値しない又は原告らは本件個人情報についてのプライバシー権を放棄したものであるとする被告の主張をすべて否定するのである。

　その詳細は省略するが，概要を簡単に述べると，例えば受任者名簿の提出については，法令上受任者名簿を閲覧に供することを義務づける規定が存しないことからすれば，それは署名の審査機関である選挙管理委員会において署名の

効力を確定するために利用されることが予定されているにすぎず、一般に公開される性質のものとはされていないというべきであり、だとすれば受任者名簿の提出をもって本件個人情報が社会一般に了知されているということはできないし、各受任者において、自己の氏名、住所、生年月日等や自己が受任者であることを広く社会一般に了知させることを許容していると解することもできないこと、委任状を付した署名簿の縦覧についても、それは、選挙管理委員会による署名簿の署名の証明が終了した日から7日間に限り、その指定した場所においてすることができるに止まり、署名簿が一般に公開されているものということはできないことや、委任状には受任者の氏名、住所、委任年月日のみが記載されるに止まり、生年月日は記載されない上、委任を受けながら実際には署名収集活動に従事しなかった受任者の委任状は署名簿には付されていないのであるから、署名簿の縦覧によってもそれらの者の氏名、住所等の個人情報は明らかとならず、したがって、委任状を付した署名簿が縦覧に供せられることを以て本件個人情報が社会一般に了知されているということはできないし、各受任者において、個人の氏名、住所等や自己が受任者であることを広く社会一般に了知させることを許容していると解することもできないことなどを理由に、受任者名簿の提出や署名簿の縦覧の制度によって、本件個人情報がプライバシーとして法的に保護されないということはできないし、原告らにおいて本件個人情報についてのプライバシー権を放棄したということもできないとするのである。受任者名簿を届け出ることや委任状を付した署名簿を縦覧に供するという制度の目的は署名収集活動が適正になされることを確保するということであるから、そのことを以て原告らの氏名、住所、生年月日、及び受任者であることという個人情報を広く社会一般に了知させるものであり、また原告らは自己のプライバシー権を放棄したとする被告の主張、ひいてはこうした情報が大洲市情報公開条例がいう、「法令……の規定により……、公にされ、又は公にすることが予定されている情報」として例外的に開示が認められる個人情報であるとの主張がこうして退けられるのは当然といえよう。

　判決は次いで原告らの本件個人情報についての要保護性の程度について検討する。それは上にみた本件個人情報がプライバシーとして保護される利益であるとする判旨と重なるところが多いが、判決は先ず原告らの氏名、住所、生年

月日について，現代においてはこれらの情報の利用による弊害が生ずる危険が少なからず存しているのであるから，かかる弊害を除去し，個人の私生活上の平穏や人格的自律を確保するため，これらの情報がみだりに公開されないとすべき要請は高いものといえるとする。加えて判決はさらに，地方自治法が定める条例制定の請求は住民自治の原則に基づいて，住民が地方政治に直接参与する途を開き，間接民主主義の弊害を是正しようとするものであって，その請求の要件となる署名収集活動は一定の政治的信条に基づくものということができるが，個人がいかなる政治的信条を有し，その信条に基づいていかなる行為を行うかは，個人の人格形成と密接な関係を有する事柄であり，そのような事柄と関わる情報については，いわゆるセンシティブ性の高い情報として，特に厚く保護されるべきものであることを理由に，受任者であるという四番目の情報については，その保護の要請は，単なる氏名，住所，生年月日等に比較しても極めて高いものといわなければならないという。

また，判決はこの受任者であるという情報の要保護性が高い所以をさらに敷衍して，地方自治法では本件のような条例制定の請求の他にも，事務監査請求や議会の解散請求，あるいは議員・長の解職請求といった住民の直接請求制度が設けられているが，それらの請求においても本件請求同様，請求を行うためには相当数の署名が要件とされ，その際の署名収集活動の委任や署名簿の縦覧制度については上にみた条例制定請求についての規定が準用されている（すなわち委任状の内容，受任者名簿の内容・署名簿の縦覧制度等は本件と同様とされている）から，本件情報の開示は他の直接請求制度における署名活動にも萎縮効果をもたらし，住民自治の見地から住民等による直接請求の制度を認めた法の趣旨を没却することになるという意味でも，本件における受任者であるという情報の要保護性は極めて高いものといわなければならないともいう。

こうして判決は本件開示は大洲市情報公開条例に基づかない不適法なものといわざるを得ないとするのであるが，重ねていえば，結論自体には異論はないとしても，こうした説示にもかかわらず，やはり受任者であることが，個人の人格形成と密接な関係を有する政治的信条とそれに基づく行為に関わるセンシティブ性の高い情報と直ちに評価され得るのか，いささか観念的な高評価にすぎるのではないかという疑問が残らないわけではない。いい換えると情報公開

条例が定める例外的に開示が認められる個人情報の意義について偏った関係法令の理解によってその解釈を誤り，開示すべきではない情報を開示したという意味では確かに本件開示は違法であるが，受任者であることという情報の開示が判決のいうほどその者の個人の人格形成と密接な関係を有する政治的信条やそれに基づく行為と関わる特に厚く保護されるべき情報を開示したといえるのか，端的にいえばやや大げさすぎるのではないかという印象を持つのである。

　恐らく本件の住民投票条例制定請求運動やそれに係る受任者名簿の開示請求の背後には，ダムの建設計画を推進する市当局とそれに反対するグループの激しい対立があったのであろう。その対立は当局の政策に異を唱えるものとして政治的対立といえるかもしれないし，さらに対立はダムの建設計画の是非に止まらず，市政のあり方全般に関わっているのかもしれない。そうだとすれば確かに受任者であるという情報の開示は，そうした政治的対立において一方側に与することを示すものとして，一定の政治的信条を示唆するものと評価することもあながち大げさとはいえないかもしれない。

　しかし判決ではダム建設の是非という，それ自体は殊更政治的争点とはいえず，むしろ地域の土木・都市計画等に係る問題についての住民投票条例制定請求のための署名収集活動の受任者であるという情報がストレートに（上に述べたような回路を経ることなく）政治的信条に関わる情報とされているのである。重ねていえば特定の政治結社のメンバーであるという情報等の開示についてはそうはいえても，一様ではない様々な動機によって委任を受諾したことが当然に推測される受任者について，そうした受任者であることの公表が一律に政治的信条の開示につながるものとすることはやや観念的で，必ずしも実態にそぐわない評価ではないかという印象を受けるのである。判決が命じた原告らそれぞれに対する賠償額が情報の要保護性の高さの強調にもかかわらず，5万円と高くはないことも結局はそのことを示唆しているようにみえる。

　2審判決[2]もこうした1審判決を支持したが，筆者が本件判例に関連するものとして想起するのは，犯罪捜査に当たった警察官（警部）が，被疑者の弁護人となった弁護士の所属団体及び所属政党を調査し，これを記載した捜査報告書を副検事が略式命令を請求する際の資料の一部として裁判所に提出した行為が，当該弁護士のプライバシーを侵害するか否かが争われた事例（以下「捜査

報告書事件」という）と，いわゆる早稲田大学江沢民主席講演会名簿提出事件である。

　前者は傷害事件の被疑者（Aら3名）の取調べを行った警部が，Aらから被害者との示談交渉の代理人及び被疑者の弁護人となることを委任された弁護士（以下「原告」という）についても調査し，経歴に加えてその所属法律事務所は「日共系であり，同弁護士も青法協所属でかつ党員として把握されているものである」旨をその中に記入した捜査報告書を作成してその他の記録とともに東京地方検察庁の検事に提出し，その結果東京区検察庁副検事Bがこの捜査報告書を含めた記録を証拠として被疑者らについて東京簡易裁判所に対し，略式命令を請求するに至って，Aらは略式命令により罰金刑を受けたことに端を発する（なお上記の弁護士の所属団体や所属政党に関する情報は捜査報告書を作成した警部と同期生として警察大学校研修所に入所し，ともに東京地方検察庁で研修を受けていた警視庁所属の警視が可能性として述べた個人的見解を記したものとされている）。

　その後原告が代理人としてした被害者の代理人との示談交渉がまとまらなかったため，被害者は損害賠償訴訟を提起したが，この損害賠償請求事件においてAらから訴訟代理人を依頼された原告は，被害者の送付嘱託の申立てに基づき東京地方検察庁から上記損害賠償請求事件を審理している東京地裁民事5部に送付されたAらの傷害事件に関する刑事事件記録の閲覧謄写申請をして，その謄写記録を受領した結果，その中に上記のような自己の所属団体や所属政党に関する記載があることを発見して，国家賠償法に基づき国や東京都等に対して損害賠償を請求したのである。

　この捜査報告書事件の争点は多岐にわたるが，主な争点は，そもそも警部が原告の所属する団体や政党について調査し，そのことに関する記載を含んだ捜査報告書を作成し，これを他の一件記録とともに検事に提出したことが，原告のプライバシーを侵害するかということと，副検事が本件捜査報告書を証拠として提出したことにより，これが訴訟記録の一部となり，訴訟終結後は原則として何人も閲覧できることになったことが原告のプライバシーの権利を侵害するものであるか否かの2つである。

　1審判決は前者の争点については，既述のプライバシーに関する三基準[3]によって判断し，原告の所属団体や所属政党は法的に保護された利益としてプラ

イバシーに属するということができ，警部の行為は原告のプライバシーを侵害したというべきであるとするとともに，後者の争点についても，このように本件記載事項は原告のプライバシーを侵害するものであるところ，副検事がこうした記載事項を含んだ本件捜査報告書を証拠として提出することにより，これが訴訟記録の一部となり，訴訟終結後は原則として何人も閲覧できることになったものであり，また略式命令の請求において本件捜査報告書を証拠として提出すべき必要性も窺えなかったのであるから，副検事には過失があり，その行為も違法な行為というべきであるとした。

　しかし2審判決[4]はそれと異なり，第1の争点については，「そもそも犯罪の捜査に当たっては，……，広く当該被疑事件に関係すると考えられる事項や公訴提起後の公判活動をも視野に入れた当該事件の処理にとって参考となると考えられる事項について，積極的に情報の収集が行われ，その過程で，時として関係者のプライバシーに関わるような事項についても調査が行われ，その調査結果が捜査報告書等の資料にまとめられるという事態があり得ることは，当然のことと考えられるのであり，いわゆる任意捜査の方法で行われるその際の調査等が，調査対象者の私生活の平穏を始めとする権利，利益を違法，不当に侵害するような方法で行われるのでない限り，このような捜査活動自体がその調査等の対象者に対する関係で直ちに違法とされるものでないことは，いうまでもないところというべきである」とし，「したがって，捜査担当者が，関係者のプライバシーに関するような事項について調査を行い，その調査結果を捜査報告者等の書面に作成するという行為自体は，本件におけるように，それがおよそ調査対象者の私生活の平穏を始めとする権利，利益を違法，不当に侵害するといったおそれのない方法によって行われるものである限り，それが調査対象者のプライバシーを違法，不当に侵害するものとして，直ちにその職務上の義務に違反する違法な行為とされるということも，原則としてあり得ないところというべきである」として，警部の行為については原告のプライバシーを侵害するものとは認められないとした（もっとも本件傷害事件に関する捜査として，原告のプライバシーにも関わるようなその所属団体等に関する事項について，どのような理由から調査を行う必要があったのかは，被告らの主張からしても必ずしも明らかではないものとも考えられるところであるとして，原告の所属団体等の調査に若干の疑義

は呈しているが，しかしこうした調査が本件傷害事件に対する捜査方法としては本来その必要性の認められないものであったとしても，前記のような手段，方法によって行われたに止まる調査行為は原告のプライバシーを侵害するものではないとしている）。

　ただ判決は，副検事が本件捜査報告書を裁判所に提出した行為が職務上の義務に違背した違法行為であることは認めている。判決によれば，本件においては，原告が青法協に所属しているか否か，あるいは日本共産党の党員であるか否かということは，本来的に原告の私事に属する事項というべきであり，原告がこれを他に知られたくないと考えることも，一般人の考え方として不合理なものとはいえず，また，これらの点に関する事実がすでに一般人の知るところとなっていたり，これらの事実について原告がプライバシーを放棄するに至っていたものとまでは認められず，したがって本件記載事項に指摘された事実は，原告にとって，法的に保護された利益としてのプライバシーに属するものと考えられるとされるのである。

　そして，「このような原告のプライバシーに属する本件記載事項をその内容に含む本件捜査報告書を裁判のための証拠資料として提出するに当たっては，このようにして提出された書類が，事件の終結後は訴訟記録として原則として何人においてもこれを閲覧することができるものとなることからして，本件傷害事件に関する公訴の維持，適正な裁判の実現のためにその提出が必要とされるという公益上の必要が要求されるものというべきである」とした上で，Aらが，「本件傷害事件に関する犯罪事実を認め，略式手続によって罰金刑を課されることにも異議のない旨を申述していたこととなる右の手続において，前記のような内容からなる本件捜査報告書をその裁判のための証拠資料として裁判所に提出するまでの必要は，特段の事情のない限り，通常は認められないものというべきであり，本件において，そのような特段の事情があったものとすることも困難なものというべきである」として，副検事の本件捜査報告書の裁判所への提出行為は軽率であったとのそしりを免れず，職務上の義務に違背した違法行為とされることとなるものというべきであるとした。

　比較してみると原告がある団体に所属するか否か，あるいは政党の党員であるか否かの事実は，法的に保護された利益としてプライバシーに属するとする点では，1審判決と2審判決では差はないものの，1審判決はいわばそうした

事実を調査し，捜査報告書に記載すること自体がプライバシーを侵害するものであるとするのに対し，2審判決は，警察活動として調査し，その結果を捜査報告書に記載すること自体は，それが違法，不当な方法で行われたものでなく，またみだりに公にされるという事態が生じない限り，プライバシーを侵害するものではないとする点で差があるといえよう。

　プライバシーの侵害の有無の判断のあり方としては2審判決の方が通常であろうが（訴訟はこの2審判決で確定している），2審判決は結論として，原告の所属団体等に関する事項が，それ自体で直ちに社会的に不名誉な事項等と目されるような類のものではないという本件記載事項の内容，性質等，さらにまた，本件捜査報告書が本件傷害事件の刑事確定訴訟記録の一内容を構成する書類として閲覧に供されることとなるに止まるものであることからして，本件記載事項の内容を知り得ることとなる者の範囲も自ずから限定されたものとなるなどの諸事情をも勘案すると，慰謝料の額としては10万円を以て相当とすべきであるとしている（1審判決は30万円を認定している）。2審判決がこうして最後に慰謝料の算定に当たって勘案すべきものとして述べたことは事情こそ違え，基本的には大洲市情報公開事件における受任者名簿の開示にも当てはまるところがあると思われるが，大洲市情報公開請求事件における慰謝料が1人当たり5万円であったのと比べると，所属団体や所属政党の方が署名収集活動の受任者であることや，その氏名，住所，生年月日等よりもセンシティブ性が高いと評価されていると理解され，またそうした捜査報告書事件2審判決の評価は妥当なものと思われる。

　他方早稲田大学江沢民主席講演会名簿提出事件は周知のように，早稲田大学がその主催した来日中の中国の江沢民主席（当時）の講演会に参加を申し込んだ学生の氏名，住所等の情報を警察に開示した行為がプライバシーを侵害するものとして不法行為を構成するか否かが争われた事件である。

　すなわち江沢民主席の講演会の開催を決定した早稲田大学は同大学の学生に参加を募ることとし，同大学の各学部事務所，各大学院事務所及び国際教育センターに備え置かれた名簿（以下「本件名簿」という）に希望者が学籍番号，氏名，住所及び電話番号を記入するという方法で申し込みを受け付けたが，警視庁から警備のため本件講演会に出席する者の名簿の提出を請求され，内部での議論

を経て，同大学の教職員，留学生，プレス関係者等その他のグループの参加申込者の名簿と併せて，本件名簿の写しを警視庁戸塚署に提出したところ，こうした申込者の同意を得ずに無断で本件名簿の写しを警視庁に提出した大学の行為は，申込みをした学生のプライバシーを侵害するものであるとして，3名の学生が損害賠償を請求したのである。

1審判決は請求を退け，2審判決も本件名簿が含む学籍番号，氏名，住所，電話番号及び「本件講演会に参加を申し込んだ学生である」という情報はプライバシーの権利ないし利益として，法的保護に値する個人情報であることは認めたものの，本件個人情報は，基本的には個人の識別などのための単純な情報に止まるものであって，思想信条や結社の自由等とは無関係のものであることや他人に知られたくないと感ずる程度，度合いの低い性質のものであることなどを指摘した上で，外国要人の身辺の安全を確保するという目的に資するため本件個人情報を開示する必要性があったこと，開示の目的が正当であること，本件個人情報の収集の目的とその開示の目的との間に一応の関連性があることなどの諸事情が認められ，これらの諸事情を総合考慮すると，早稲田大学が本件個人情報を開示したことは，社会通念上許容される程度を逸脱した違法なものであるとまで認めることはできないとして，やはり請求を退けた。

しかし最高裁は，「学籍番号，氏名，住所及び電話番号は，早稲田大学が個人識別等を行うための単純な情報であって，その限りにおいては，秘匿されるべき必要性が必ずしも高いものではない。また，本件講演会に参加を申し込んだ学生であることも同断である。しかし，このような個人情報についても，本人が，自己が欲しない他者にはみだりにこれを開示されたくないと考えることは自然なことであり，そのことへの期待は保護されるべきものであるから，本件個人情報は，上告人らのプライバシーに係る情報として法的保護の対象となるというべきである」という，その限りでは下級審と差のない判断を示した上で，しかし，「このようなプライバシーに係る情報は，取扱い方によっては，個人の人格的な権利利益を損なうおそれのあるものであるから，慎重に取り扱われる必要がある。本件講演会の主催者として参加者を募る際に上告人らの本件個人情報を収集した早稲田大学は，上告人らの意思に基づかずにみだりにこれを他者に開示することは許されないというべきであるところ，同大学が本件

個人情報を警察に開示することをあらかじめ明示した上で本件講演会参加希望者に本件名簿へ記入させるなどして開示について承諾を求めることは容易であったものと考えられ，それが困難であった特別の事情がうかがわれない本件においては，本件個人情報を開示することについて上告人らの同意を得る手続を執ることなく，上告人らに無断で本件個人情報を警察に開示した同大学の行為は，上告人らが任意に提供したプライバシーに係る情報の適切な管理についての合理的な期待を裏切るものであり，上告人らのプライバシーを侵害するものとして不法行為を構成するというべきである」として（なお講演会の開催は平成10年7月下旬頃決定し，同年11月28日に行われたが，警視庁はすでに7月下旬頃大学に対し参加予定者の名簿の提出を要請し，大学はそれから約4か月半後の同年11月18日から24日にかけて学生らに参加を募ったという経緯がある），原判決の損害賠償請求に関する部分を破棄し，同部分についてさらに審理判断させるため，原審に差し戻した。

　本件開示は社会通念上許容される程度を逸脱した違法なものではないとした下級審判決に対し，最高裁は開示の承諾を求めるのは容易であったのに，大学がそうした手続をとらなかったことを理由に開示を違法と判断したのであるが，根底においてやはり，学籍番号，氏名，住所，電話番号及び参加申込みをした学生であるという個人情報の要保護性の程度についての若干の認識の差がそこにはあり，それが結論の違いにつながっているといえよう。

　なお差戻審は，本件個人情報の開示自体には本件講演会の警備等の正当の理由があり，開示された個人情報も秘匿されるべき必要性が必ずしも高いものとはいえないものであったことに照らすと，早稲田大学が行った本件個人情報の開示が違法であることが本件訴訟において肯定されるならば，控訴人らの被った精神的損害のほとんどは回復されるものとも考えられるとし，また，控訴人らは，本件講演会の参加申込みをした時点において講演を妨害する目的を持っていたという事情（控訴人3名は実際講演時に「中国の核軍拡反対」と大声で叫んだり，「打倒江沢民政権」などの趣旨が中国語で書かれた横断幕を広げたりして，威力業務妨害等の嫌疑により現行犯逮捕され，また，大学からけん責処分を受けた—筆者）その他本件に現れた一切の事情を斟酌すると，慰謝料は5000円とすることが相当であるとした。

ただこの慰謝料の額については，上述のように訴えを提起した3名の学生の講演時の違法行為も加味されているから，額そのものについては早稲田大学の同じ名簿提出行為について，特段の問題となるような行為はしなかった6人の別の学生がしたプライバシー侵害を理由とする損害賠償請求についての東京高裁の判決の方が参考になろう。

　同判決は本件個人情報の警察への開示の目的等の事情のみを考慮するのであれば，控訴人の同意がなくても，これが社会通念上許容されるものと評価することもできないではないとしながらも，早稲田大学は個人情報保護の必要性に関する十分な認識を有し，また，本件個人情報開示の告知をするのに何らの支障もなく，これを行うことも容易であったのに，あえて控訴人らに予め告知してその同意を得ようとしなかったのであって，これはひとえに早稲田大学の手抜かりによるもので配慮に欠けるものであったといわざるを得ないとして，「本件名簿の提出による本件個人情報の開示が社会通念上全面的に許容されるものであると考えることは困難であり，本件個人情報の開示については，その違法性は阻却されないものと判断するのが相当である」とした上で，慰謝料の額について，次のように述べた。

　すなわち，「本件個人情報の開示が違法と判断されたのは，これについて控訴人らの同意を得なかったことにやむを得ないと考えられるような事情が認められないからであって，本件個人情報を開示すること自体には，目的の正当性その他それ相応の理由があったのである。そうすると，本件大学が行った本件個人情報の開示が違法であることが本件訴訟において認められるならば，控訴人らの被った精神的損害のほとんどは回復されるものと考えられ，控訴人らの本訴提起の目的も，金銭による賠償を求めるというより，むしろ，本件大学による本件個人情報の開示が違法であることの確認を求めるという意味が大きいものとうかがわれる」とし，こうした事情を考慮すれば，「控訴人らの精神的損害を回復させるためには，被控訴人に対し，いわゆる名目的な損害賠償として慰謝料各1万円の支払を命ずることで足りるものというべきであ」るとした。学籍番号，氏名，住所，電話番号及び本件講演会に参加を申し込んだ学生であることという，本件で問題にされた5つの個人情報のうち，最後者は特に何らかの意味を持つものとは思われないから（江沢民主席や中国の政策に賛成する者，

反対する者，中立的立場にある者，単純な興味で参加した者など，参加者の動機は当然多様であると想定される），この各1万円という慰謝料は学籍番号，氏名，住所，電話番号という情報の開示に対するものということになろう。

むろんこうした情報の開示によって現実に何らかの損害が生じたり，それが広範囲にわたっていたとすれば，命じられる額は高くなるわけであるが，大洲市情報公開事件及び捜査報告書事件と同様，本件でも判決もいうように本人自身の現実・具体的な損害が主張され，認められているわけではないし，開示も広範囲にわたっているわけでもないので，3件で命じられた賠償額はいわばほぼ同じ土俵で比較することができるといえよう。

その結果は，10万円の損害賠償が命じられた所属団体・政党についての情報の要保護性が最も高く評価され，5万円とされた氏名，住所，生年月日及び条例の制定請求のための署名収集活動の受任者であるという情報がそれに次ぎ，1万円とされた学籍番号，氏名，住所，電話番号及び講演会に参加を申し込んだ学生であるという情報（ただし前述のように最後者はほとんど意味はないから，実際には前の4情報）が最も低く評価されているということになる。この結果はおそらく一般にも妥当なものと評されようが，改めてこのことを踏まえて，以前に述べたことを繰り返せば，大洲市情報公開事件において判決が，条例制定請求のための署名収集活動の受任者であることがその者の政治的信条やそれに基づく行為と関わるセンシティブ性の高い情報であるとしていることは，やはりやや過大な評価にすぎるのではないかということである。

II　渋谷区情報公開事件

事件は渋谷区内に在住する原告が渋谷区情報公開条例に基づき渋谷区教育委員会に対し2件の公開請求を行ったところ（原告はその他にも渋谷区長と教育委員会に6件の公開請求をしている―ただしうち1件は2つに分けられているので，それを2件と数えれば，7件ということになる），どちらも非公開決定がなされたため不服申立て（異議申立て）をしたが（なお上記の残り7件についても6件は全部非公開，1件は一部非公開とされたため，原告はやはり7件すべてについて異議申立てをしている），この異議申立てについて教育委員会が渋谷区個人情報の保護及び情報公

開審査会(以下単に「審査会」という)に遅滞なく諮問すべきであるのに(渋谷区情報公開条例11条は,区長や教育委員会等の実施機関は,「不服申立てがあった場合には,……渋谷区個人情報の保護及び情報公開審査会……に遅滞なく諮問し,その意見を聴いて当該不服申立てについて決定しなければならない」と定めている),うち1件については約10か月後,残り1件についても1年2か月後にようやく諮問したのは違法であるとして,国家賠償法1条1項に基づき,渋谷区に損害賠償を請求した事件である。開示請求に対する決定の遅滞について国家賠償が請求された事例は若干あるようであるが,審査会への諮問の遅滞を理由に国家賠償が請求されたのはおそらく本件が唯一の例であろう。

　この諮問の遅延には後に述べるように原告が異議申立てと並行して東京地裁に非公開決定処分の取消訴訟を提起した(上記のその他の7件についても同様に訴訟を提起している)ことも絡んでいるが(上記の約10か月後に諮問された案件については異議申立てから約1か月後に取消訴訟が提起され,諮問前にすでに請求棄却の1審判決が出されており─控訴されたが棄却で確定─,もう1つの1年2か月後に諮問された案件についても異議申立てから約2か月後に取消訴訟が提起され,諮問のほぼ1か月前には請求棄却の1審判決が出され,そのまま確定している),本件国家賠償請求事件1審判決は教育委員会の迅速に諮問すべき義務の違反を認め,渋谷区に5万円の損害賠償を命じている。

　すなわち原告が渋谷区情報公開条例は前述のように実施機関に遅滞なく審査会に諮問すべき義務(以下「迅速諮問義務」という)を課しているところ,この義務は,住民の情報に関する権利の実効ある保障のために重要であり,また,諮問することは容易であることに鑑みれば,実施機関は,異議申立てがあった日の翌日から起算して遅くとも30日以内に諮問しなければ,迅速諮問義務に違反するものと解すべきであると主張したのに対し,被告は本件のように異議申立てと取消訴訟が並行提起された場合には,取消訴訟こそが本来的な手続場面であって,法制上,取消訴訟は審査会の第三者的不服審査(判決がこのように被告の主張を要約しているので,筆者もそれをそのまま書いているが,いうまでもなく不服申立てについて決定するのは教育委員会であって,審査会は教育委員会の諮問に応えて答申するにすぎず,審査するわけではない)よりも優先するのであり,その意義を踏まえれば,本件において,異議申立てがされてから諮問するまでの期間の

長さが違法であるとまではいえないこと，被告では当時情報公開請求及びこれに係る異議申立ての件数が急増し，事務量が増大していたこと，原告は異議申立てをした後間を置かずに（上述のように異議申立てと訴訟提起までの間にはそれぞれ1か月強，2か月弱の期間が経過しているが，被告はこう表現している）取消訴訟を提起していることからも明らかなように，行政機関による判断よりも裁判所による終局的な司法判断を求め，訴訟追行に傾注していたのであるから，原告が諮問の遅滞によって慰謝料をもって償われるべき損害を被ったとまで認めることはできないなどと主張したのであるが，1審判決はこうした被告の主張を退け，原告の主張する迅速諮問義務違反を認めたのである。

　判決は，行政事件訴訟法8条3項は，行政処分につき審査請求（審査請求，異議申立てその他の不服申立て）がされているときは，裁判所はその審査請求に対する裁決があるまで（審査請求があった日から3箇月を経過しても裁決がないときは，その期間を経過するまで），訴訟手続を中止することができると規定しており，このように取消訴訟の受訴裁判所が取消訴訟より不服申立手続を優先させる裁量を付与されていることからすれば，実施機関において，取消訴訟が並行して行われていることを理由として不服申立手続を遅滞させることには正当な理由があるといえず，また，被告のいう事務量の増大についてみても，本件異議申立てがなされた2年度の異議申立て件数はそれぞれ5件，17件にすぎず，本件の2つの非公開決定処分も公開請求から2週間しかかからなかったのであって，被告のいう事務量の増大が諮問の遅延の真の理由であったとは認められないとした。

　確かに紛争処理制度としては訴訟の方が不服申立制度よりも重要であるとか，優先するとかいわんばかりの被告の主張は独自の主張ともいうべきものであって採用し難く（判決も，「行政不服申立手続によって判断を受ける権利ないし利益は，取消訴訟によって判断を受ける権利ないし利益とは別個のものである」といっている），また，諮問手続も原告もいうように特段負担になるような事務的手間を強いるものではなく，諮問後の審査会の審議において非公開決定処分について説明を求められても，すでにした非公開決定処分の理由を敷衍すれば済むわけであるから，事務的な負担の過大という理由も採用し難いであろう。

　こうして被告の主張を退けた判決は，結局迅速諮問義務に反したか否かは，

不服申立てから諮問までに要した期間が通常要する期間（以下「通常所要期間」という）の範囲内であるか，仮にその範囲を超えているとすれば，それが正当な理由に基づくものであるか否かの判断によって決すべきであるとする。そうなると当然次にはこの通常所要期間をどう捉えるべきかが問題になるが，判決は不服申立手続は，簡易迅速な手続による国民の権利利益の救済を図るとともに，行政の適正な運営を確保することを目的とするものであること，情報公開法に関する各府省の連絡会議の申合せ等では，諮問するに当たって改めて調査・検討等を行う必要がないような事案については，不服申立てがあった日から諮問するまでに遅くとも30日を超えないようにするとともに，その他の事案についても，特段の事情がない限り，遅くとも90日を超えないようにすることとされていること，他の地方公共団体のうち高知市と福岡市では不服申立てから諮問までの期間についてそれぞれ15日以内，30日以内と定められていること，渋谷区情報公開条例では情報公開請求日から公開・非公開の決定をするまでの期間について原則15日以内と定められていることなどからすれば，通常所要期間は諮問するに当たって改めて調査・検討等を行う必要がない事案については，最長30日間，その他の事案については，特段の事情がない限り最長90日間であると解するのが相当であるとし，上記のように被告の遅滞の理由の説明が採用し難いことからすれば，教育委員会が2つの案件について異議申立てから諮問までにそれぞれ約10か月，1年2か月を費やしたことは，迅速諮問義務に違反し，国家賠償法1条1項の適用上違法と評価すべきものとした。

　実施機関には迅速諮問義務があるとする以上，「迅速」ということについて少なくとも何らかの目安を示すことが求められると思われるところ，判決は上述のように単なる目安の提示に止まることなく，さらに踏み込んで，30日，90日という具体的な期間を示したわけである。こうした判断が認められれば，当然本件の諮問の遅滞を違反とする結論も支持され得るわけであるが，上記の期間設定の根拠とされているデータは必ずしも豊富ではないし，おそらく諮問の通常所要期間を具体的に明示している例ということであろうが，特に高知市と福岡市の例が参考とされている理由も明らかではない。

　2審判決はこの点を問題として，「各地方公共団体は，それぞれが独立した存在であり，当該地方公共団体において諮問時期をどのように定めるかは，法

律に抵触しない限り，各地方公共団体の自律に委ねられている。この点について，他の地方公共団体の条例の定めを参考に，裁判所が，あたかも条例の定めを創設するかのような判示をすることは，地方公共団体の独立性の観点からみて相当性を欠く。また，国の機関の連絡会議の申合せを参考にして，裁判所が特定の地方公共団体の条例の定めを創設するかのような判示も，地方公共団体の独立性の観点からみて相当性を欠く。地方公共団体に対する国家賠償請求訴訟の審理をする裁判所としては，当該訴訟に即して，当該地方公共団体又はその機関の措置が国家賠償法上違法であるかどうかを判断すべきものであり，その限度を超えて，当該訴訟において，当該地方公共団体における，あるべき条例の内容を自ら定立するかのような判示をすることは相当でない」という。

この判示は形式的には一応理解できるが，しかし実施機関に迅速諮問義務があることは確かであり，また，諮問の遅滞が国家賠償法上違法であるかどうかを判断するためにはこの「迅速」について何らかの目安を示す必要があることも確かであるから，1審判決の「通常所要期間」の判断をこのように批判するのであれば，それに代る目安を示すのがふつうではないかと思われるが，2審判決はそのことについては何ら述べないまま，1審判決の被告の敗訴部分を取り消し，原告の請求を棄却している。

ただ2審判決が原告の請求を退ける理由は極めて漠然不明確であり，不可解ですらある。例えば判決は，「実施機関の諮問及び審査会の答申は，いずれも公開請求者を名宛人とする行政処分ではなく，実施機関が異議申立てについて決定をするための行政機関の内部的な手続ないし行為」であるといっているが，なぜこうした分かり切ったことをわざわざいっているのか，よく理解できない。ニュアンスとしては行政処分性が認められない公務員の行為は国家賠償請求の対象にはならないといっているのかとも推測されるが，そう断言しているわけではないし，行政処分でなくても広く学校事故，行政指導，事実の通知・公表なども公務員の公権力の行使として国家賠償の対象とされているのは周知のとおりであるから，諮問や答申が行政処分でないことを述べても，事案の判断につながるわけではないであろう。

また判決は，「渋谷区教育委員会は，被控訴人が本件訴訟において違法性を主張するいずれの諮問についても，この諮問に基づく答申を受けて，被控訴人

を名宛人として，異議申立てを棄却する決定をしているが，被控訴人は，これらの決定の違法性を主張することなく，上記諮問が遅滞したことについてのみ違法性を主張しているものである」ともいっているが，これも意味不明な判示である。あたかも異議申立てについて争うのであれば，諮問の遅滞ではなく，異議申立てを棄却する決定そのものを争うべきであるとしているかのようにみえるが，諮問の遅滞を争うことが不適法であるならともかく，そうでない以上，どの点を捉えて争うかは当然当事者の自由な判断に任されているのであって，こうした判示も何をいいたいのかよく分からない判示である。

さらに判決は，以上に紹介した判示に続けて，情報公開請求について非公開決定を受けた公開請求者は，これに対して異議申立てをすることができるが，異議申立てによることなく，又は異議申立てと併せて，行政訴訟を提起することができるのであり，現に被控訴人は異議申立てを行うとともに，これと併せて，行政訴訟も提起しているという，当たり前のこと，あるいはいわずもがなのことを述べた上で，「以上のとおり，渋谷区教育委員会が被控訴人の異議申立てを受けてした審査会への諮問は，行政機関内部の手続ないし行為であり，被控訴人に対する処分ないし行為ではない。渋谷区教育委員会は，この諮問に対する審査会の答申を聴いた上で異議申立てに対する決定を行うのであって，異議申立てをした公開請求者は，この決定に不服があるときは，その取消しを求めて行政訴訟を提起することができるものである。仮に審査会への諮問が遅滞したとしても，これに基づく答申及びそれを参考にした決定が全体として早期になされることとなれば，諮問の遅滞は，異議申立てをした公開請求者との関係で，国家賠償法上の違法性を論じる意味がないことになる。それとは逆に，仮に審査会への諮問が迅速に行われたとしても，これに基づく答申及びそれを参考にした決定が全体として遅滞することとなれば，諮問が迅速であることは，異議申立てをした公開請求者との関係では，意味をなさないことになる」という。

「仮に……」云々以前の判示は繰り返していえば何の意味もない当り前のことを述べたにすぎないものであるが，「仮に……」以後の判示も実に意味不明である。迅速に諮問をし，できるだけ早期に答申を得て決定に至るというのが，あるべき不服申立手続の進行である。それを基本とせず，諮問が遅滞しても答

申と決定が早期になされれば，全体として手続には遅滞はないことになって諮問の遅滞を問題とする必要はなくなり，逆に諮問が迅速に行われても，答申と決定が遅滞すれば，諮問の迅速は無意味になるから，いずれにしても諮問の迅速，遅滞が違法の問題を生じることはないとの意のようであるが，諮問が遅滞すれば，いかに答申や決定が早期になされても異議申立ての処理は全体としては遅滞するわけであるから，諮問の遅滞を問題にする余地は十分にあり，また諮問が迅速になされれば確かにその限りでは問題がないが，答申や決定が遅れれば，そのことを問題にする余地も十分にあるわけであるから，上述の2審判決の判旨は不可解極まりないものである。

判決は続いて，「したがって，渋谷区教育委員会の審査会への諮問の時期が遅滞したかどうかが，公開請求者が提起する国家賠償請求訴訟において，国家賠償法上の違法事由に係る問題となることはないのであり，渋谷区教育委員会による審査会への諮問が異議申立てから約10か月ないし約1年2か月を経てなされたことをもって，国家賠償法上違法であるということはできない」とするが，上述したところから明らかなように，筆者はなぜこうした結論が導かれるのか，全く理解できない。

しかし判決はさらに語を継いで，「本件においては，渋谷区教育委員会の審査会に対する諮問は，異議申立てから約10か月ないし約1年2か月を経てなされているのであるが，……，被控訴人は，非公開決定に対して異議を申し立てるとともに，これと並行して非公開決定の取消訴訟を提起しており，弁論の全趣旨によれば，当該訴訟の審理は迅速に進行していたものである。このような経過の中で，渋谷区教育委員会は，この訴訟の第1審判決の帰趨を待って審査会への諮問をし，その諮問を受けた審査会は，被控訴人によって提起された一連の訴訟のすべての確定を待って答申をし，この答申に基づいてした渋谷区教育委員会の決定は，その後控訴のよって争われることなく確定したものである」といっている。

これも全く意味不明の判示で，渋谷区教育委員会が2つの案件の第1審判決が出されるのを待って審査会への諮問をし，審査会は審査会でまた原告が提起した一連の訴訟のすべての結着（前述のように原告は本件2件を含めて9件の取消訴訟を提起し〔ただし1件については途中で取下げている〕，同時に異議申立てをした

が―訴えを取下げた分についても異議申立ては継続している―，平成23年9月1日までにうち2件については非公開決定の取消し，6件については請求棄却で訴訟はすべて確定した）を待って答申をしたことを判決は当然のプロセスであるかのように述べているが，行政訴訟と不服申立てという2つの相異なる争訟制度を自己の都合のためにリンクさせている教育委員会の態度や，いかにも訴訟の方が優先するかのような審査会の答申に当たっての態度を判決は先ず問題とすべきであろう。これでは不服申立制度を設けた意義を公然と否定するのと同然ではないかという印象を受ける。

　要するに教育委員会は，実質上は不服申立制度を軽んじて，もっぱら行政訴訟制度で対処しようとしたのであり，第三者的機関として独立かつ独自に答申をまとめるべき審査会もそうした教育委員会の方針に追随したというのが実態であろう。

　しかし判決は上述のようにこうした教育委員会の異議申立てに対する態度を全く問題にせず，さらに，「この一連の経過を全体として見れば，渋谷区教育委員会の異議申立てに対する諮問は，異議申立てから約10か月ないし約1年2か月を経てなされているものの，異議申立てに対する決定は，被控訴人がこれに対する不服申立てをしていないことから見てとれるとおり，遅滞なく行われて確定し，これによって被控訴人請求の案件に対する非公開決定に係る紛争が遅滞なく全体の解決をみたものと評価することができる」という。

　何度も繰り返すことになるが，これも意味の分からない判示で，そもそも被控訴人（原告）は異議申立てに対する決定について不服申立てをしていないという判決の意味がよく分からない。あるいは異議申立てに対する決定が遅滞すれば，不作為についての不服申立てという方法もあるところ，被控訴人はそうした方法を採ってはおらず，したがって決定は遅滞なく行われたと認められるという趣旨かもしれないが，原告が争っているのは諮問の遅滞であり，しかも遅滞した諮問を受けた答申も遅滞し，ただ答申後決定のみが比較的早期に行われたにすぎず，そのことをもって紛争が遅滞なく全体的解決をみたとするのは，全く実態とかけ離れた評価ではなかろうか。

　判決は既述のように審査会への諮問が遅滞しても，答申と決定が早期になされれば，諮問の遅滞は国家賠償法上違法になることはないと判示しているが，

この判決の立場に立ってみても，10か月遅滞して平成21年8月に諮問された案件については平成23年10月に答申がなされ（同時に他の2つの異議申立てについての答申もなされている），もう1つの1年2か月諮問が遅滞してようやく平成22年5月に諮問がなされた案件については，平成23年11月に答申がなされ（同時に他の5つの異議申立てについての答申もなされている），そうした答申を受けて教育委員会が原告の異議申立てについて棄却の決定をしたのは平成23年12月（異議申立てから実にそれぞれ3年2か月，2年9か月弱）であるのをみれば，到底諮問の遅滞にもかかわらず，異議申立ての処理が全体としては早期になされたとはいえないであろう。

にもかかわらず判決はこうした評価に基づいて，結論として，「したがって，渋谷区教育委員会の審査会に対する諮問の時期を被控訴人がした異議申立てに対する渋谷区教育委員会の決定の時期と総合して考察してみても，渋谷区教育委員会の審査会に対する諮問の時期が国家賠償法上違法であるということはできない」という。重ねていえば，なぜ，「したがって」，こういう結論になるのかその理由は筆者には全く不明である。

端的にいえば，教育委員会は，取消訴訟の判決と合わせて異議申立てに対する決定を出し，原告の行政訴訟と不服申立てを一まとめにして結着させたいと計算して，諮問の時期を選び，審査会も教育委員会のそうした思惑に沿って答申の時期を決め，判決もそれを是としたということであろう。判決が，「渋谷区教育委員会において，異議申立てに対する決定が全体として遅滞なく確定するよう，被控訴人の渋谷区に対する訴訟の進行状況をみて審査会に諮問することとしたとしても，渋谷区教育委員会が遅滞なく諮問する義務を怠ったものと評価することはできない」といっているのはその明らかな証左であるが，筆者にはこうした行政の都合に合わせた不服申立制度の運用を簡単に容認した2審判決は不服申立制度の趣旨や意義を甚だしく軽視するものとして全く賛成できないのである。

確かに迅速諮問義務に違反したか否かの判断は必ずしも容易ではないが，渋谷区の従来の諮問までの期間の例（渋谷区は平成元年に情報公開条例を制定し，本件異議申立ては平成20年と21年になされた），他の東京都区の同様の諮問までの期間の例等を丹念に参照し，また，案件の内容を詳細に検討すれば，具体的な通

常所要期間を簡単に決めるのは困難でも，それについて凡その目安は立てられるであろう。また前述したように行政事件訴訟法8条3項が処分取消訴訟の受訴裁判所は当該処分につき審査請求もなされているときは，その審査請求に対する裁決があるまで（審査請求があった日から3箇月を経過しても裁決がないときは，その期間を経過するまで），訴訟手続を中止することができるとしていること，すなわち不服申立てに対する標準処理期間の目安を3か月と想定しているかにみえることは，諮問までの期間を考えるに当たっても参考になるであろう。

そうした目安に基づいて諮問の遅滞が違法かどうかを判断すべきであって（10か月や1年2か月という遅滞を適法と判断するのは通常は困難であろうが），これまでみたようにそれとは全く異なる判断の仕方をしている2審判決は筆者には全く賛成できない判決である。あるいは判決は異議申立てに対する決定や取消訴訟の判決によって原告の主張に対する判断は示されているのであるから，結局諮問の遅滞によって原告が被った精神的被害は軽微ないし無視できるものであり，だとすれば，遅滞について違法性を認める必要はないと考えているのかもしれないが，違法性の有無と損害の程度の判断は別問題であろう。

なお諮問の遅滞が国家賠償法上違法と認定された場合，その違法性の程度，すなわち賠償額の決定が難しい問題になるであろう。1審判決は前述のようにそれらを5万円と認定しているが，Iの大洲市情報公開事件に関連してふれた諸事例に照らすと，判決において違法と認定されれば，そのことによって原告の被った精神的損害のほとんどは回復されるものと考えられ，訴訟の目的も金銭による賠償を求めるより，違法の確認を求めるという意味が大きいと窺われるから，本件でも賠償は名目的な損害賠償の支払いを命ずることで足りるのではなかろうか。[12]

III 関ケ原町署名者戸別訪問調査事件

事件は岐阜県関ケ原町において町長が推進しようとしていた町立のA小学校とB小学校（判例時報登載の判決文では丁川小学校、戊原小学校と表現されているが、本稿ではこのように簡略化して表記する）の統廃合案（A小学校を廃校にし、B小学校に統合する案―以下単に「統廃合案」という）に対し、A小学校PTA有志が発

足させた「A小学校の統廃合を考える会」，A小学校 PTA（PTA は「A小統廃合問題特別委員会」を設置した），及び関ケ原町議会議員有志が発足させた「A小学校を守る会」が合同で行った統廃合案に反対する署名活動に起因するものである。

平成17年5月6日より6月6日までの1か月間に行われた署名活動では3576人の署名が集まり，平成17年6月6日教育委員会と町長にこの署名簿と統合反対の要望書が提出されたが，その後も続けられた署名活動で平成17年9月22日までにさらに1632人の署名が集まり，平成17年9月22日この第2回目の署名簿と統合反対の要望書も同様に教育委員会と町長に提出された（したがって署名者数は5208名となったわけである―なお関ケ原町の人口は平成17年時点で8618人）。

統廃合案は平成18年7月10日議会で5対4の僅差で可決されたが，町はそれに先立ち平成17年7月23日から平成18年5月31日まで合計19回にわたり，A小校区とB小校区の住民を対象に，「学校整備計画説明会」を行うとともに，町長は平成18年6月3日，町職員らに対し同月23日までに署名者に対し戸別訪問調査（以下この署名者に対する戸別訪問調査を単に「戸別訪問調査」という）を行うよう指示し，同月19日ないし21日までの間この戸別訪問調査が行われた（町長は平成18年6月23日の議会において統廃合案を議題として上程する予定であった）。

この戸別訪問調査を違法として原告ら（署名活動を行った6名〔ただしうち1名は後に述べる控訴には加わっていない〕と実際に戸別訪問調査を受けた2名〔ただしこの2名のうち1名は死亡のため妻が訴訟承継人原告〕）が国家賠償法1条1項に基づき損害賠償を請求したのであるが，この戸別訪問調査に至る事情を被告町の主張に基づきやや詳しく述べると以下のようになる。

すなわち被告町は，請願法5条は，「この法律に適合する請願は，官公署において，これを受理し誠実に処理しなければならない」と規定しているが，ここにいう「法律に適合する請願」とは請願者の氏名住所の記載に際して虚偽があってはならないことを意味し，また，「請願を誠実に処理する」とは，請願のプロセスに疑問があれば，場合によってはこれを調査することも含まれるところ，署名者総数は前述のように5208名であるものの，かなりの重複署名があり（2審判決はこの重複記載を除くと署名者数は約4100人になるとしている），また，多数の同一筆跡による署名があること，統廃合案では廃校とはならず存続する

予定のB小学校の住民の署名数が廃校となるA小校区の住民の署名数とほぼ匹敵するほど多数であるが，B小校区で行われた「学校整備計画説明会」では反対意見がほとんどなかったこと（そのため戸別訪問調査はもっぱらB小校区住民が対象になっている），署名活動に用いられた署名簿にはA小学校の廃校に反対する旨の他，B小学校の耐震対策の校舎建築がA小・B小の統廃合を前提に遅れていく事に反対し，一刻も早い改築が行われることを要望するとか，子どもの教育に関わる事は地域住民・保護者・先生の意見が重視されることを要望するなどの，直接統廃合案とは関わりがないようにみえる2つの項目も加えられているため，全署名者が統廃合案に反対かどうか定かでないこと，等の問題があり，本件署名簿に統廃合案に関する町民の民意がどの程度正確に反映されているか分からず，仮に町の方針が理解されていないのであれば，さらに理解を得る努力をする必要があるため，その前提として，署名者の意向を調査する必要があったとするのである。

なお戸別訪問調査では，「B小とA小の統廃合反対署名運動についての聞き取り調査」と題するマニュアルに従い，①署名はいつ頃したか，②署名はどこでしたか，③誰が署名を頼みに来たか，④その際署名活動の趣旨についてどのような説明があったか，⑤署名は自記したか，⑥家族で署名している場合，家族1人ひとりの意思は確認したか，⑦先月（平成18年5月）町が開催した説明会には参加したか，⑧（⑦に対して参加したと答えた場合）町よりの説明を聞いて，署名した時と統廃合に対する考えに，今も変わりないか，⑨（⑦で不参加と答えた場合），署名後周辺で統廃合について色々な話などを聞いていると思うが，今も統廃合に反対する考えに変わりはないかという8つの質問を行うこととされ，調査対象者から拒絶された場合には，回答を強要しないようにするものとされた（なお質問は筆者の判断で簡略化しており，原文どおりではない）。

この戸別訪問調査の結果は議会では報告されなかったが，2審判決によれば，その集計結果では，取り上げられたのは，町が開催した説明会に出席したかどうかとそれにより意見が変わったかどうかという2つの質問項目に対する回答のみであり，調査対象とされたB小校区の署名者のうちの約62.7％の調査結果は，統廃合に賛成する者38.1％，反対する者21.5％，どちらともいえないとする者37.8％であったとされている（すなわちこの統計からすれば，署名者のうち

75.9％が署名時と意見が変わったと答えたことになる）。

　他方原告らのうち署名活動の中心となった6名は，署名活動の自由は表現の自由（憲法21条）や請願権（憲法16条）によって保護されているところ，本件戸別訪問調査により，町内の人間関係に悪影響が生じ，署名者に署名を依頼したことにつき自責の念にかられ，その結果今後署名活動を行うことに躊躇せざるを得なくなり，署名活動による意見表明に困難さを感じるという不利益を被ったのであり，表現の自由及び請願権に基づく署名活動の自由を侵害されたと主張し，実際に戸別訪問調査を受けた2名も同様に表現の自由及び請願権によって保障される署名行為の自由を侵害されたと主張し，また，加えて，町職員から署名をした時と統廃合に対する気持ちに変わりはないかという質問をなされ，その内心について直接表明を求められたことによって，思想・良心の自由（憲法19条）をも侵害されたと主張して，前述のように国家賠償法に基づき損害賠償を求めたのである（なお訴訟ではその他に町職員が署名者の氏名，住所をコンピュータに入力してそのデータを保存した上，各署名者について住民登録の有無や家族構成，世帯，所属自治会を調査してその結果もコンピュータに入力，保存し，さらにこれらのデータを所属自治会又は住所によって分類して，「B小学校下名簿整理」というデータを作成・印刷して一覧表を作り，戸別訪問調査に利用したりし，またその後もこれらのデータを保有し続けていることが，プライバシー権を侵害するかなども争われているが，中心的な争点はあくまでも戸別訪問調査の適法性なので，本稿ではこのデータの収集，作成，一覧表などの問題点についてはふれない）。

　1審判決[13]は，原告らの請求を一部認容しているが，全体的には本件戸別訪問調査に対してそれほど厳しい違法判断はしていない。

　判決は署名行為や署名活動が表現の自由や請願権の保障を受けることを認めはするが，「請願が署名活動による署名簿の提出という方法で行われた場合には，その請願事項にかかわる多数の国民又は住民が同一内容の請願を行うことに意味があり，請願を受けた官公署等は，請願に対し，誠実に処理する義務を負う……から，提出された署名簿に偽造等，署名の真正を疑わしめる事情があったり，請願の趣旨が明瞭でないときに，その真正であることや請願の趣旨を確認する限度で，各署名者や署名活動者に対し，相当な調査を行うことは許されるというべきである」と先ずいうのである。そして続けて，本件署名簿のうち

には多数の同一筆跡と思しき署名が含まれていたこと，署名者の多くが存続するＢ小校区の者であったが，同校区の説明会では反対意見が出されなかったこと，署名簿の3つの要望事項のうち2つは統廃合案とは直接関係のない事項であったことからすると，「提出された署名簿に偽造等，署名の真正を疑わしめる事情がある上に，3つの要望事項のすべてに請願する趣旨か明瞭でないといった事情が存在するということができる。そして原告丙川（平成10年以降関ヶ原町議会議員の職にあり，前述の「Ａ小学校を守る会」と「Ａ小学校の統廃合を考える会」の会員で，本件署名活動を行なった者―筆者）が，本件署名活動後，議会及び自身の発行する機関誌において，本件署名活動による署名の筆数が5208筆と被告町の町民数の過半数にのぼることを主張して浅井町長に統廃合案の見直しを迫っていたこと……，署名者に郵送で質問するには多額の費用を要する上，必ずその回答が返送されるとはいえないことをも併せ考えると，浅井町長が署名者に対し，署名の真正や3つの要望事項のすべてに請願する趣旨か確認するため，署名者の同意を得た上で，回答を強要することのない態様で戸別訪問調査を行うこと自体は許されるというべきである」という。こうして判決は町の主張に相当の理解を示し，署名の真正や3つの要望事項のすべてに請願する趣旨かどうかを確認するためならという条件付きながら，戸別訪問調査を行うこと自体は適法とするのである。

　しかし判決は，実際に行われた戸別訪問調査では，こうして許容される署名の真正や請願の趣旨の確認に止まらず，前述のように，署名を頼みに来た者，その際の署名活動の趣旨の説明内容，町が開催した説明会への参加の有無，署名時の統廃合に反対する気持ちのその後の変化の有無といった，署名の真正や請願の趣旨の確認という目的を超えた質問も行われており，したがって結論として，本件戸別訪問調査は，「本件戸別訪問調査を受けた署名者や署名活動者に対して不当に圧力を加えるものであったと認められる」と判示している。

　一読して明らかなように，質問内容に行過ぎがあった限度で，浅井町長は違法に署名者や署名活動者らの請願権及び表現の自由を侵害したとするのであるが，そもそもこの種の数千人がした署名について，一々その真正さを確かめ，また要望の趣旨を正確に確認する必要があるのか，あるいは仮にそうした必要があるとしても，戸別訪問調査という方法がそうした目的にふさわしい手段で

あるか，もっと厳しく吟味されるべきではないかと思われるところ，1審判決はそのことを割合簡単にパスしているような印象を受ける。次にみるように2審判決はこの点で対照的であるが，その前に1審判決の，本件戸別訪問調査は2名の署名者の思想良心の自由をも侵害するという主張に対する判断を紹介しておくと，判決は，調査は対象者の同意を得た上で行われており，回答を強いるものではなかったこと，署名者の1人は自ら，被告町職員3名に対し，町政に関する話を2時間近く話し続けた旨供述していることからすると，訪問調査によって2名の署名者の思想良心の自由が侵害されたとは認められないとしていて，この点の判断も極めて簡単である。

なお判決が命じた，署名活動者1人当たり2000円（請願権が公的なものであること，本件戸別訪問調査で行われた質問の内容，本件署名簿のうちには多数の同一筆跡と思しき署名が含まれていたこと，署名簿の要望事項は3つあり，そのうち2つは統廃合案とは直接関係ない要望事項であったことなど，本件に現れた一切の事情を勘案した結果とされている），署名者1人当たり1000円（請願権が公的なものであること，被告町職員が実際に質問に要した時間は比較的短時間であるとみられることなど，本件に現れた一切の事情を勘案した結果とされている）という賠償額も判決が本件戸別訪問調査の違法性の程度を重大なものとはみていないことを示しているといえよう。

こうした1審判決に比べると前述したように2審判決は戸別訪問調査の適法性について格段に厳しい判断をしている[14]（1審原告らが賠償額の変更などを求めて控訴した）。

2審判決も署名行為と署名活動が表現の自由と請願権の保護を受けるとする点では同様であるが，2審判決はさらにこのことを受けて，表現の自由と請願権が民主主義国家の政治的基盤をなし，また，国民の政治参加のための重要な権利であることに鑑みれば，それらの権利利益を制約するためには，その目的の正当性や手段の相当性について厳格な審査を受けその要件を充たすことが必要であるとして，本件戸別訪問調査の目的の具体的内容（目的内容の認定）とその正当性の有無，及び手段の相当性を詳細に検討するのである。

しかし子細にみるとすでにこの詳細な検討に先立って，請願を処理するという名の下に，将来の請願行為をしにくくすることや請願をした者を萎縮させる

ことが許されないのはいうまでもないとしたり，被控訴人（町）は，住民から要望がなされた以上，町として適切に対処するために必要な調査（戸別訪問を含む）をすることは当然のことであり，他人の氏名や重複記載等は許されない旨主張するが，「仮に署名者の署名が真正になされたかに疑義があっても，請願者として署名がされている者を戸別訪問してその点を調査することは原則として相当でないというべきである。というのは，上記の署名による請願書の提出は表現の自由に基づく請願権の行使に該当するからであり，……，調査をする正当な目的があり相当の手段によるという厳密な要件を満たす場合に限り調査が可能となるのであり，被控訴人の上記の主張は必要があれば目的手段の要件を問わないかのようである点において，採用することができない」と，町の主張やそれを特段批判していない1審判決に釘を刺しているのである。

　ともあれ，こうしておいて判決は，町長が指示した戸別訪問調査の真の目的は何であったかの検討を始める。この点につき被控訴人は，控訴人らの一部が署名を集めるに際して，住民に対し，「学校の経費はほとんどが国からの地方交付金で運営されている」との虚偽の説明をしたこと（これは1審判決ではふれられないので，2審での新たな主張と思われる），要望事項が3つあり，署名者が要望したい事項が分かりにくくなっていること，本人の意思に基づくか疑われる署名があったこと，控訴人らは統廃合案に5208名が反対の署名をしたとして，被控訴人の施策推進に圧力をかけていたこと等の事情があったため，本件戸別訪問調査は民意の確認の目的でなされたと主張するが，判決は，前二者については戸別訪問調査の質問事項となっていないことなどからすれば，これらを調査する必要があったとの被控訴人の主張は認められないと，明確に退けている。また判決は同様に重複署名者数の確定は署名簿をチェックすることにより可能であり，戸別訪問による調査の必要には結びつかないことやB小学校の区域に限定して調査がなされ，その質問内容も今日でもなお小学校統廃合に反対かというものであり，しかもこの質問をして回答を得ている率が高いことなどからすれば，重複署名者数の確定や同一筆跡の調査が目的であったとも認められないとする。

　これらのことに加えて，本件戸別訪問調査が統廃合案の上程が予定されていた定例会議の時期の直前の僅か4日間で実施されていること，廃止されるA

小校区に比べれば統廃合後にも残るB小校区の者には統廃合に対する反対者は少ないという地域差が考えられるにもかかわらず，本件戸別訪問の調査対象にはB小校区の者だけが選ばれたことからすれば，「本件戸別訪問の主な，かつ真の目的は，B小校区の署名者のうち，戸別訪問時点でA小・B小の統廃合に反対している者の数ないし比率を確定し，A小・B小の統廃合について住民の過半数を超える反対があると議会で主張されていたことに町長が反論するために，戸別訪問によれば統廃合に反対をしている住民は本件署名簿において反対している者よりも少ないこと，すなわち，反対者が多いとの本件署名簿の記載が誤りで，正しくは賛成者が多いことを立証するための一手段として本件戸別訪問が実施されたと認められる」と判決は断定するのである。

　町長が自らが推進する統廃合案は署名者数が示すほど多くの反対があるわけではないことを示す統計数字を得るために戸別訪問調査を指示したという動機は確かにかなり透けてみえるが，判決自身がこのようにそのことを明快に断言するのも珍しいといえよう。判決はなおもこうした判断を敷衍して前述のように，戸別訪問時にはB小校区の説明会に出席した者のうちの75.9％が署名時と意見を変えたという集計結果が認められることからすれば，「結果から逆に推し量ると，被控訴人の調査の主な目的は，説明会に出席すれば，反対者も賛成に変わったのではないか，最終結果は賛成者の方が多いということではないか，このような予想が証明されないかにあり，署名が各人により真正になされたか，あるいは，その真意を代筆してもらったかどうかは，訪問の主な目的としてはいなかったと考えられる」と述べ，また，統廃合以外の項目は質問項目に含まれていないので，要望事項の確認は被控訴人による直接の調査事項であったとは認められないのみならず，三項目はそれぞれに関連があるということができるから，「あえて，要望がどの項目のものについてのものかを署名者に確認するまでもないということができる」と述べている。

　このように戸別訪問調査の目的内容を認定した判決は必然的に，本件戸別訪問調査は正当な目的を有しないとするが，それのみならず，町長が自身の意見を実施するために自己に対立する考えを有する一部の町民の意見を封じるという積極的で不当な目的のためになされたという意味で，不当な目的を有していたと認められるとして，本件戸別訪問調査の目的の正当性を完全に否定する。

なお本件戸別訪問調査の目的の正当性の有無の検討に関連して判決は付随的に，「要望書のような書面が提出され，その中に署名の真正に疑問が持たれるものがあっても，必ずそれを確認しなければならないという法的な義務があるわけではなく，公共団体としては，一定程度の確からしさと不確からしさとを含んだ要望書の提出があったとして，それにありのままに誠実に対応すれば足りるというべきである」と述べているが，確かにこうした扱いが要望書といった類の文書に対する通常の態度ではなかろうか。繰り返していえば，このような態度で済ますべきところを，署名の真正の確認を理由に戸別訪問調査を行ったのは，実はそれを口実にして署名者の切崩しを行おうとしたものであると判決は断じるのである。

判決はこうして戸別訪問調査の目的内容の認定とその正当性の有無の検討を終え，次に戸別訪問調査という手段の相当性の検討に移るが，ここでも判決は被控訴人に対して極めて厳しい。

被控訴人は本件戸別訪問調査が必要であり，かつ，適切である理由として，住民の過半数の意見かどうかの確認手段としてはサンプリング調査が適当であること，本件戸別訪問調査は町民の住居や家族の平穏を害するような態様ではなく，本人の同意を得て行っており，署名つぶしはしておらず，萎縮効果を生じさせていることもないこと，民意確認の方法としてはアンケートや住民投票は時間と費用がかかることなどを理由に，戸別訪問調査が民意確認の手段として相当であると主張するが，判決はそれを全面的に否定するのである。

すなわち判決は，「しかしながら，民意を的確に把握することが真に必要であれば，例えば，対象町民全員に対して，その住民の意思が反映される方法によって調査することも相当であり，アンケートや住民投票が不相当とはいえない。また，サンプリング調査をする場合でも，反対者が少ないとの見込みをもってB小校区に限って調査をする等というのは無作為抽出というサンプリング調査における不可欠の前提に反する不相当な方法といわなければならない。被控訴人は，民意を正確に把握するためにはサンプリングによって選択した対象者に対する戸別訪問による調査が適当と主張するが，前記のとおり戸別訪問には種々の弊害があり，しかも本件のB小校区の署名者を選択するということには統廃合に反対する意見が少なくなるようにする不当な目的があると窺わ

れ，アンケートや住民投票が本件戸別訪問よりも劣るとは認められず，上記の被控訴人の主張は採用できない」というのである。

　さらに判決は本件戸別訪問調査が予告なしに行われ，しかも町の課長職，課長補佐職にある者が3人1組となって被調査者宅に出向いており，人数と予告なしの訪問が威圧感を与えているといえること，調査対象者に対し調査することについての真の同意を得たか疑わしいこと，調査1日目は午後5時から午後9時まで実施されるなど，被調査者が享受する市民としての平穏な生活を害する態様でなされたと認められること，質問内容をみると，上述のその③の誰が署名を頼んだかという質問は，署名者にも署名活動者にも今後の署名行為及び署名活動について圧力を感じさせると認められ，「さらに，⑧⑨については，小学校の統廃合を進めようとする被控訴人の職員である調査担当者に対して現在も反対であるとの意見表明をすることには覚悟が必要であり，意志の弱い者の中には，意見を変えて，賛成，どちらでもよい，分からないと答えた者が存在する可能性を否定できない。また，⑦⑧の質問は，説明会に来たのにまだ反対しているのかと，⑦⑨の質問は説明会に出て被控訴人の説明をしっかり聞いていないのに，まだ反対をするのかと受け取られ兼ねないものである。ちなみに，本件戸別訪問後に，関ケ原町において，署名活動をすることが困難となっている」と続ける。

　そして結論として，「以上を総合すると，本件戸別訪問はその手段としての相当性に欠けるといわざるを得ず，被控訴人の上記（ア）の主張（本件戸別訪問は，民意確認の方法として相当であるとの主張—筆者）は採用できない」と判決はする。

　こうして判決は，正当な目的が認められないばかりではなく，不当な目的があり，かつ，その手段としての態様には相当性も認められない本件戸別訪問調査は表現の自由と請願権を侵害し，違法であるというべきであると結論するのであるが，しかし判決はそれで終らず，本件戸別訪問調査は実際に訪問調査を受けた2名の控訴人の思想良心の自由を侵害するかについても検討し，そのことも肯定するのである。すなわち本件における小学校の統廃合に関する意見も憲法19条の思想良心の自由の保護の対象となり，そうすると，本件戸別訪問の態様の問題点，とりわけ，反対の意見が好ましいと被控訴人が考えていること

を被調査者に暗黙のうちに伝えて，その意見の変更を迫っていることに鑑みると，本件戸別訪問調査は，現実にそれを受けた2名の控訴人の思想良心の自由を侵害しているといわざるを得ないとするのである。

こうして2審判決が命じた賠償額は控訴人7名につき各5万円と1審判決を相当上回るものとなっているが，筆者は以上の2審判決のうち，表現の自由と請願権の侵害に関する判示については基本的には賛成する。本件の根本的な問題は1審判決がいうような，戸別訪問調査が署名の真正や署名の趣旨の確認という範囲を超えたかどうかではなく，そもそも本件のような署名活動と署名行為について戸別訪問をして調査することの是非であって，その点，2審判決の方が1審判決よりもはるかに事態を的確に捉え，その戸別訪問調査が違法である所以を説得的に述べていると思われるからである。

ただ戸別訪問調査が同時に2名の控訴人の思想良心の自由を侵害するとの判示にはⅠの大洲市情報公開事件1審判決の場合と同様いささかの疑問を感じる。疑問は2つあって，その1つは統廃合についての賛否が思想良心の自由の保障の対象といえるかどうかということである。筆者は思想良心の自由の保障の対象のレベルをいわゆる信条説的に高く設定して，その保障の範囲を狭く限定する気は全くないが，かといって人の内心の思いはすべて思想良心の自由の保障の対象となるとするかのような捉え方も，思想良心の自由の保障の意義を余りに拡大しすぎることになるのではないかと考える。いわば人の論理的ないし倫理的判断のうち，当人の現在及び将来の生き方と一定の関わりを持つものが，思想良心の自由の保障を受けると考えるべきであろうと思う。

その意味でいうと本件の対象であるA小とB小の統廃合という問題は教育施設のあり方についてのトピックス，いうなれば2校それぞれの存続と2校の統廃合のどちらが有用か，あるいは便利かという選択の問題であって，特に当事者の生き方に関わるようなものではなく，それを，思想良心の自由の問題として扱うのはいささか大げさな感じがするのである。

もう1つの疑問は町職員の質問が調査対象者に意見の変更を迫ったものであり，そのため思想良心の自由の侵害であるという断定である。確かに⑦⑧⑨の質問をされたことによって，調査対象者が戸惑い，圧力を感じて不愉快になったということはあったであろう。しかしそれは実態としては意見の変更を迫ら

れ,思想良心の自由を侵害されたための不愉快さというよりも,他人にみだりに侵入されたくない自分の生活領域(それには物理的領域のみならず,精神的領域も含まれる)に他人に踏み込まれたことからくる不愉快さと捉えるのが自然ではなかろうか。そして筆者はこうした不愉快さはむしろプライバシー権の侵害として捉えた方がよいのではないかと考える。繰り返していうとプライバシー権には自己の平穏で安定した精神生活を妨害されない権利も含まれており,本件戸別訪問調査の⑦⑧⑨等の質問はそうした権利に抵触し,それを侵害するものと捉えるのが適切妥当ではないかと考えるのである(なおこの2審判決はさらに署名者の一覧表の利用の仕方やそれが未だ廃棄されていないことは署名者のプライバシーを侵害するものであるともするが,前に述べたように,この点については本稿ではふれない)[15]。

1) 松山地判平成15・10・2判タ1150号196頁。
2) 高松高判平成16・4・15判タ1150号125頁。
3) 東京地八王子支判平成12・2・24判時1743号83頁。
4) 東京高判平成12・10・25判時1753号50頁。
5) 東京地判平成13・10・17民集57巻8号994頁。
6) 東京高判平成14・7・17民集57巻8号1045頁。
7) 最判平成15・9・12民集57巻8号973頁。
8) 東京高判平成16・3・23判時1855号104頁。
9) 東京高判平成14・1・16判時1772号17頁。
10) 東京地判平成24・7・10判時2170号37頁。
11) 東京高判平成24・11・29判時2170号33頁。
12) 本件については春日教授の判批がある(判例評論655号14頁)。
13) 岐阜地判平成22・11・10判時2100号119頁。
14) 名古屋高判平成24・4・27判時2178号23頁。
15) 本件については宮地教授と齊藤准教授による解説がある(平成23年度重判解26頁,平成24年度重判解28頁)。

第 6 章
「法人の人権」に関する一考察
——法人の目的外行為をめぐる紛争を対象に

はじめに

　「人権の享有主体」というテーマは人権総論のポピュラーなテーマの1つであるが、そのなかの「外国人」等と並ぶ具体的な検討項目の1つに「法人」があり、ほとんどの教科書で「法人の人権」というタイトルの下、法人格を持たない団体も含んだ意味での法人（本稿についても法人格の有無によって行論に違いが生じることはないので、以下「法人」という場合は法人格のない団体も含む意とし、また、文脈によっては、こうした法人という語の同義語として「団体」という語を用いることもある——教科書によっては最初から「法人（団体）の人権」というタイトルにしているものもある）が人権享有の主体たり得るかを論じて基本的にそれを肯定した後、その享有主体性の根拠や享有する人権の範囲と限界ないし程度等を検討するのが通例である。とりわけ最後者の法人の享有する人権の限界や程度という問題が、巨大な法人が持つ「社会的権力」性や、「法人の人権」と構成員のそれとの矛盾衝突の可能性の恒常的な存在を理由に、重要問題として言及されるのが、これまた通例である。法人の人権享有主体性を承認するとしても、そのことが個人の人権の無視や軽視をもたらすことになってはならないとの警戒感がそこにはみられるといえよう。

　ただこのように実務と学界の双方で一般的な「法人の人権」という定式化に対しては、「諸個人の人権を中心に置く見地からすれば、巨大法人が大きな社会的役割を演ずるようになっている今日」ではむしろ、「法人の人権」ではなく、「法人からの人権」こそが問題にされる必要があるとして、否定的な見解が示されることもある。

　すなわち「法人の人権」という定式化はその方向性において、市民革命期の団体観（団体否認型個人主義）の持っていたはずの、身分制的中間団体（法人）

第6章 「法人の人権」に関する一考察

を破壊することによって自由な諸個人を析出するという意味をはるかに遠景に押しやる（人権の主体が多数者集団ではなく少数者であり，団体＝法人ではなく，自然人＝個人であるという憲法論を簡単に棚上げする）おそれがあるという懸念による批判である。

確かに判例が次にみる八幡製鉄政治献金事件最高裁判決に示されるように，法人に対抗する個人の人権という視点を意識することなく，比較的簡単に，法人が自然人同様人権享有の主体となり得るとし，その分個人の人権を相対的に低くみる見地と結びつく傾向をみせたことがあったことは否定できない。

しかし「法人の人権」という定式化の下で展開される論述のすべてが，そのように個人の人権の保障に逆行するわけではない。むしろ先にみたように学界の「法人の人権」論の中心をなす法人の人権の限界や程度の検討は，多かれ少なかれ，「法人の人権」なるものがもたらす政治的・社会的影響や，巨大な社会的権力としての法人に対する個人の人権の保護（その意味では「法人からの人権」）を論じるものであって，たとえ用語法や思考の回路を異にするとしても，こうした問題自体は，「法人の人権」という定式化には消極的な立場からしても（あるいはそうした立場からすればなおさら）重要な論究の課題といえるであろう。判例も次第にこうしたことを丁寧に検討するようになっているのである。

本稿はこのように「法人の人権」という定式化に積極的な立場であれ，消極的な立場であれ，論究が必須であると思われる法人の人権の限界や程度をはじめ，法人の人権享有主体性や法人が享有する人権の範囲等，現在「法人の人権」というタイトルの下で論じられている諸問題を，先ず会社の政党への政治献金や労働組合による他の組合の闘争支援・公職選挙の候補者支援等のための臨時組合費の徴収が目的外行為として争われた八幡製鉄政治献金事件と国労広島地本事件を対象に検討し，次いでそれを受けて，税理士会，司法書士会，行政書士会等のいわゆる強制加入団体の行為が同じく目的外行為として争われた（本稿で「目的外行為」というのは，このように当該団体の目的外であるとしてその効力が争われた行為のことであり，結論としては目的外行為ではなく，有効とされた場合も当然ある―むしろそのケースの方が多い）事例を対象にさらに検討を進めて，もって「法人の人権」の考察の一助にしようとするものである。結果として考察はこれらの事例において「法人の人権」を語ることが適切かどうかという疑問に及

ぶこともあるが、このように目的外行為をめぐる紛争を対象にするのは、それが、「法人の人権」に関わる主たる紛争であるからであり、最初に八幡製鉄政治献金事件と国労広島地本事件を取り上げるのは、いうまでもなく、1960年代から70年代にかけて判決が言い渡されたこの２つの事例が我が国での「法人の人権」論の展開の嚆矢となった重要な事例であり、今日まで後続の類似の事例に強い影響を及ぼしているためである。また、次いで特に税理士会等のいわゆる強制加入団体に関わる事例を検討の対象とするのは、近年そうした事例がかなり目につくようになり、また、やはり「法人の人権」の考察には重要性を持っていると考えられるためである。

　なおこうして本稿で取り上げる事例での当事者の主張、すなわち争点にはほぼ共通するところがあり、先にそのことを整理し、説明しておいた方が以下の検討には好都合と思われるので、本論に入る前に簡単にその共通する争点について述べておくことにしよう。

　それは、紛争は目的外行為をめぐる紛争であるから、当事者（多くは原告であるが、ときには被告のこともある）の主張が、団体の行為をその定款、規約、会則、あるいは団体を基礎づけている法律等に定められた事業（業務）目的の範囲外として無効・違法とするものであるのは当然であるが、実は主張はそれのみに止まらないということである。

　すなわちほとんどの紛争でそれと合わせて、憲法違反や公序良俗（民法90条）違反の主張がなされているのである。その理由として説かれるのは、１つは、そもそも当該行為は人権に関わる行為であり、したがってそれを行えるのは人権を保障された自然人のみであり、団体がそうした行為を行うのは、国民及びその一員である団体の構成員の人権、とりわけ参政権を侵害するということであり、もう１つは、その行為が特定の政治的立場を強要するなどして、構成員の人権（特に思想・信条の自由）を侵害するということである。この２つは必ずしもそれぞれ独立して説かれるわけではなく、しばしば連動して説かれるが、いうまでもなく、こうした憲法違反や公序良俗違反の主張が加えられることによって、目的外行為をめぐる紛争は、法人の人権享有主体性やその限界等の「法人の人権」の諸問題と関連させられるに至ったのである。

　また、そのことと合わせて指摘しておかねばならないのは、このように憲法

違反や公序良俗違反の根拠とされる構成員の人権は，実は第1の目的外行為の主張とも絡むことがあるということである。つまり構成員の人権を侵害するような行為は当該団体の目的外の行為であると主張され，あるいは判断されることがあるのである（団体の行為が判決で憲法違反，あるいは公序良俗違反とされたことはないが，後にみるように，構成員の人権を侵犯することを理由に目的外行為とされた例はある）。

さらにもう1つ注意しておかねばならないことがある。目的外行為と主張された行為に特に金銭の出捐等の構成員の協力が求められた場合は，たとえその行為が目的の範囲内（判決ではしばしば権利能力の範囲内ともいわれる）であり，また，憲法違反でも，公序良俗違反でもないと判断されても，そのことと構成員の協力義務（団体からすれば協力の強制―統制力）は一応別問題であるということである。「一応」というのは，必ずしも両者の区別を意識していないようにみえる判決もあるからであるが，判決によっては両者を区別し，団体の行為を目的外とする主張等は退けつつ，それが構成員の重要な人権に関わることを理由にそうした行為への協力の強制は認めないというものもあるのである。筆者はこれがいうところの「法人の人権」の限界や程度の典型的なケースというべきではないかと考えている。

以上要するに，目的外行為をめぐる紛争の検討のポイントは，凡そのところ，それが当該行為の性質や国民・構成員の人権等に照らして，憲法違反ないし公序良俗違反といえるかということと，定款等の目的規定の文言や含意，あるいは団体の性格や役割等に照らして目的外行為と判断されるかということ，及び構成員に対する団体の統制力の射程の3点にまとめられるということである。

なお筆者はこれまで通常の用語法に従い，法人の「人権」という語をそのまま使い，以下でもそうするが，少なくとも本稿で扱う事例に関する限り，先にもふれたように，判決を読みながら，いわれている法人の「人権」なるものは実は法人の権利能力，権能，活動範囲等の謂にすぎないのではないかと思うことがしばしばであった。わざわざ「人権」の語を用いる必要があるのか，あるいは用いることが妥当なのかという疑問を感じることがあったのであるが，以後の検討のなかでは適宜そのことも述べることにしたい。

以下本論に入るが，叙述はすでに述べたように，先ずⅠで八幡製鉄政治献金

事件を検討し，次いでⅡで国労広島地本事件を検討して，最後にⅢで強制加入団体（公益法人）に関する事例を検討するという順で進めることにする。

Ⅰ 八幡製鉄政治献金事件

この事件の東京地裁，同高裁，最高裁によるそれぞれの判決は，三者三様の趣きを呈していて興味深いが，事実そのものは比較的単純で，昭和35年その代表取締役により八幡製鉄株式会社の名において自由民主党に350万円が政治資金として寄付されたこと（以下この行為を「政治献金行為」という）につき，株主がこうした政治献金行為は，会社の定款所定の事業目的（「鉄鋼の製造及び販売並びにこれに附帯する事業を営むこと」）の範囲外の行為であるから，定款に違反する行為であり，同時に法令に違反する行為でもあるとして，当該代表取締役に対してその責任を追及する訴えを提起するよう会社に請求したが，会社が応じなかったため，株主が代位して当該代表取締役に350万円の損害賠償を支払うよう請求したというものである。このように事件は株主の代位訴訟(代表訴訟)という形式によって，代表取締役が会社の名において会社資金のなかから特定政党に対して政治献金したことの商法上の評価を争うものであり，特に構成員に対してこうした政治献金のための出捐が求められたわけではなかったから，会社の統制力の射程が問題になるという事例ではなかった。

また上述のように原告は1審以来目的外行為すなわち定款違反とともに法令違反も主張しているが，1審段階での法令違反の主張は実際には定款違反の主張と重なっている。というのは，原告は「法令又ハ定款ニ違反スル行為ヲ為シタルトキ」は取締役は会社に賠償する責任を負うことを定めた商法266法1項5号（当時）を請求の根拠とし，会社の政治献金行為を定款所定の事業目的の範囲外として定款違反を主張するとともに，法令違反も主張したが，この法令違反の主張は，1審段階では，商法254条の2（当時）が，「取締役ハ……定款ノ定……ヲ遵守シ会社ノ為忠実ニ其ノ職務ヲ遂行スル義務ヲ負フ」と規定していたことを援用して，代表取締役の定款違反はこうして254条の2違反でもあるから，すなわち法令違反でもあるとするものであった。つまり定款違反＝定められた事業目的以外の事業の遂行という1つの行為がそれとして266条1項

第6章 「法人の人権」に関する一考察

5号の損害賠償の要件を充足するとともに、254条の2を介することによって、法令違反としても266条1項5号の要件を充足するというものであったのである。

しかし2審以降になると、法令違反の主張は定款違反の主張とは切り離され、会社の政治献金行為は自然人にのみ認められ、法人には認められない政治活動であって、国民や株主の参政権を侵犯し、公序を乱すという意味で法令に違反するという形に変えられ（つまり取締役には、定款に定められた事業目的以外の行為を会社の名で行ったこと自体によって責任が発生するとともに、加えてその行為が国法上会社には認められない類のものであったことによっても責任が発生するという主張に変えられ）、さらに原告は上告理由ではこのような主張を敷衍して、会社の政治献金行為は株主が株主たる他位を離れて他面国民として有する政治的信条を強要される結果を認めることになること、そしてまた会社の政治献金が選挙の得票数に多大の影響を及ぼすところから、株主が国民として有する参政権への侵害を招来することも主張しているのである。こうして事件は目的外行為とともに、憲法違反や公序良俗違反も争点とするものになったわけであるが、ただ上にみたような経過からすれば、原告の主張はあくまでも定款違反＝目的外行為が主であり、憲法違反や公序良俗違反の主張はそれを補強するための苦心の考案であったという趣きがないでもない。

ところがこれも先に述べたように、皮肉にもこうした原告の途中で加えられたいわば従たる主張ともいうべき主張が、現在まで一般に八幡製鉄政治献金事件最高裁判決の核心と目される、法人の人権享有主体性の承認という判断を導き出すことになったのである。

ともあれ、このように八幡製鉄政治献金事件においては、代表取締役が会社の名でした政治献金行為が会社の定款所定の目的の範囲を超えているかという、定款との関わりと、そうした行為が参政権に関する憲法の趣旨や構成員の政治的信条の自由等に照らして許容されるかという、憲法や公序との関わりの2つが争点になったのであるが、この争点の判断には当然会社と自然人を重ねてみるか、あるいは異質のものとみるかも関わってくる。つまり原告の主張の認容に積極的な立場は、会社と自然人を区別する立場に通じ、逆に消極的な立場は会社を自然人と重ねる立場に通じるのであるが、この傾向は憲法違反や公

序良俗違反の判断に際してはもちろんのこと，定款違反の判断に際してもみられる。

やや結論を先取りする形になったが，以上を前置きとして，以下1審判決から順を追って八幡製鉄政治献金事件をみていくことにする。

1審東京地裁は先ず，会社のすべての行為は，取引行為ないし営利行為（対価ないし利益を予想し，追求する行為）と非取引行為ないし非営利行為（無償で財産を出捐し，または債務を負担する行為）に分けられるとし，続いて，「会社は営利の追及を目的とする社団である。即ち，会社の定款所定の事業目的は凡て営利性を有すべきものであり，いわば，凡ての会社は個々の事業目的を有する以前にその前提として営利という一般的大目的を有し，個々の事業目的はこの営利の目的を実現するための手段に過ぎないというべきである。従って，営利の目的に反する行為は，個々の事業目的が何であるかを問うまでもなく，当然に凡ての事業目的の範囲外の行為と云わなければならない」という。こうなると当然対価を予想していないすべての非取引行為は常に営利の目的に反することによって，あらゆる種類の事業目的の範囲外ということになり，損害賠償責任を発生させるという結論になる。

ただ判決はこのようにいいながらも，取締役が当該非取引行為をなすことに対して，総株主の同意が期待される場合には，例外的に取締役の責任が問われないことがあるとし，このようなケースとして，天災地変に際しての救援資金，戦災孤児に対する慈善のための寄付，育英事業への寄付，純粋な科学上の研究に対する補助等を挙げる。こうした行為は一般社会人であれば何人も，他人がその行為をなすことに対して反対しないのみならず，自らも資力に余裕のある限り，そのための多少の財産的支出を忍んでも，それをしたい，又はすべきだと感じるような性質の行為，いわば社会的義務行為であることがその理由とされている。いい換えると，会社の営利活動とは異質の行為の例外的な適法性を判断する基準として，判決は社会的義務行為という概念を提示するのである。

こうして結局，問題の政治資金行為を取引行為と非取引行為のいずれとみるか，後者をみた場合，取締役について責任が問われるケースと社会的義務行為として例外的に責任が免除されるケースのいずれとみるかによって，代表取締役の責任についての結論が決せられることになるわけである。

第6章 「法人の人権」に関する一考察

その点につき判決は，本件のような特定政党に対する政治献金行為が非取引行為であることは明らかであるとし，さらに例外的行為に当たるか否かについても，「本件行為は，自由民主党という特定の政党に対する政治的活動のための援助資金であるから，特定の宗教に対する寄附行為と同様に，到底右に掲げたような一般社会人が社会的義務と感ずる性質の行為に属するとは認めることができない。政党は，民主政治においては，常に反対党の存在を前提とするものであるから，凡ての人が或る特定政党に政治資金を寄附することを社会的義務と感ずるなどということは決して起り得ない筈である。しかも，このことは寄附額の多少によって変ることはない。従って，本件行為は，右の例外的場合に属しないものと言わなければならない」として，被告代表取締役の責任は免除されないと結論するのである。

こうした判決の請求認容の結論については筆者は賛成できないが，そのことについては後に述べるとして，とりあえず判決の展開をそのまま追うと，判決はこうして結論を示した後，いわば付随的に，会社は法人という社会の一人格者として実在し，企業活動以外の営利の目的を離れた一般社会人としての生活領域を有し，会社も社会人としてなすことを必要とする行為はすることができるという，法人と自然人を重ね合わせ，法人の人権享有主体性を主張するかのような被告の主張にふれ，それを簡単に否定する。「会社が一人格者として社会に実在することは認められるけれども，それ故に直ちに会社が自然人である一般社会人と同様の生活領域と権利能力を有すると結論することはできないし……，又，たとえ被告の主張するように，会社が営利の目的を離れた生活領域を有するとしても，それは権利能力の面でその生活領域での行為も会社の行為として有効となるというだけのことであって，その行為をなした取締役の定款違反及至忠実義務違反の責任を免除する理由とはなり得ないものである」というのである。

このことを一般化していえば，会社が一人格者として社会に実在することは認められるとしても，そのことは直ちに会社が自然人と同等に権利・自由を有することを意味するわけではなく，また仮にそうした権利・自由を有するとしても，そのために代表取締役の定款違反の責任が自動的に免除されるわけではないということであろう。

筆者は以上にみた1審判決の判旨を全体的にはかなり評価するが，ただ先にも述べたように，政治献金行為を特に深く検討することもなく非取引行為とし，また，代表取締役の責任が免除される例外的なケースには当たらないとする結論には疑問を感じる。

　確かに会社の政治献金行為は直接的に対価ないし利益を計算・期待するような行為ではない。しかしそれを簡単に対価を予想していない無償の財産の出捐行為と断言することは，ことの実体に反するであろう。むしろそれは献金の相手方である政党が会社の営利活動に有利な政治・経済状況を作り出してくれることを期待してなされる一種の投資とみるべきではなかろうか。いい換えると，政治献金によって直接的かつ短期間内に対価や利益を獲得することができるわけではないとしても，間接的かつ長期的には充分見返りを期待できるのであり，こうした行為を当然のように非取引行為に分類するのは妥当ではないであろう。むしろそれは会社の営利活動の一形態であり，広義の取引行為の一部，あるいはそれに関連する行為として，営利の目的に適うものとみなすべきであろう。

　したがって筆者は判決と異なり，判決のフレームワークによっても，代表取締役の政治献金行為は責任を問われることのない行為とみなされるべきであると考える。また，関連していえば，判決が非取引行為ではあるが，例外的に取締役の賠償責任が免除される例とする，天災地変に際しての救援資金，戦災孤児に対する慈善のための寄付，純粋な科学上の研究に対する補助等も，匿名でなされることはなく，企業名を冠してなされることからも分かるように，個人のそれのように無私のものではなく，一種の企業活動である。そこにはそうした活動による企業イメージの維持やアップの期待等が込められているのが常であって，やはり広義の取引行為の一部，あるいはそれに関連する行為と捉えるべきであろうと考えている。

　なお判決は先に述べたように，軽々に自然人と会社の能力を同視すべきではないことや，たとえ会社の行為が有効であるとしても，そのことから直ちにそのような行為をなした代表取締役の対会社関係での責任が免除されるわけではないことを付随的に述べている。この指摘は正当であるが，判決は会社の政治献金行為の国法上の評価については，それ以上踏み込んだ判断はしていない。

前述のように，この段階での原告の法令違反の主張が実際は目的外行為という定款違反の主張の繰り返しであったことからすれば当然の態度ともいえるが，この点についての筆者の考えは後に述べることにする。

2審東京高裁は以上にみた1審判決を取り消し，被控訴人（原告）の請求を棄却しているが，そうした判断の元になっているのは，自然人と同様の社会的存在という会社の位置づけである。すなわち判決は，「会社は，資本主義経済体制の下において，経済人として営利を存立の目的とし，それを組織する個人より独立の統一的生活体であって，経済社会の構成単位をなすものであるが，他面において，独立の社会的存在として，個人と同様に，一般社会の構成単位をなすものであることも看過することを許されない。もっとも，会社は，全人格的な自然人と異り，生命，身体，親族的身分等を前提とする自然人固有の権利義務の主体となりえないのは勿論，営利を存立の目的とするために，自ら，目的による権利能力の制限が存することは当然であるが，苟しくも，一個の社会人としての存在が認められる以上，社会に対する関係において有用な行為は，定款に記載された事業目的の如何及びその目的達成のために必要または有益であると否とにかかわらず，当然にその目的の範囲に属する行為として，これを為す能力を有するものと解すべきである。……災害に際しての救援資金の寄附，慈善事業，育英事業に対する寄附，さらには寺社の祭礼のための寄附等は，以上の意味において，いずれも会社の目的の範囲内の行為に属し，政治資金の寄附もまたこれに包含されるものと解すべきである」(傍点筆者) というのである。

このように2審判決は，会社は経済社会と一般社会の両方にまたがって存在するとし，前者の領域での活動を経済人としての活動，後者の領域での活動を社会人としての活動とするのである。そして後者については自然人と全く同じではないとしても，基本的には同様の行為（＝社会に対する関係において有用な行為）をなし得るとする。1審判決はこの2審判決の用語を借りれば，会社をもっぱら経済社会における存在＝経済人として捉え，認められる活動もそうした存在に相応したものに限られるとしつつ，極めて例外的に総株主の同意が期待される行為（社会的義務行為）のみは，経済人としての行為としてはふさわしくないものであっても，許容されるとするのであるが，2審判決は会社の活動領域の画定に当たって経済人というしばりをはずし，会社は自然人と同様一個の社

会人としても存在し，したがってそうした立場での活動も認められるとするのである。いい換えると1審判決が経済人としての会社の例外的行為としたものも，2審判決では社会人としての会社の通常の行為ということになるわけである。

　筆者は先に述べたように，2審判決が会社の社会人としての行為とするものも，経済人としての会社の行為として説明できるし，また，そうすべきであると考えるので，以上のような2審判決の判断には賛成できないが，さらに判決が，会社は社会に有用な行為である限り，定款所定の事業目的の如何，及びその目的達成のための必要性又は有益性の如何に関わりなく，その行為を「目的」の範囲内の行為として行うことができるという場合の「目的」とは何か，よく理解できないところがある。本稿が検討の対象とする各事例にみられる「目的」という語の用い方や理解の仕方は，定款等に掲げられた「事業目的」から始まって，そうした個々の「事業目的」の前にある大目的や団体の設立の意義（会社における「営利」や労働組合における「組合員の生活利益の擁護と向上」）に至るまで広範囲にわたっており，多義的であることは確かであるが（逆にいえば，団体の行為が目的の範囲内か否かという争いも，そうした多義性のために発生するともいえる），それにしても2審判決の上にみた「目的」という語の用い方は，その意味するところが極めて不明確にみえるのである。

　なお判決は政治献金行為が社会に有用と判断する根拠として，それが政党の公の目的のための政治活動を助成するものであること，すなわち憲法の定める代議制民主制の円満な運営のために政党政治の健全な発展が望ましいものとしてなされたものであることも併せて述べている。これもまた疑問が残る判断であるが，そのことについては改めて述べる。

　こうして判決は定款違反の原告の主張を退け，次いで法令違反の主張も退ける。

　すなわち判決は原告の，政治献金行為が国民や株主の参政権を侵犯するという2審に至って新たに展開された主張を，投票権の自由な行使等が会社の政治献金行為によって何ら妨げられるわけではないとして簡単に否定し，さらに原告のそうした主張が，選挙権を有しない会社の政治献金行為は違法であるとの主張であるとしても，それもにわかには受入れ難いとする。「会社といえども，

国家社会のうちにおいてその事業目的を追求し，国費の一部を分担し，政治的支配を受けるものであるかぎり，実際政治に無関心でなければならぬとする理由はなく，旧市町村制の下において，市町村会議員の選挙について，法人の選挙権が認められていた事実等からしても,法人その他の諸団体と個人との間に，この点に関する質的な相違を認めることは，にわかに決しがたいところであって，個人に許されるべき政治資金の寄付が，ひとり会社についてのみ，選挙権がないという理由で，全面的に否定されるべきであるとする主張の十分の根拠とはなりえないのである」というのがその理由である。それと明言こそされていないが，法人の人権享有主体性を認めるニュアンスは明らかであり，また，ここでも会社の活動範囲を自然人のそれとのアナロジーで捉える傾向がみられる。

さらに判決は，会社の政治献金行為が公職選挙法及び政治資金規正法の諸規定と抵触せず，したがって公の秩序に反するわけではないことを加えて，法令違反の主張を退けるのである。

2審判決はこのように，会社を自然人と同視する立場から出発し，具体的には，定款はいわば経済人としての会社の活動に適用される規範であり，社会人としての会社の活動はこの定款に拘束されるものではないとして定款違反の主張を退け，また，会社も政治に関わり得る立場にあり，したがって政治献金行為を自然人でないが故に禁止される理由はないし，それはまた何人の権利も侵害するものでなく，政治資金や政治活動に関する法令に反するところもないとして，法令違反の主張も退けるのである。

しかし先に述べたように，政治献金行為が会社の「目的」の範囲内であるという場合の「目的」の意義が明確でないこと，特定政党への政治献金行為を価値中立的な社会に有用なもの（公益を促進するもの）とするいささか安易な把握（この点では，特定政党に対する政治献金は常に反対者のあることが予想される行為であり，したがって公益に奉仕する行為であるとはいい難いとする1審判決の方が，むしろ実態に見合っているであろう），そして根底にある自然人と会社のこれもいささか安易な同視，国家社会のなかに存在して税を負担し，政治的支配を受けることから直ちに自然人同様に政治的権限を有することを導く行論等，結論はともかく，その判旨にはかなりの疑問が感じられる判決である。

最高裁判決はしかしこの2審判決とほとんど基調を同じくする。相違は2審判決の趣旨をより明確，かつ，直截に述べていることである。

判決は先ず会社は定款に定められた目的の範囲において権利能力を有するが，目的の範囲内の行為とは，定款に明示された目的自体に限局されるものではなく，その目的を遂行する上に直接又は間接に必要な行為であれば，すべてこれに包含されるものと解するを相当とすると，先例を引用しながら述べる。そして改めて，「会社は，一定の営利事業を営むことを本来の目的とするものであるから，会社の活動の重点が，定款所定の目的を遂行するうえに直接必要な行為に存することはいうまでもないところである」という。これを八幡製鉄に即して敷衍すれば，定款所定の「鉄鋼の製造及び販売並びにこれに附帯する事業」という目的の遂行，及びそのために直接必要な，例えば，資材の購入，工場の建設，広告宣伝等の活動がその主たる活動ということになるということであろう。

ここまでは特に問題のない指摘であるが，こうした行論からすれば当然続いて，しかし会社は定款所定の目的の遂行に間接的に必要な行為もまたなし得ることを重ねて述べ，そうした行為と政治献金行為との関わりについて述べるのがふつうであろう。

ところが判決はそうはせず，不思議なことに，「しかし，会社は，他面において，自然人とひとしく，国家，地方公共団体，地域社会その他……の構成単位たる社会的実在なのであるから，それとしての社会的作用を負担せざるを得ないのであって，ある行為が一見定款所定の目的とかかわりがないものであるとしても，会社に，社会通念上，期待ないし要請されるものであるかぎり，その期待ないし要請にこたえることは，会社の当然になしうるところであるといわなければならない」というのである。2審判決の「独立の社会的存在」が「社会的実在」に，「社会に対する関係において有用な行為」が「それとしての社会的作用」に変わっているが，論旨そのものは2審判決をほとんどそのまま受け継いでいる。

しかしこのように，会社の定款所定の目的の遂行のために必要な行為についての論及が突如，脈略もなく，自然人と同様の一個の社会的実在としての会社が負担する社会的作用という定款所定の目的とは何ら関わりのない話題に転回

する行論の意味や必要性が筆者にはよく理解できないし，また，何らの説明もなく当然のように，会社を自然人と同様の国家，地方公共団体，地域社会その他の構成単位とすることも余りに安易すぎると思われる。前述のように2審判決にも「構成単位」という表現はみられるが，「構成単位」という場合，ふつうは，国家，地方公共団体，地域社会等を主体的，能動的に作り上げている存在のことをいうのであって，そこに物理的に存在していれば当然に「構成単位」になるわけではないであろう。

　しかし判決はさらに不思議な展開をみせる。すなわち続けて，災害救援資金の寄付，地域社会への財産上の奉仕，各種福祉事業への資金面での協力等をその例として挙げながら，「そしてまた，会社にとっても，一般に，かかる社会的作用に属する活動をすることは，無益無用のことではなく，企業体としての円滑な発展を図るうえに相当の価値と効果を認めることもできるのであるから，その意味において，これらの行為もまた，間接ではあっても，目的遂行のうえに必要なものであるとするを妨げない」（傍点筆者）といい，中断前の定款所定の目的との関わりの話題に継ぐのである（2審判決は社会に対する関係において有用な行為は会社の目的の範囲内の行為であるというのみで，こういう継ぎ方はしていない。ただそれはそれで，一体この場合の「目的」とはいかなる意かという問題が生じることについては前述した）。

　要するに最高裁は一個の社会的実在としての会社がそのようなものとして負担する社会的作用は，会社が当然になし得るところとした上で，そうした行為はまた定款所定の目的遂行のために間接的に必要な活動でもあるとして，行論の辻褄を合わせ，会社がそうした活動をすることの根拠のさらなる強化を図るのである。

　筆者は災害救援資金の寄付等の行為が会社の定款所定の目的遂行に間接的に関連する行為であるとの判断自体には賛成する。すでに述べたようにこうした行為には企業イメージの維持やアップの期待が込められているのであり，その意味でそれは一種の企業活動であるといってもよいのである。判決もまた上に引用したように，適切に，「会社にとっても，一般に，かかる社会的作用に属する活動をすることは，無益無用のことではなく，企業体としての円滑な発展を図るうえに相当な価値と効果を認めることもできる」（傍点筆者）としている。

筆者が理解できないのは，このように企業体としての会社の定款所定の目的遂行に間接的に関わる行為としてストレートに説明できるし，また展開からすればそれが当然なのに，なぜわざわざそれまでの行論を中断して，間に自然人と同様の社会的実在としての会社の負担する社会的作用の論及を入れなければならないのかということである。こうした論及を抜いて，先に引用した，「会社の活動の重点が，定款所定の目的を遂行するうえに直接必要な行為に存することはいうまでもないところである」という判示の後に，会社はまた定款所定の目的の遂行に間接的にしろ有用な行為もなし得るとし，災害救援資金の寄付等は企業体としての円滑な発展を図る上で相当な価値と効果を認めることができるから，こうした行為とみなされると続けても判旨は充分通じるのであり，また，定款所定の目的の範囲外であって定款違反であるとの原告の主張への対応としてはそれで充分なはずである。

　重ねていえば，会社の定款に明示された目的自体，及当該目的の遂行に直接又は間接に必要な行為という概念からスタートしながら，途中で社会的実在としての会社に社会通念上期待ないし要請される行為＝会社が自らの社会的役割を果たすためにする行為という別の概念の説明に移り，しかもそうしながら，再び元に戻って，そのような行為もまた会社の円滑な発展を図る上で価値と効果を持つという意味で，定款所定の目的遂行に間接ではあっても必要なものとして，定款の目的の範囲内といえるという判旨は，自然人と会社を簡単に同一視し，会社を自然人と同様の国家等の構成単位とする点でも，また，2審判決の用語を借りれば，社会人としての会社の行為は経済人としての行為でもあるとするかのような行論の点でも，さらにはそもそもそのように脇道に逸れる点でも賛成できないのである。

　しかし判決は当然の如く上にみた判断をそのまま政治献金行為にも当てはめ，「以上の理は，会社が政党に政治献金を寄附する場合においても同様である。……その（＝政党の―筆者）健全な発展に協力することは，会社に対しても，社会的実在としての当然の行為として期待されるところであり，協力の一態様としての政治献金の寄附についても例外ではないのである」といい，「会社による政治資金の寄附は，客観的，抽象的に観察して，会社の社会的役割を果たすためになされたものと認められるかぎりにおいては，会社の定款所定の目的の

範囲内の行為であるとするに妨げないのである」と結論する。

　それについては上に繰り返して述べている問題点に加えて，さらに，2審判決についても述べたように，特定政党への政治献金行為を，社会通念上会社に期待ないし要請される社会的作用，社会的存在としての会社の当然の行為＝社会的役割の遂行とすることの問題性も当然指摘され得るであろう。災害救援資金の寄付等を会社の社会的役割の遂行とすることはまだしも，政治献金行為まで同じ位置づけをすることは，余りにも現実離れしていて，到底理解を得られる判断ではない。

　判決は，2審判決同様，政党が議会制民主主義を支える不可欠の要素であることをこうした判断の理由とするが，政党はいうまでもなくそれぞれにイデオロギーに基づき政策を掲げて覇を競う党派であって，会社がそのうちの特定政党に資金を寄付する行為は，先にも述べたように将来の利益を見込んだ投資，あるいはそこまでいかなくても，政治権力を握る団体，または逆にそれを批判し，倒す可能性のある団体との付き合いや保険という，企業としての計算が働いた行為とみるべきであろう。筆者はこれも先に述べたように，会社の政治献金行為を定款違反ではないと考えるが，それはそうした行為が災害救援資金の寄付等にもまして定款の定める目的の遂行に有用で会社の営利につながる可能性がある行為と評価するからであって，判決がいうように，それが公益の増進に寄与すると考えるからではないのである。

　会社の政治献金行為が，自然人である国民にのみ参政権を認めた憲法に反し，したがって民法90条に反するとし，関連して前述のように構成員の権利・自由の侵害にもふれた原告の法令違反の主張に対する判断についても，賛成できないところが多い。

　少し長くなるが，その中心部分をそのまま引用すると，判決は，「憲法上の選挙権その他のいわゆる参政権が自然人たる国民にのみ認められたものであることは，所論のとおりである。しかし，会社が，納税の義務を有し自然人たる国民とひとしく国税等の負担に任ずるものである以上，納税者たる立場において，国や地方公共団体の施策に対し，意見の表明その他の行動に出たとしても，これを禁圧すべき理由はない。のみならず，憲法第3章に定める国民の権利および義務の各条項は，性質上可能なかぎり，内国の法人にも適用されるものと

解すべきであるから，会社は，自然人たる国民と同様，国や政党の特定の政策を支持,推進しまたは反対するなどの政治的行為をなす自由を有するのである。政治資金の寄附もまさにその自由の一環であり，会社によってそれがなされた場合，政治の動向に影響を与えることがあったとしても，これを自然人たる国民による寄附と別異に扱うべき憲法上の要請があるものではない。論旨は，会社が政党に寄附をすることは国民の参政権の侵犯であるとするのであるが，政党への寄附は，事の性質上，国民個々の選挙権その他の参政権の行使そのものに直接影響を及ぼすものではないばかりでなく，政党の資金の一部が選挙人の買収にあてられることがあるにしても，それはたまたま生ずる病理的現象に過ぎず，しかも，かかる非違行為を抑制するための制度は厳として存在するのであって，いずれにしても政治資金の寄附が，選挙権の自由なる行使を直接に侵害するものとはなしがたい」というのである。

　みられるように構成員の権利・自由の侵害の主張はごく簡単に退けつつ，会社が国費の一部を負担していることを指摘し，それを理由の1つとして会社も実際政治に関わり得るとした2審判決と同様，納税者たる立場にあることから，会社が政治に関わることができることを述べ，さらにより踏み込んで，そうしたケースに限らず一般的に人権規定は内国の法人にも適用されること，すなわち法人の人権享有主体性まで明言しているが，先にも述べたように，この，憲法第3章の各条項は性質上可能な限り内国の法人にも適用されるものと解すべきであるとし，会社は自然人たる国民と同様，政治的行為をなす自由を有するとした判示が，最もよく知られ，引用されることも多い，いわば八幡製鉄政治献金事件最高裁判決のさわりと目される部分である。

　しかしそれはむしろ強い違和感を与える判示である。形式的なところからいうと，営利事業を営む団体としての会社，社会的実在としての会社，納税者という立場にある会社という風に，テーマに合わせて会社の性格規定が簡単に変えられることや，法人の人権享有主体性について，何らその根拠にふれることなく，それを当然の如く肯定していることに先ず疑問が感じられるが，それは措くとしても，強い疑問が感じられるのは，そもそも問題をそうした「法人の人権」の問題として扱うことである。

　つまり筆者も会社の政治献金行為が法令違反ではないとする結論の点では判

決と同一であるが，それを会社の人権行使の一態様とする判決とはその理由を異にするのである。筆者はそれは団体が自分の所有する資金を使用する自由の問題であると考える。団体が自らの資金をどのように使用しようと（たとえ投機目的であっても），そのことは本来的には自由である。「本来的には」というのは，所有する資金の使用が違法行為の遂行や助長のためであったり，違法な団体の援助のためであったりして，国法上違法行為となるような場合や，ある目的のための使用がそれ自体は違法性を持つわけではないにもかかわらず，立法政策上禁止されているような場合は格別との意であるが，政党はもちろん違法な団体ではないし，その政党のためにする寄付ももちろん違法な行為ではない。立法政策上は周知のように会社等の団体による政治献金については制限が図られているが，それは量的な制限であって，献金そのものが禁止されているわけではなく，むしろその自由が前提となっているのである。このように会社の政治献金行為は所有する資金の使用の自由の一形態として国法上認められている，また，認められるべき行為であり，これまでの立法においてもこの自由は尊重されているのである。

　いい換えると，会社の政治献金行為は，積極的な人権というよりも，国法が当事者の自主的判断に任せている領域＝国法の放任する領域での行為として本来的に自由とされ，法令違反の問題が生じることはない行為なのである。むろん会社内部からそうした資金の使い方の妥当性について批判や追及がなされることはあり得るが，それは役員の対会社関係での責任＝経営責任の問題として処理されるべき事柄であって，政治献金行為そのものはこのように，会社等の団体に認められた資金の使用の自由の一環として，格別法的評価の対象にされるべきものではないと解されるのであり，したがってこのような理由で原告の法令違反の主張は退けられ，それで終わるべき話題である。

　筆者はこのように考えるので，八幡製鉄政治献金事件において，憲法第３章の各条項は性質上可能な限り内国の法人にも適用されるとの一般原則を述べたり，会社も自然人と同様，政治的行為をなす自由を有するとし，政治献金行為をそうした自由の一環として捉えることは，ことの実体と比べて随分と不必要で大袈裟との印象を抱かざるを得ないのである。それに会社の政治的行為の自由を語るならば，当然その前提として会社の政治的意思の決定を考えなければ

ならないし，また，その決定のための手続も存在しなければならないことになるが，そもそも会社の政治的意思なるものが存在し得るか，あるいは決定できるのか，甚だ疑問であるし，ましてやそのための手続など存在しないのが実情であろう。したがって繰り返していえば，筆者は会社の政治献金行為は政治的行為の自由の問題としてではなく，所有する資金の使用の自由の問題として捉えるべきであろうと考えるのである。

　念のため述べておくと，筆者は法人の人権享有主体性を否定するわけではない。報道機関の活動が法令や行政処分によって規制される場合，報道機関はそうした規制を表現の自由，報道の自由の侵害として争うことができると考えるし，私人による騒音等の環境破壊に対して医療法人や学校法人が，環境権等に基づきその差止めを請求することもできると考える。あるいはまた会社が労働者の解雇を経済活動の自由の一環としての契約締結の自由（雇傭の自由）等を根拠に適法と主張することもあり得ると思う（むろん後二者の場合環境権の人権性や第三者効力の問題は残るが，ここではそのことにはふれない）。しかし八幡製鉄政治献金事件はそのような公権力による規制の事例ではないし，私人の行為に対抗して団体がアクションを起こしたり，あるいは自らの私人に対するアクションを貫徹したりするような事例でもない。要するに法令違反の主張に対しては，政治献金は国法が放任し，当事者の自主的判断，自治に委ねている種類の行為であって，そのためそれは法令違反の判断を受けるいわれはないと判示すれば済む事柄であると筆者は考えるのである。

　さらに関連していうと，最高裁判決の上にみたような法令違反の主張に対する判断は，それに先立つ定款違反の主張に対する判断とよく整合していないきらいがある。

　すでに説明したように，定款違反の主張に対しては最高裁は，会社の政党への政治献金行為を，災害救援資金の寄付等と同様，会社がその社会的役割を果たすためのもの，社会の一構成単位たる立場にある会社に対し社会通念上期待ないし要請されるもの，あるいは，社会的実在としての当然の行為として会社に期待されるものと位置づけている。これは1審判決のいう「社会に対する関係において有用な行為」とも通じる把握であり，ここでは政治献金行為は党派を超えて，社会全体の利益に奉仕するもの＝公共への奉仕というニュアンスで

語られている。そうした捉え方が現実離れしたものであることについてはすでに何度も述べたが、しかし最高裁は、一方、法令違反の主張に対しては、上にみたように、一転して、政治献金行為は納税者たる立場においてなされる行為、あるいは人権主体としての行為であり、その目的は国や政党の特定の政策を支持、推進し、又は反対することであるとしているのである。すなわち政治献金行為はむしろ会社が特定の政治的利益を追求するためになすもの、党派性を帯びたものとされている。この判断自体は正当であるが、これを前半の党派性を持たない社会への奉仕という把握と比べてみると、会社の政治献金行為がコンテクストによって随分と便宜的に評価されているとの感を免れない。

あるいは会社の政治献金行為は客観的にみれば、社会的実在としての会社に期待ないし要請される社会的作用であり、主観的にみれば、人権主体としての会社の政治的行為であるということかもしれないが、同じ行為が一方で公共に対する奉仕という意義を持ち、他方で私的利益の追求に役立つという把握は容易に理解が得られるものではないであろう。

なお関連していうと、筆者は上で会社の政治献金行為が定款所定の目的の範囲内か否かという検討に際して判決が、営利事業を営む団体としての会社とは別に社会的実在としての会社という視点を持込んだことと、法令違反か否かの検討に際して何ら理由を説明することもなく、法人の人権享有主体性を認めたことを批判したが、判決においてはあるいは前者は後者のための伏線とされているのではないかとも想像される。

すなわち判決は会社は自然人と同様国家、地方公共団体、地域社会等の構成単位である社会的実在であるから、自然人と同様法人にも憲法3章の人権規定が適用されると考えているのではないかとも思われるのである。しかしそうだとすれば、国家等の構成単位たる社会的実在としての会社という規定はやはり、後半の法令違反か否かの検討や法人の人権享有主体性の言及のなかで述べられるのが自然であって（もっとも筆者が本件を法人の人権の問題として捉えるのは妥当ではないと考えていることは前述したとおりである）、営利事業を営む組織としての会社の活動範囲の議論に際して、社会実在としての会社の役割のことを持出すのはやはり妥当ではないであろう。

最後に併せて近年の判例集で目にした八幡製鉄政治献金事件の関連事件判決

を挙げておくと，(1)住友生命政治献金事件1審判決[6]，(2)同2審判決[7]，(3)日本生命政治献金事件1審判決[8]，(4)熊谷組政治献金事件1審判決[9]，(5)同2審判決[10]，等がある。

そのうちの(1)(2)(3)は，それぞれの生命保険相互会社が，国民政治協会（自由民主党の政治資金規正法上の政治資金団体）と改革国民会議（旧新進党の政治資金規正法上の政治資金団体）に対し政治献金をなしたことにつき，社員が代表取締役に対し損害賠償を請求するとともに，政治献金の差止めを求めたものであり，(4)(5)は，株式会社熊谷組が国民政治協会に対してなした政治献金について，株主が代表取締役に対し損害賠償を請求するとともに，政治献金の差止めを請求したものである。

このように3事件の構図は同じであるが，それぞれの原告の主張もほぼ同一で，会社の政治献金がその権利能力の範囲外であることと，それが国民の参政権を侵害し，したがって公の秩序に反し民法90条に違反することが中心となっている。こうして3事件は差止めの請求が加えられていることを除けば，八幡製鉄政治献金事件と極めて類似しており，いわば1960年代に始まった紛争が現在もなお続いているということになるが，ただ細部では変化がみられないわけではない。

例えば八幡製鉄政治献金事件では，先ず目的外行為の主張がなされ，次いで憲法違反や公序良俗違反の主張がなされているが，3事件では順番が逆になり，公序良俗違反が先に主張されている。国法上違法とされれば，目的の範囲内か否かを論じることは無意味になるわけであるから，論理的には3事件における順番の方が妥当と思われるが，さらに公序良俗違反の主張の内容も説得力はともかく，3事件のそれの方が整理され，精密化されている。

すなわち政党に対する政治献金は，その政党の政治上の主義，施策を支持，推進することなどを目的としてなされる行為であり，したがって参政権に関わる政治的行為であるが，選挙権を中心とする参政権は自然人にのみ認められ，法人には認められていないから，法人による政治献金は国民の参政権を侵害し，公序に反するということと，特定政党に対してなされる法人の政治献金は，その政党を支持しない構成員にとっては，政治的信条に反する政党に寄付することを強制されることになるものであり，構成員の政治的自己決定権，政治的信

条の自由に対する重大な侵害であることの2つに分けて，公序良俗違反がかなり詳細に主張されているのである。むろんすでにみたように，八幡製鉄政治献金事件における2審以降の法令違反の主張においても同様にこの2つのことがいわれているが，未だ判然と区別されないままであるのと比べると，公序良俗違反の主張の内容が整理され，精密化されていることが分かる。

　以下こうした3事件の判決を簡単に紹介すると，各判決の結論は八幡製鉄政治献金事件最高裁判決と同様，(4)を除いては，原告の請求を退けているが，ただその理由は最高裁判決と重なるところがみられる一方，幾つか違いがみられることもある。当事者の主張と共に，判決も，時代の進展に合わせて若干の変化はみせているのである。

　例えば，(1)と(3)は（確認はできていないが，内容からして同一の裁判体による判決と思われる），原告の国民の参政権の侵害との主張に関連して，内国の法人は政治的行為を行う自由を享有するとしつつ，生命保険業を行うことを目的として設立され，政治的行為を行うことを本来の目的としない相互会社が，政治的行為の一態様である政治献金を行う自由を憲法上保障されていると解するのは相当ではないと述べていて，「憲法上は，公共の福祉に反しないかぎり，会社といえども政治資金の寄附の自由を有するといわざるを得」ないとし，それに止まっていた最高裁判決と比べると，政治献金の自由の保障のレベルをダウンさせているようにみえることがそれである（ただし結論としては，相互会社が政治献金を行ったとしても，国民は自由に判断して選挙権，被選挙権等の参政権を行使することができるから，相互会社の政治献金は国民の参政権を直接的に侵害するものではなく，また，政治資金規正法を遵守し，その制限内で行われる限り，間接的にも国民の参政権を侵害するとは評価されないとして，原告の主張を退けている）。

　さらに最高裁が，会社による政治献金を，会社の社会的役割の履行としている点についても，それと併せて最高裁が前述のように，「要するに，会社による政治資金の寄附は，客観的，抽象的に観察して，会社の社会的役割を果すためになされたものと認められるかぎりにおいては，会社の定款所定の目的の範囲内の行為であるとするに妨げないのである」(傍点筆者)と述べていることを利用して，相互会社が政治資金を寄付することが，その社会的役割を果たすためになされたものと評価されるか否かを問い，それは政治的・経済的状況等

の変化あるいは参政権を有する国民の政治献金に対する考え方の変化により時代と共に変わり得るものであるとして，最高裁判決よりも制限的な態度をとっている（ただし結論としては，現在まで政治資金規正法上会社その他の団体による政治献金を禁止する旨の法改正は行われていないことなどを理由に，相互会社が政治献金を行うことの社会的意義は今なお失われておらず，相互会社が政治献金を行うことがその社会的役割を果たすことに通じるとの社会的な評価は失われていないものと解されるとして，原告の主張を退けている）。

　このように(1)と(3)は，八幡製鉄政治献金事件最高裁判決の判旨を一定程度限定する傾向をみせているが，(4)も，会社の政治的行為の自由や政治献金の自由について積極的には述べず，むしろ会社や団体による政治献金は，その経済力からして個々の国民によるそれよりもはるかに甚大な影響力を政党に対して持ち，「そのため，会社あるいは産業団体による政治資金の寄附は謙抑的でなければならず，それは実質的に国民の選挙権ないし参政権を侵害することのない限度に止まるべきである」としたり，会社の社会的役割としての政治献金という捉え方を全くしていない点で，結局は会社による政治献金自体は許容するものの（政治資金規正法が会社等の団体による政治資金の寄付を制限し，これに関する情報を開示することに努めてはいるが，未だこれを禁圧するには至っていないことがその主たる理由となっている），会社の政治献金を積極的に容認している最高裁判決とは趣きを異にしている（なおこの(4)は，会社に欠損が生じた後の政治献金に関しては，会社においてその可否・範囲・数額・時期等につき厳格な審査を行い，欠損の解消にどの程度の影響があるか，株主への配当に優先して寄付を行う必要性があるかなどを慎重に判断することが求められるところ，本件の政治献金の判断過程はずさんであって，取締役の裁量を逸脱したものといわざるを得ず，善管注意義務違反の行為というべきであるとし，原告の損害賠償の請求の一部を認めている）。

　2つの高裁判決のうち(5)は，政治献金を会社の社会的役割の履行とする点では最高裁判決と同様であるが，会社の政治的行為の自由については，「法人の政治資金の寄附を含む政治活動の自由も憲法21条の表現の自由の一内容として保護されているとしても，政治資金の寄附を含む政治活動の自由は，その性質上，選挙権及び被選挙権等の参政権の行使と密接な関係を有することに照らし，法人に対し，主権者である国民と同様の憲法上の保障をしているものと解

することはできず，憲法が主権者である国民に対して保障している参政権等の基本的人権を侵害しない範囲においてであるというべきである」とし，いわば(1)(3)と(4)の中間的な判断を示している（なお取締役の善管注意義務違反は否定し，(4)の原告の請求を一部認容した部分を取り消している）。もう1つの高裁判決である(2)のみが最高裁判決にほぼそのまま倣っているようにみえるが，こうしてみると近年の八幡製鉄政治献金事件に関連する事件の判決は，結論的にはその最高裁判決を踏まえつつ，内容においてはそれに全面的に従うことはせず，それぞれに工夫して，会社の政治献金行為をいささかなりともチェックしようという傾向をみせているといえよう。ただ筆者の基本的な考え方が判例のそうした工夫の内容と異なることは，これまでに述べたとおりである。

　なお構成員の政治的信条の自由の侵害の主張については，いずれの判決も，構成員は脱退の自由を有し，自己の信条と異なる会社への帰属を強制されるものではないこと，会社が特定政党に政治献金することと構成員個人が特定の政治的意見を表明することとを同視することはできないこと，あるいは政治献金は事業費からなされ，構成員に対し，その意に反して，特定の政治団体に対する政治献金に要する資金の拠出を義務づけるものではないことなどを説いて，それを退けているが，最後の拠出の義務づけの件は次の国労広島地本事件とも関わってくる。[11]

II　国労広島地本事件

　この事件は原告国労（国鉄労働組合）が，一時期その組合員として広島地方本部に所属し，その後脱退した被告元組合員らに対し，脱退前の未納入の一般組合費，及び，脱退前に組合が徴収を決議し（決議は以下述べる臨時組合費の種類により，国労の全国大会，中央委員会，広島地方本部地方委員会，広島地方本部厚狭支部委員会等，いろいろなレベルでなされているが，その詳細は省略する），指令（指示）したにもかかわらず，同じく未納入の臨時組合費（その種類は，「年末闘争資金」，「管理所闘争資金」，「志免カンパ」，「炭労資金」，「安保資金」，「政治（意識）昂揚資金」，「無給職員」，及び「春闘資金」に分かれる）の支払いを求めて提訴したものであり，事実は単純であるが，一般組合費と併せて，多岐にわたり，しかも一見労働組

第6章 「法人の人権」に関する一考察

合としての活動とは直接の関係はないようにみえる政治性を持った活動のための臨時組合費までも請求の対象とされたため，そうした組合費についても，元組合員ひいては組合員一般は納入義務（協力義務）を負うかが激しく争われた事案である。より具体的にいうと，2点，すなわち，そもそもこうした臨時組合費に係る組合の活動がその目的に適うかということと，それが肯定された場合，政治的信条を理由に組合のそうした活動に反対する組合員は，自動的に臨時組合費の納入を義務づけられるか，あるいはなおそれを拒否することができるかということが争点とされ，特に組合活動の憲法違反や公序良俗違反は争点とはされなかった事案である。なおいうまでもなく，2番目の争点である組合員の協力義務の問題は，八幡製鉄政治献金事件にはみられなかったものである（ただし以下に述べるように，2つの争点をどのように意識するかは，判決によって異なる）。

1審広島地裁は[12]，脱退前の一般組合費の納入義務は自認しつつ，脱退した月の分については脱退した日までの分を日割計算とすべきとする被告らの主張を，組合規約からすれば，たとえ月の途中で脱退した場合でもその月の組合費は，月額全部を納入すべきものと解するのが相当であるとして退け，また，臨時組合費のうち「無給職員」については，それは病気のため無給休職者となっている組合員あるいは未組織労働者で越年手当の要求さえ不可能な者に対する年末助け合いとして，あくまで各組合員の理解と協力によって任意に拠出を求めようとしたもの，すなわち任意カンパと認められ，元々組合員に納入を義務づけるものではなかったとして，原告の請求を退けた後，残余の臨時組合費について順次判断している。

先ず1958年の年末手当等諸要求を貫徹するための闘争資金である「年末闘争資金」，国鉄が経営合理化の一環として設置しようとした管理所構想に対し，合理化による人員整理等を生ぜしめるものとして反対するための闘争資金である「管理所闘争資金」，国鉄志免鉱業所の民間払い下げが同じく合理化による人員整理等の問題を生ぜしめるとしてこれに反対するための闘争資金である「志免カンパ」については，これらは勤務時間内食込み職場集会等違法な闘争を目的とするものであるから納入の義務がないとの被告らの主張を，こうした要求や反対のための闘争が原告国労の目的の範囲内であることはいうまでもな

く，また，その闘争の一部に勤務時間内の職場集会のような違法な点があったとしても，それをもって直ちに闘争全体が違法ということはできないとして退け，元組合員らのこれら3つの臨時組合費の納入義務を認めている。ここでは年末手当等の要求や合理化による人員整理に反対することは，組合活動の本来の目的であることが強調されているのである。

判決は次いで炭労（日本炭鉱労働組合）の三井三池炭鉱を中心とする企業整備反対闘争を支援するための資金である「炭労資金」，日米安全保障条約の改正反対闘争のため処分を受けた組合員を救援するための資金である「安保資金」，組合員の政治意識を昂揚するために結成されている国鉄労組政治連盟の活動費である「政治昂揚資金」について判断しているが，ここではそうした資金がいずれも国労及び労働組合一般の目的の範囲を超え，したがってその臨時徴収を決めた組合の決議は組合員を拘束しないという，「年末闘争資金」等とは反対の判断がなされている。

すなわち「炭労資金」は国労の目的を定めた同組合規約第3条が，「組合は，国鉄労働組合員の生活と地位の向上をはかり日本国有鉄道の業務を改善し，民主的国家の興隆に寄与することを目的とする」（傍点筆者）としていることに照らすと，国労以外の組合に係る闘争資金である点で目的の範囲を超え，また，「安保資金」は労働者の経済的地位の向上を主たる目的としない，いわゆる政治闘争に係る資金である点で，「政治昂揚資金」は特定の政治意識を昂揚せしめようとする点で，いずれも労働組合一般の目的の範囲を超えると解されているのである。いい換えると，国労は国労組合員の生活と地位の向上を図ることを目的とする団体であり，労働組合一般は労働者の経済的地位の向上を図ることを主たる目的とする団体であると規定され，こうした限定された目的からすると，「炭労資金」，「安保資金」，及び「政治昂揚資金」のそれぞれの趣旨はその範囲を逸脱するとされるのである。こうして1審判決は国労の目的を組合規約の字義どおりに制限的に解し，あるいは「労働条件の維持改善その他経済的地位の向上を図る」（労働組合法2条）という，一般に労働組合の目的とされる活動をこれもその言葉どおりに制限的に解して，「炭労資金」，「安保資金」，及び「政治昂揚資金」については，原告国労の主張を退けるのである。この3つの資金の提供対象である行為は国労ないし労働組合一般の目的外の行為である

から，必然的に，組合員は協力義務は負わないというわけである。

　最後に1審判決は「春闘資金」について，そのなかには1961年のいわゆる春闘として大幅賃上げ等を要求するための闘争関係資金と，「炭労資金」の最終分が含まれているとし，「炭労資金」分については，上に述べたのと同一の理由により組合員は納入の義務を負わず，残余の春闘分金については納入義務があるとして，原告の請求を一部認容，一部棄却している。春闘分金について納入義務を認める理由は特に述べられていないが，「年末闘争資金」同様，それは賃上げという労働条件改善のための闘争であって，当然組合の目的の範囲内ということであろう。

　その理由はそれなりに明快であるが，もっぱら規約や労働組合一般の定義から窺われる組合の目的の観点から判断し，しかも経済闘争はその範囲内，政治闘争は範囲外というやや機械的とも思われる基準に基づくこうした1審判決を，しかし2審判決も結論においてはそのまま維持している。付加された理由も，1審判決のそれが詳しくされ，また，敷衍されたといった体のものが大部分であるが，ただ「政治意識昂揚資金」（1審段階では「政治昂揚資金」とされていたが，2審ではこのように「意識」が加えられている）については，1審判決が前述のように特定の政治意識を昂揚せしめようとする点で労働組合の目的の範囲を超えることを理由に納入義務を否定するのに対し，2審判決は，結論は同じくしながら，「支持政党を異にするなど（「政治意識昂揚資金」は具体的には国労が衆議院議員選挙において支持する候補者の選挙資金に充てるため，当該立候補者の所属政党に対してする寄付の資金を調達するためのものであった―筆者）これに応じられない政治思想上の理由があるのに，労働組合が右組合員に対し，衆議院議員選挙の特定の立候補者のための選挙資金の拠出を強制することは，民主主義国家の基本原理である国民の政治的信条の自由（日本国憲法第19条第21条）に対する侵害として許されない」ことをその理由としている。

　すなわち1審判決は「政治意識昂揚資金」の問題をもっぱら労働組合の目的，権利能力の観点から扱っているが，2審判決はそこには加えて組合員の権利・自由という問題もあるとしているのである。2審になってはじめて，事件には組合の権利能力のみならず，構成員の人権の問題も絡んでいることが認識されるに至っているといえよう。ただ判決が先に引用した文章に続けて，「したがっ

て，本件『政治意識昂揚資金』徴収の決議と指令は，右資金を任意に拠出する者に対しては格別，被控訴人らに対しては無効である」といっているのは，このことを目的の範囲内か否かの問題としているのか，あるいは統制力の問題としているのか，筆者には判然としないところがある。

最高裁判決[14]（原告国労側が下級審で敗訴した「炭労資金」〔「春闘資金」中の一部の分も含む〕，「安保資金」，及び，「政治意識昂揚資金」についてした上告に対するものと，被告らが下級審で敗訴した一般組合費（日割計算の主張），「年末闘争資金」，「春闘資金」〔「炭労資金」分を除く〕，「管理所闘争資金」，及び「志免カンパ」についてした上告に対するものの２つがあるが，ここではそのうちの前者について述べる）は，こうした目的の範囲と統制力という争点をより意識して検討し，また，労働組合は組合員の労働条件の維持改善その他経済的地位の向上という目的の遂行のために現実に必要な活動についてのみ組合員から臨時組合費を徴収することができるとの下級審の見解を見直して，結論として下級審判決をかなり大幅に変更し，「政治意識昂揚資金」を除いては，組合員の納入義務を認めている。

最高裁のこのような判断の大本になっているのは，「労働組合の活動は，必ずしも対使用者との関係において有利な労働条件を獲得することのみに限定されるものではない。労働組合は，歴史的には，使用者と労働者との間の雇用関係における労働者側の取引力の強化のために結成され，かかるものとして法認されてきた団体ではあるけれども，その活動は，決して固定的ではなく，社会の変化とそのなかにおける労働組合の意義や機能の変化に伴って流動発展するものであり，今日においては，その活動の範囲が本来の経済的活動の域を超えて政治的活動，社会的活動，文化的活動など広く組合員の生活利益の擁護と向上に直接間接に関係する事項にも及び，しかも更に拡大の傾向を示しているのである。このような労働組合の活動の拡大はそこにそれだけの社会的必然性を有するものであるから，これに対して法律が特段の制限や規制の措置をとらない限り，これらの活動そのものをもって直ちに労働組合の目的の範囲外であるとし，あるいは労働組合が本来行うことのできない行為であるとすることはできない」という認識である。つまり最高裁は下級審のように労働組合の活動の範囲を限定的，固定的なものとせず，幅広い，「組合員の生活利益の擁護と向上に直接間接に関係する事項にも及」ぶものとしているのである。

これが最高裁判決の基本的特色であるが、もう1つの特色は、このように組合の活動範囲が広範にわたることを認めながら、しかしそのことと組合員の協力義務の範囲や程度は別問題であることを明確にしていることである。再び判決文を引用すると、最高裁は、「しかし、このように労働組合の活動の範囲が広く、かつ弾力的であるとしても、そのことから、労働組合がその目的の範囲内においてするすべての活動につき当然かつ一様に組合員に対して統制力を及ぼし、組合員の協力を強制することができるものと速断することはできない。……労働組合の活動が前記のように多様化するにつれて、組合による統制の範囲も拡大し、組合員が一個の市民又は人間として有する自由や権利と矛盾衝突する場合が増大し、しかも今日の社会的条件のもとでは、組合に加入していることが労働者にとって重要な利益で、組合脱退の自由も事実上大きな制約を受けていることを考えると、労働組合の活動として許されたものであるというだけで、そのことから直ちにこれに対する組合員の協力義務を無条件で肯定することは、相当でないというべきである」とするのである。

そうなると次に当然以上の2点をどう調和させるかが問題になるが、そのことにつき最高裁は念入りに判断し、「問題とされている具体的な組合活動の内容・性質、これについて組合員に求められる協力の内容・程度・態様等を比較考量し、多数決原理に基づく組合活動の実効性と組合員個人の基本的利益の調和という観点から、組合の統制力とその反面としての組合員の協力義務の範囲に合理的な限定を加えることが必要である」といっている。

要するに組合の活動と組合員の権利・自由を調和させる必要があるが、それは組合の活動の内容等と組合員に求められる協力の内容等を比較考量して、組合の組合員に対する統制力（組合員からすれば協力義務）を合理的に限定することによってなすべきであるとされているのである。平たくいえば、組合の活動の範囲は制限的に解する必要はないし、また解するべきでもないが、そうした組合の活動についての組合員への協力の要請には、組合員個人の基本的利益を尊重しなければならないという限界があることを認識する必要があると最高裁判決はいうのである。一般論としてはこれは妥当な判断というべきであるが、一般論としては一応妥当のようにみえるものの、具体的適用の段になると、その一般論の趣旨がほとんど活かされていないようにみえる例もこれまで稀では

第6章 「法人の人権」に関する一考察

なかったため，問題はこうした一般論が実際にどのように具体的事案に適用されているかである。

しかし結論をやや先取り的にいうと，本件では最高裁は，以上にみた一般論の趣旨をかなり忠実に具体的事案の判断に適用しているようにみえる。

順次原告国労の上告の対象となった各臨時組合費についての判断をみていくと，先ず「炭労資金」については，1審判決は前述のように，原告国労以外の組合の闘争を支援するための資金である点でその目的の範囲を超えるとし，2審判決も「炭労資金」の徴収は組合員の労働条件の維持改善その他経済的地位の向上という国労の目的の実現に直接間接に必要とはいえず，その目的の範囲を超えるとしたが，最高裁はそれを退け，こうした支援活動は組合の目的の範囲内であり，それが決議された場合は組合員は協力義務を負うとする。「労働組合が他の友誼組合の闘争を支援する諸活動を行うことは，しばしばみられるところであるが，労働組合ないし労働者間における連帯と相互協力の関係からすれば，労働組合の目的とする組合員の経済的地位の向上は，当該組合かぎりの活動のみによってではなく，広く他組合との連帯行動によってこれを実現することが予定されているのであるから，それらの支援活動は当然に右の目的と関連性をもつものと考えるべきであり，また，労働組合においてそれをすることがなんら組合員の一般的利益に反するものでもないのである。それゆえ，右支援活動をするかどうかは，それが法律上許されない等特別の場合でない限り，専ら当該組合が自主的に判断すべき政策問題であって，多数決によりそれが決定された場合には，これに対する組合員の協力義務を否定すべき理由はない。右支援活動の一環としての資金援助のための費用の負担についても同様である」というのがその説明である。他組合の活動の成果は自組合の組合員の経済的地位の向上という目的に促進的に作用することが多く，したがって他組合への支援活動は自組合の目的と関連性を持つと積極的に捉えるべきであり，そうした活動には組合員も当然協力すべきであるとするわけである。1，2審判決がこの点やや機械的，硬直的であったのに対し，最高裁判決は組合活動の実態に即して弾力的に組合の目的や活動範囲，及び組合員の協力義務を理解しているといえよう。

「安保資金」と「政治意識昂揚資金」については，ともに労働組合の政治的

活動に関係するとし，最初に改めて，先ほどの一般論に加えて，さらに労働組合の政治的活動とそれに対する組合員の協力義務についての一般論を述べている。ここではいわば団体対構成員の人権という問題についての基本的スタンスがきわめて詳細に，また，説得力をもって展開されているが，要約すると，最高裁は先ず，労働組合が経済的活動の他に政治的活動をも行うことは，今日のように経済的活動と政治的活動との間に密接ないし表裏の関係のある時代においてはある程度までは必然であり，したがって政治的活動を組合の目的と関係ない行為としてその活動領域から排除することは，実際的ではなく，また，当を得たものでもないとし，それゆえ，労働組合が政治的活動をし，あるいはそのための費用を組合基金のうちから支出すること自体は法的には許されたものというべきであるとした上で，しかしこれに対する組合員の協力義務をどこまで認めるかについては，さらに別個に考慮することを要するという。

　こうしておいて最高裁は3つに分けてこの別個の考慮を説明する。1つ目は組合の政治的活動のうち，広い意味では組合本来の目的を達成するための経済的活動ないしはこれに付随する活動であるともみられるものと，それに対する組合員の協力義務についての考慮である。「一般的にいえば，政治的活動は一定の政治的思想，見解，判断等に結びついて行われるものであり，労働組合の政治的活動の基礎にある政治的思想，見解，判断等は，必ずしも個々の組合員のそれと一致するものではないから，もともと団体構成員の多数決に従って政治的行動をすることを予定して結成された政治団体とは異なる労働組合としては，その多数決による政治的活動に対してこれと異なる政治的思想，見解，判断等をもつ個々の組合員の協力を義務づけることは，原則として許されないと考えるべきである。かかる義務を一般的に認めることは，組合員の個人としての政治的自由，特に自己の意に反して一定の政治的態度や行動をとることを強制されない自由を侵害することになるからである。しかしながら，労働組合の政治的活動とそれ以外の活動とは実際上しかく截然と区別できるものではなく，一定の行動が政治的活動であると同時に経済的活動としての性質をもつことは稀ではないし，また，それが政治的思想，見解，判断等と関係する度合いも必ずしも一様ではない。したがって，労働組合の活動がいささかでも政治的性質を帯びるものであれば，常にこれに対する組合員の協力を強制することが

できないと解することは，妥当な解釈とはいいがたい。例えば，労働者の権利利益に直接関係する立法や行政措置の促進又は反対のためにする活動のごときは，政治的活動としての一面をもち，そのかぎりにおいて組合員の政治的思想，見解，判断等と全く無関係ではありえないけれども，それとの関連性は稀薄であり，むしろ組合員個人の政治的立場の相違を超えて労働組合本来の目的を達成するための広い意味における経済的活動ないしはこれに付随する活動であるともみられるものであって，このような活動について組合員の協力を要求しても，その政治的自由に対する制約の程度は極めて軽微なものということができる。それゆえ，このような活動については，労働組合の自主的な政策決定を優先させ，組合員の費用負担を含む協力義務を肯定すべきである」というのがそれであるが，ここでは政治的活動の一面を持っていても，むしろ労働組合本来の目的を達成するための広い意味における経済活動ないしはこれに付随する活動であるともみられるものについては，組合員は費用負担を含む協力義務を負うことが明確に述べられている。

　次いで判決は政治的活動性と組合の本来の目的との合致性が上のケースとは逆の場合，すなわち政治的活動性の方が強い組合の活動と，そうした活動に対する組合員の協力義務の関係について，これもかなり詳しくその考慮を述べる。「いわゆる安保反対闘争のような活動は，究極的にはなんらかの意味において労働者の生活利益の維持向上と無縁ではないとしても，直接的には国の安全や外交等の国民的関心事に関する政策上の問題を対象とする活動であり，このよう政治的要求に賛成するか反対するかは，本来，各人が国民の一人としての立場において自己の個人的かつ自主的な思想，見解，判断等に基づいて決定すべきことであるから，それについて組合の多数決をもって組合員を拘束し，その協力を強制することを認めるべきではない」というのが，この最高裁の第2の考慮の中心部分である。なお最高裁はこうしたケースにおいては，求める協力の限度が費用負担を限度とするものであっても，一定の政治的活動の費用としてその支出目的との個別的関連性が明白に特定されている資金についてその拠出を強制することは，こうした活動に対する積極的協力の強制にほかならないとして，やはり許されないと，さらに自己の見解を敷衍している。こうして組合員の生活利益の維持向上と全く無関係とはいえないとしても，政治的活動性

第6章 「法人の人権」に関する一考察

が勝る組合の活動については，第1のケースとは逆に組合員に協力を強制することは許されないとされるのである。

なおこうした安保反対闘争のような政治性の勝っている活動を労働組合が行うこと自体については最高裁は特にふれていないが，全体のニュアンスからすれば，そのことは特に問題とはせず，ただ多数決によって組合員に協力を強制することはできないとするものであろう。

以上の2つの考慮は詳細で意を尽くしている点で評価されるが，結論的には特に目新しいものではなく，大方の同意を得るところであろう。ところが最高裁はこれで終わらず，さらに，政治的活動に参加して不利益処分を受けた組合員の救援とそれに対する組合員の協力義務について，上記2つとは別個の3番目の考慮を述べるのである。

「右安保反対闘争のような政治的活動に参加して不利益処分を受けた組合員に対する救援の問題について考えると，労働組合の行うこのような救援そのものは，組合の主要な目的の一つである組合員に対する共済活動として当然に許されるところであるが，それは同時に，当該政治的活動のいわば延長としての性格を有することも否定できない。しかし，労働組合が共済活動として行う救援の主眼は，組織の維持強化を図るために，被処分者の受けている生活その他の面での不利益の回復を経済的に援助してやることにあり，処分の原因たる行為のいかんにかかわるものではなく，もとよりその行為を支持，助長することを直接目的とするものではないから，右救援費用を拠出することが直ちに処分の原因たる政治的活動に積極的に協力することになるものではなく，また，その活動のよって立つ一定の政治的立場に対する支持を表明することになるものでもないというべきである。したがって，その拠出を強制しても，組合員個人の政治的思想，見解，判断等に関係する程度は極めて軽微なものであって，このような救援資金については，先に述べた政治的活動を直接の目的とする資金とは異なり，組合の徴収決議に対する組合員の協力義務を肯定することが相当である」というのが，その第3の考慮である。不利益処分を受けた組合員の救援は，その処分の原因となった行為の性質とは別に，組合の主要な目的の1つである共済活動として位置づけられるべきであり，そうであればその原因となった行為には政治思想上等の理由で賛成しない組合員も，救援への協力は義

第6章 「法人の人権」に関する一考察

務づけられると判決はするのである。

以上の3つの考慮に照らしてみると,「安保資金」と「政治意識昂揚資金」についての結論は自ら明らかであろう。すなわち「安保資金」については,脱退した元組合員らもこれを納付する義務を負うことは明らかとされ,「政治意識昂揚資金」については逆に組合員に協力を強制することは許されないとされるのである。なお判決は最後の「政治意識昂揚資金」の検討に際して,上にみた第2の考慮,つまり政治的活動の要素が強い組合活動に対する組合員の協力義務について説いた考慮の意味するところを,選挙支援という特定の政治活動に合わせて改めて述べているが,それは判決の立場をよりクリアに表わしているので,その部分も併せて紹介しておこう。すなわち最高裁は「政治意識昂揚資金」について,「右資金は,総選挙に際し特定の立候補者支援のためにその所属政党に寄付する資金であるが,政党や選挙による議員の活動は,各種の政治的課題の解決のために労働者の生活利益とは関係のない広範な領域にも及ぶものであるから,選挙においてどの政党又はどの候補者を支持するかは,投票の自由と表裏をなすものとして,組合員各人が市民としての個人的な政治的思想,見解,判断ないし感情等に基づいて自主的に決定すべき事柄である。したがって,労働組合が組織として支持政党又はいわゆる統一候補を決定し,その選挙運動を推進すること自体は自由であるが,……組合員に対してこれへの協力を強制することは許されないというべきであり,その費用の負担についても同様に解すべきことは,既に述べたところから明らかである」というのである。

このように組合が支持政党や統一候補を決定し,その選挙活動を推進すること自体は自由であるとされながら(上にみたように,3つの考慮の前置きのなかで,「労働組合がかかる政治的活動をし,あるいは,そのための費用を組合基金のうちから支出すること自体は,法的には許されたものというべきである」とされていることから,この選挙運動の推進のなかには,組合費からの選挙資金の提供も含まれているものと思われる),他方で特にそのために組合員に通常の組合費と別に資金の提供を強制することはできないとされるに至って,冒頭で整理した目的外行為をめぐる紛争の第3のポイントについて最高裁が,組合の権利能力の問題と組合員の協力義務の問題はイコールではなく,別個に考えなければならないという立場をとっていることが如実に,かつ具体的に示されているといえよう。

筆者は，組合自体の活動の範囲はできるだけ広範なものとしつつ，にもかかわらず，思想，信条の自由という組合員の人権はその「基本的利益」として尊重されるべきであり，組合の統制力もその前で立止まらなければならないというこの部分が，国労広島地本事件最高裁判決の最も重要な部分であり，3つのポイントの指摘の際に述べたように，一般に「法人の人権の限界」といわれるものの好個の例ではないかと考えている。

　以上にみた国労広島地本事件最高裁判決は，労働組合という団体の発生や存在の理由，あるいはその役割や活動範囲の変化等をよく認識するとともに，そのように拡大発展することによって構成員への統制力を強めがちな団体からの構成員の権利・自由にも目配りをした妥当な判決として高く評価されるが，最後にこの判決を読みながら気がついたことをさらに2つ付け加えておくことにしたい。

　その1つは冒頭で目的外行為をめぐる紛争のポイントとして指摘した3点のうちの2点目に関わるが，この判決は，ある活動が組合の目的の範囲内であるか否かを論じるに当たって，その活動と構成員の権利・自由との関わりは考慮していないということである。具体的にいうと，組合の政治的活動は当然構成員の政治的信条と積極，消極に関わりをもつことになるが，そのことは政治的活動が組合の目的の範囲内であるか，あるいは目的に関連する活動といえるかの判断材料とはなっていないということである。上にみたように，目的との関わりはあくまでも労働組合という団体の性格やその現代における役割等から判断されているのである。

　そしてこれも上に示したように，そのことが肯定され，統制力を考える段になってはじめて，組合の政治的活動と構成員の権利・自由の衝突の可能性が論じられ，統制力に限界が置かれるのである。

　なぜこれまでにもふれてきたこのことにわざわざ重ねてふれるかというと，目的外行為をめぐる紛争の判決のなかには，ポイントの説明の際にすめ指摘しておいたように，すでに目的の範囲内か否かの論議の段階で，問題の活動が構成員の権利・自由にふれることを判断材料にしている例もあるからである。Ⅲで詳しく述べる南九州税理士会事件最高裁判決がその典型で[15]，この判決は税理士会の目的の範囲を判断するに当たっては会員の思想，信条の自由との関係も

第6章 「法人の人権」に関する一考察

考慮せねばならないとし，政治献金は会員各人が市民としての個人的な政治的思想，見解，判断等に基づいて自主的に決定すべき事柄であるというべきであるとして，税理士会の政治献金をその目的の範囲外であるとしている。

組合員や会員の政治的信条に関わる同種の活動について，国労広島地本事件ではいわば組合は権利能力は持つが，それに対する協力は組合員の政治的思想等により自主的に決定されるべき事項であるから，統制力は持たないという形で決着がつけられ，他方南九州税理士会事件ではそうした活動については，税理士会はそもそも権利能力を持たないとされているわけである。一般的な用語を使っていえば，同種の活動が，前者では「法人の人権」の「限界」の問題となり，後者では「法人の人権」の「範囲」の問題となっているといえなくもない。

もちろん目的の範囲外とされた場合でも，統制力が及ばないとされた場合でも，結果的には当事者（組合員や会員）への効果は変わりないわけであるが，筆者はやはり国労広島地本事件最高裁判決のように，その団体の性格や役割からして，団体が当該活動を行うことが妥当であるかを先ず論じ，それが肯定されれば次いで，その活動が構成員の権利・自由に与える影響に照らして統制力を検討するのが，論理的で適切なやり方ではないかと考えている。

なおさらに関連していうと南九州税理士会事件1審判決[16]は，政治献金が税理士会の目的の範囲内か否かについては，会員の思想，良心の自由に言及することはあるものの，基本的には税理士会の有する公益性を理由に，範囲外としたうえで，仮に範囲内であると解しても，会員の協力義務の範囲についてはさらに検討を要するとして，論を進めている。すなわち目的の範囲内か否かという点ででは結論を異にするものの，その問題と統制力の問題は別個に検討せねばならないとする点では，国労広島地本事件最高裁判決と軌を一にしているのである。そしてやはり政治献金のための特別会費の納付を強制することは，反対の意思表示をした会員に対し一定の政治的立場に対する支持の表明を強制することに等しいことなどを理由に，協力の強制はできないとしている。詳しいことはⅢで述べるが，統制力の問題に真正面から取り組んだ数少ない例なので，簡単ながらここでもふれておく次第である。

もう1つは八幡製鉄政治献金事件の場合と同様，国労広島地本事件でも，「法

人の人権」といえるものがあるか，そうした概念をわざわざ用いて論ずべきなのかという疑問である．なるほど組合の政治的活動が問題とはなっているが，それはそのことが国法上禁止されたり，制限されたりしたことを争うものではなく，精々構成員との関係で，そうした活動も当該団体の目的の範囲内とみなしてよいかどうかというレベルの争いである．公権力や第三者による介入，侵害，妨害等の排除が求められているわけではないから，これまでにもその言葉を使ったように，団体の権利能力といった類の権能の問題で，政治的活動の自由，すなわち表現の自由が労働組合に保障されているかといったレベルの問題ではないように，筆者には感じられるのである．要するに国労広島地本事件は団体の構成員に対する統制力の射程距離の問題と捉えればよい事案のようにみえ，最高裁判決もそのような立場であるように筆者には思えるのである．

Ⅲ　強制加入団体（公益法人）をめぐる事件

　以上のⅠとⅡで八幡製鉄政治献金事件と国労広島地本事件を対象としていわゆる「法人の人権」といわれる問題について考察したがその結果を要約していうと，確かに例えば報道機関が公権力によって意に反する行為を強制されるなどの干渉を受けて，報道の自由の侵害を訴えたり（博多駅テレビフィルム提出命令事件など），企業が思想信条の自由を理由に解雇の違法無効を主張する被傭者に対抗して，経済的自由権の一環としての契約締結の自由（雇傭の自由）を以て被傭者の解雇の適法性を主張したりする場合（三菱樹脂事件など）のように，その主張に対する賛否はともかく，「法人の人権」を語ること自体はそれなりに首肯できるケースがないわけではないものの（もちろん後者の場合は人権規定の私人間効力という別の問題が発生はするが），八幡製鉄政治献金事件や国労広島地本事件はそうした法人が公権力による介入を受けたり，人権を理由に自らの労働者に対する行為を正当化しようとした事例ではないため，ことさら「法人の人権」を論じる必要はないケースではないかということであった．

　また，そもそも営利法人である株式会社や中間法人である労働組合はその任意に設立された私的な団体という性格からして，憲法以下の国法で特に禁止されない限り，基本的には直接，間接に当該法人の利益につながると思われる場

合（さらには当該法人の利益との関係が必ずしも明らかでない場合でさえも），自主的な決定によりいかなる行為をも自由に行うことが許容されるのであり，したがって株式会社の政治献金や労働組合の政治活動も特に「法人の人権」を以て適法性の根拠づけを図る必要性はない事柄ではないかというのが，筆者の考察の結果であった。要するに前者についていえば，株式会社がその所有する資産をどのように使用しようと本来自由であり，後者についていえば，労働組合がどのような活動を行おうとこれまた本来自由なのであって，それが公権力によって禁止されるというような場合でもない限り，憲法上の人権として株式会社は政治献金を行う自由を保障されているか，あるいは労働組合は政治活動を行う権利を有するかを論じる必要はないのではないかというのが，筆者の結論であったのである。

　むろん株式会社については定款で定められた目的があり，労働組合についても労働組合法が労働者の「労働条件の維持改善その他経済的地位の向上を図ること」を主たる目的とする組織であると規定し，通常労働組合の規約もそれを組合の目的として掲げている。しかし判例は株式会社の定款の目的条項を弾力的かつ広範囲に解しており，事実例えば製造会社が本来の物品の製造販売に加えて，自ら病院，美術館，運動施設等を設け，あるいは援助し，また，文化・福祉・教育事業等を行い，支援するなど，製造やそれに付帯する事業とはいえないような事業を行うことは現在では常例であって，そうした行為の妥当性をめぐって取締役等の善管注意義務違反などが主張されることはあっても，「実際に目的外の抗弁が認められる可能性は皆無に近い[17]」のが現状であるし，なされた行為そのものの対外的・外部的効力が目的違反として違法無効となるわけでもない。また，上記の労働組合法が定める目的もそれ以外の活動を禁止し，それに違反すれば違法な組合活動として何らかの法的制裁を受けるという趣旨ではなく，ただ労働条件の維持改善その他経済的地位の向上を主たる目的とする労働者の組織でなければ，同法が定める手続に参与する資格を有せず，かつ，国法が定める救済を与えられないという意味にすぎないのである。

　このように筆者は本来株式会社の政治献金や労働組合の政治活動は権利能力の問題としては，とりたてて問題とされる必要はなく，ましてやそれを「法人の人権」の行使として適法性を主張する必要はない行為と考えるに至ったが，

ただこうしてそれらの行為は権利能力的には特段問題がないとすることによって法人の行為をめぐる権利自由の問題は終わるわけではなく，法人の行為とその構成員の権利自由との関係という別の法的問題を生じさせる可能性があることに注意せねばならず，むしろ法人の行為をめぐる法的問題としては法人の権利能力よりもこのことの方が重要ではないかとの見解も持つに至った。それは本稿の冒頭で使った言葉でいえば，「法人の人権」よりも「法人の人権の限界」あるいは「法人からの人権」という問題の方こそが確かに最も肝要な問題であろうということである。より具体的にいうと，上にみたような法人の行為については構成員に協力が求められることが当然あるが，その場合そうした要請の内容や態様に自らの権利自由との抵触を感じる構成員は，にもかかわらず構成員であるが故にそれを受忍せねばならないのかということこそが，最も検討を要する事項であろうと考えるに至ったということである。

このような構成員は自らの権利自由を理由に法人の行為への協力の要請を拒めるのか，拒めるとすればどのような場合か，換言すれば権利能力的には問題がない行為への協力については法人はその構成員に対してどの程度の強制力，統制力を認められるのかという筆者が最も重要と考える問題は，八幡製鉄政治献金事件では会社の資金が政治献金として提供されただけであって，そもそも個々の構成員には政治献金の提供については何ら特別の協力は求められていないため発生せず，労働組合が組合員に対し一般組合費とは別にその使途には政治性を持った活動への支出も含まれている臨時組合費の納入を請求した国労広島地本事件ではじめて本格的に争われた。

この国労広島地本事件の詳細はⅡで述べているのでここでは繰り返さないが，最高裁は，「もともと団体構成員の多数決に従って政治的行動をすることを予定して結成された政治団体とは異なる労働組合としては，その多数決による政治的活動に対してこれと異なる政治的思想，見解，判断等をもつ個々の組合員の協力を義務づけることは，原則として許されないと考えるべきである」とし，総選挙に際し特定の立候補者支援のためにその所属政党に寄付する資金である「政治意識昂揚資金」（幾つかの臨時組合費のうちの1つ）については，選挙においてどの政党又はどの候補者を支持するかは，投票の自由と表裏をなすものとして，組合員各人が市民としての個人的な政治的思想，見解，判断ない

し感情等に基づいて自主的に決定すべき事柄であるとし，したがって組合員に納入を強制することはできないとして，組合が政治活動を行うことを許容されることと（総選挙の立候補者支援のための所属政党への寄付についても，組合の基金からそれを支出することは差し支えないとされている），そうした活動について構成員に協力を強制することの適法性は分けて考えるべきであるとした。

いわば組合活動のうちコアの部分はともかく，そうではない部分についてはそれが人の個人的な思想信条に関わる場合は組合自体はそうした活動を行えるとしても，それに賛成しない組合員に対しては協力を強制することはできないといっており，筆者もこうした判示は妥当だと考えるが，ともあれこうして自主的・任意的に設立された株式会社のような営利法人や労働組合のような中間法人は一応定款や規約で「目的」としてその活動の内容を示しはするものの，そうした設立の性格を受けて「目的」の意義は法的な枠を定めるといったものではなく，概括的に設立の趣旨を述べるといった程度のものにすぎず，実際は自由な意思決定に基づいて広範な活動を行うことができるため，ある活動が目的の範囲内であるか否かという権利能力の問題はそれほど重要な問題とはならず[18]，むしろそうした広範な活動について構成員はどの程度協力義務を負うか，法人はどの程度強制力，統制力を及ぼし得るかが重要な問題となるのであるが，法人の種類によってはそれとは異なる考慮が必要な場合がある。

すなわち法人のなかにはこれらの営利法人や中間法人と異なり，税理士会のようにその業を行おうとする者はそれを設立し，加入することが義務づけられる法人があり，こうした俗にいう士業を行う者によって設立・構成される法人（公益法人）の場合は，営利法人や中間法人の場合と異なり，特定の公共・公益目的のため自治的団体として義務的に設立され，その目的達成のため否応なしに（「参加しない自由」という意味での「結社の自由」を制限されて）加入が強制されるわけであるから，むしろ基本的には法人の権利能力と構成員の協力義務は区別されるのではなく，重なり合うと考えられるのである。そのことを具体的にいえば，それが該当法人の目的の範囲内の行為である限り，構成員はそのことへの個人的な賛否に関わりなく協力（後にみるように実際に定められている公益法人の主な行為は「指導」や「監督」であるから，むしろ「受容」といった方が正確であろうが）を義務づけられるということであり，したがってここでは法人のあ

る行為がその権利能力の範囲内であるか否か、すなわち目的の範囲内であるか否かが決定的に重要となり、その結論の如何がそのまま協力義務の有無につながるのである。

　要するに「法人の人権の限界」あるいは「法人からの人権」ということが基本的な問題であることは同じでありながら、それが自主的・任意的に設立された株式会社のような営利法人や労働組合のような中間法人の場合は法人の強制力、統制力（構成員の協力義務）の程度という形で表れ、法に基づき義務的に設立された公益法人の場合は法人の権利能力の有無という形で表れると考えられるのであるが、このような士業を行う者によって設立・構成される公益法人としては周知のように税理士会の他に主なところでは司法書士会、行政書士会等があり、これらのいずれの組織でもそれぞれが行った行為についてそれが当該組織の目的の範囲内であるか否かが争われた事例があるので、本稿では以下順にそれらについて述べることにしたい（その他に同種の組織として弁護士会もあり、この弁護士会についても興味ある事例があるが、本稿では紙幅の都合上それにはふれない）。

1　税理士会

　税理士会の権利能力をめぐる事例としてよく知られているのは、いうまでもなく南九州税理士会事件であるが、その他に同様に税理士会の権利能力が争われた事例としては大阪合同税理士会事件もあるので、先ずこの事件について簡単に述べることにする。

　事件は大阪合同税理士会（以下「大税会」という。なおこれは事件当時の名称でその後名称は近畿税理士会となった）が、昭和54年6月の定期総会において、従来5万1000円であった会費を3000円増額して同年度以降5万4000円に値上げすること及び日本税理士会連合（以下「日税連」という。なおこの日税連は全国14の単位税理士会を会員とする連合組織である）に対し会員1人当たり会費8400円、特別会費2000円計1万400円の割合による連合会費を納入すること、並びに大阪合同税理士政治連盟（以下「大税政」という。なお税理士政治連盟〔以下「税政連」という〕は税理士の社会的、経済的地位の向上や民主的税理士制度・租税制度・税務行政の確立などを目指して必要な政治活動を行うため税理士によって組織された団体であ

り，大税政は大税会の会員によって組織されるそうした税政連の1つである。また，その上部団体は日本税理士政治連盟―「日税政」―である）に対し拠出金150万円を交付することを決議して同年度中にこの決議の趣旨を実行したところ，会員税理士である原告らが，上記決議のうちの会費増額分3000円の中には日税連に対する特別会費分2000円が含まれており，これは原告ら会員から特別会費を強制的に徴収するものであり，決議に基づき大税会が日税連に納入した連合会費のうちの特別会費に相当する部分及び大税会が大税政に交付した拠出金は最終的には日税政に納入され，日税政はそれを政治献金の資金に充てたのであるから，決議中の会費3000円を増額する部分のうちの2000円増額の部分，特別会費1人当たり2000円を日税連に納入するとの部分及び大税政に150万円の拠出金を交付するとの部分は結局違法な政治献金を行う目的でなされたか，又は政治団体である日税政・大税政に寄付をする目的でなされたものと認められ，したがって大税会の権利能力（目的）の範囲を逸脱し，また，個々の会員の思想信条の自由を侵害するものとして憲法19条に違反するから無効であるなどと主張して，大税会に対し各原告につき特別会費に相当する2000円及び拠出金の1人当たり分担金相当額219円計2219円を返還することを求めた会費一部返還請求事件である。

　提訴の背景としては昭和30年代から懸案となっていた税理士法改正の方針をめぐる日税連・大税会執行部と反執行部会員との対立があるようであるが，最高裁まで争われたこの事件ではこうして特別会費と拠出金の性格及びそれらに関する納入と交付の決議の意義並びにそれらが原告のいうように政治献金につながっている場合は税理士会の権利能力（目的）の範囲，すなわち税理士会と政治献金の提供という形での政治活動の関係が争点となり，少なくともなる可能性があったわけである。

　本稿の問題関心からいえば当然後半の権利能力についての判断が最も興味を惹く点であるが，しかし結論を先にいっておくと，三判決のうち2審判決が一部このことにふれるのみで，他の二判決は前半の争点についての判断で結論を導き，税理士会の権利能力の問題には至らないまま原告の請求を退けており（請求を退ける点では2審判決も同様），したがって税理士会の権利能力に関する本件の先例としての意義はそれほど大とはいえない。

第6章 「法人の人権」に関する一考察

　以下順に三判決を簡単にみていくと，1審判決は，昭和54年6月の総会決議後現実に税理士法の改正に関し日税政や単位税政連を通じて100名前後の政治家に合計1億円余の政治献金がなされていることなどからすれば，「原告らが本件決議は特定の政治家へ政治献金を行うことを目的としてなされたものであると主張するのも，全く理由のないことではないと考えられるというべきである」としつつも，「本件決議当時，既に日税連ないし日税政や単位税政連が右政治献金を行うことを確定的に決定しており，被告大税会の執行部が直接右政治献金を行うことを目的として本件決議案を提出したことについてはこれを認めるに足る証拠はなく，また，右決議に参加した被告大税会の会員全員ないしは少なくともその過半数のものが政治献金の資金調達のためのものであるとの認識のもとに右議案の議決に参加したことについてもこれを認めるに足る証拠はない」として，本件の決議が特定政治家への政治献金を目的としてなされ，特別会費の徴収・納入や拠出金の交付もそうした目的を持ってなされたものであることを前提とする原告らの主張は，いずれもその余の点の判断に及ぶまでもなく全て理由がないといわざるを得ないとした。

　このように1審判決は，決議が原告主張のように政治献金の資金調達を目的とするものであると認めるに足る証拠はないとして，比較的簡単に税理士会が政治献金をなし得るかという権利能力の問題以前で判断を終え，原告の請求を退けたのであるが，それに比べると2審判決は原告らの請求を退ける点では同様であるものの，かなり詳細に理由を述べている。

　それは詳細である分必ずしも理解は容易ではないが，要約すれば，特別会費の性格及びそれと会費増額決議の関係，日税連への特別会費納入決議の意義，特別会費の納入決議と憲法19条との関係，大税政への拠出金の交付決議の意義の4つにまとめることができるであろう。

　先ず特別会費の性格及びそれと会費増額の決議の関係については2審判決は，昭和49年以降日税連は税理士法改正のための法対策関係費の財源として単位税理士会から所属会員1人当たり2000円を特別分担金として徴収してきており，本件特別会費は昭和53年に廃止されたこの特別分担金の性格を受け継ぎ日税連の法対策特別会計に組み入れるなど，実態は従来の特別分担金と変わらないものであって，特に政治献金の資金に充てることを企図して設けられたもの

269

ではなく，また，大税会は会員1人当たり2000円という特別分担金額は変わらないのに昭和49年度，50年度及び53年度に会費を増額し，さらに昭和56年度に特別会費の負担が終了しても，同年度にまた会費を増額していることなどからすれば，昭和54年度の本件会費増額決議のうち，2000円相当の増額部分は特別会費納入のためであるとは到底認め難いという。要するに大税会は昭和54年の5万1000円を5万4000円に増額するとの決議以前から日税連に税理士法改正のための対策資金の財源として会員1人当たり2000円を納入していたのであって，新たに昭和54年度に臨時に会員1人当たり2000円の特別会費を政治献金の財源とするため日税連に納入する必要が生じたから増額を決議したわけではなく，昭和54年度の増額は従前も，またそれ以降もかなり頻繁に繰り返された大税会の一般的な会費値上げの1つとみなされるというわけである。

　次いで大税会が会員1人当たり2000円の特別会費を日税連に納入するとの決議は，それが政治献金の資金に供されるものであるから大税会の目的の範囲を逸脱し，無効であるとの本稿の関心からすれば最も重要な控訴人らの主張については，2審判決は，上述のように昭和54年度に大税会等単位税理士会から日税連に納入された特別会費は法対策別会計に入れられたが，日税連は同会計から特別対策費として2000万円を支出し，これを日税政をはじめ大税政等の税政連に対し寄付したこと，他方日税政はこの寄付の他，日税政の会員からの会費，緊急募金，大税政等の単位税政連からの各特別分担金等の各収入の中から政党・政治家・立候補者に対し合計1億3000万円の政治献金をしたが，そのほとんどは日税政会員の会費及び緊急募金で賄われており，日税連からの前記寄付はそのごく一部にすぎないことを認定した上で（このように特別会費はその名目はどうであれ，実際には政治献金の資金の一部となったことは2審判決自身認めているが，1審判決同様大税会が特別会費の納入決議をした当時は大税会の理事会及び会員がそのことを認識していたことは認め難いとして，特別会費の納入決議とその後の日税連，日税政を通じての政治献金を切り離している），税理士会が税理士業務の改善進歩のために税理士法改正運動をすること自体はその目的からして許されないことではなく，そのための広報，宣伝活動及びそのために必要な支出は当然許されるし，政治資金の寄付についてもこれが客観的，抽象的に観察して税理士会の社会的役割を果たすためになされたものと認められる限り，目的の範囲内の行

為ということができるという。

　ただ判決はこのことに関して，しかしながら税理士会がその目的の範囲内においてするすべての活動につき当然かつ一様に会員に対して統制力を及ぼし，会員の協力を強制することができるとは即断できないのであって，「右政治資金の寄付が税理士会によって特定の政党，政治家又は候補者を支持，応援してこれらの者に対してなされる際，会員に対してこれへの協力を強制することは，会員の思想，信条の自由を犯すものとして許されないものというべきである」ともいう。

　この判示は判決自身が参照を指示しているように前半部分は八幡製鉄政治献金事件最高裁判決に倣い，後半部分は国労広島地本事件最高裁判決に倣ったものであるが，このように営利法人，中間法人，公益法人という法人の種別を意識することなく，法人の政治活動のあり方は全法人共通であるかのように捉えて，両判決を単純に継ぎ合わせて本件に当てはめようとしている点で2審判決は先ず問題があるといわねばならないであろう。特に簡単に税理士会の社会的役割を果たすためになされたものと認められる限り政治資金の寄付も許されるとする点は甚だ疑問である。法人の社会的役割は当然法人の種類によって異なるのであり，営利法人である株式会社の社会的役割の1つに政治資金の寄付があるとしても（もっともこうした考えを筆者が採らないことはすでに述べたが），その理由がそのまま公益法人である税理士会に妥当するわけではないし，妥当するというのであればその理由を丁寧に説明すべきであろう。

　また，後半の国労広島地本事件最高裁判決を引用している部分も，税理士会自体は特定の政党・政治家・候補者を支持，応援してこれらの者に対し政治資金の寄付をすることができるものの，その際は会員へ協力を強制することはできないといっているように読めるが，その後の判示ではこうした政治献金が税理士会の目的の範囲外であるといったり，このような政治献金への協力の求めは税理士会の目的の範囲内にあるとは認め難いといったりしており，筆者からするとつまるところ税理士会はどういう理由で，また，どういう趣旨の政治資金の寄付をすることができるとしているのか，あるいは税理士会の目的の範囲についてどう考えているのか，また，どの点に着目して目的の範囲を判断しようとしているのか（政治献金をすることそのものについてなのか，あるいは政治献金

への協力の強制についてなのか），判然とせず，判示が中途半端であるような印象を受ける。

　そして2審判決は結局1審判決同様日税連と日税政の関係や本件特別会費納入決議時の大税会理事者や会員の認識にふれ，「大税会の理事者及び会員が右特別会費の一部が政治献金の資金に回されるであろうとの認識を持っていたものとは認め難いし，少なくとも同人らが日税政が後日実行した前記政治献金を予想し，かつ，これを容認していたものとは到底認め難い。右のとおり，本件特別会費納入決議の際，これが政治献金の資金に充てることを目的又は動機とし，且つこれが明示された上，右決議がなされたものとは認められない」と1審判決同様の認定をして，結論として，「大税会がなした日税連に対する特別会費の納入決議は，従前の特別分担金の納入決議と実質上変わるところはなく，前記のような政治献金の資金捻出のため会員から特別にこれを徴収してその協力を強制したとの事実関係はないから，その目的の範囲を逸脱するものではないというべきである」として，控訴人らの請求を退けるのである。

　すなわち控訴人ら主張のような事実関係は認められないという形で処理しているのであり，したがってそれに先立って税理士会の権利能力について述べたことは，実際には何らの意味も持たなかったわけである。一応「目的の範囲を逸脱するものではないというべきである」として権利能力と関係づけた判示をしているが，税理士会の通常の会費に関する決議であるならば，それで決議の問題性はなくなり，権利能力を云々するまでもないのであり（1審判決はそのようにしている），また相変らず政治献金が問題なのか，強制徴収が問題なのか，判然としないまま結論が述べられているのである。

　三番目の特別会費の日税連への納入決議と憲法19条の関係についても判決は，決議は特定の政党・政治家・候補者を支持し応援するための政治献金用に特別・臨時に会費の名目でこれを徴収したというものではないから，決議が控訴人ら会員各々に対してその思想，信条に反した行動を強いて，その憲法19条が保障する思想，信条の自由を犯したものとは到底認め難いなどとして，控訴人らの主張を退ける。

　最後の大税政に対する150万円の拠出金の交付の決議については，大税政は大税会と組織上表裏一体の関係にあり，その政治部門にすぎないから，このよ

うなトンネル機関の政治団体に寄付すること自体，大税会の目的を逸脱するもので許されないなどの控訴人らの主張に対しては，両者は公益法人と任意団体という別個の団体であり，また，大税政はその固有の会員の会費によって独立別個の会計を有しており，大税会からの150万円の拠出金は大税政の全収入の僅か4％にすぎないことなどからすればトンネル機関であるとは到底認め難いなどとし，結論として大税会の拠出金交付決議は政治資金規正法の枠内でなされた適法なものであり，しかもこうした交付は従前からなされてきたものであり，また，その額も大税政の収入上は極めて少額であるから，その目的の範囲を逸脱するものではないというべきであるとして，控訴人らの主張を退けている。しかし控訴人らの主張の真意は税理士会が特定の政党・政治家・候補者を支持，応援し，あるいは政治献金をすることはその権利能力の範囲を超えて許されず，この理は大税政等の政治団体に対する政治献金の寄付についても当てはまるとするものであること，すなわち大税政は政治団体であり，それに対する拠出金の交付は大税会の権利能力の範囲を超える違法な政治献金の寄付にほかならないとするところにあることに照らすと，上にみたこうした主張を退ける2審判決の理由も焦点がずれているとの感は否めない。

　このように2審判決は3つの判決のうちでは唯一税理士会の権利能力という筆者が最も関心を持つ争点にふれはするものの，その点についての判断は曖昧で混乱しているとの印象を与えるものとなっており，結局前述したように税理士会の権利能力に関する先例としての意義は限定的であるといわざるを得ない。

　最高裁[21]はこうした2審判決について，増額された3000円のうち2000円は違法な特別会費用のものであるとの原告・控訴人（上告人）らの主張を，増額は一般的な会費値上げであり，特別会費に充てるため特になされたものではないとして退けた部分はそのまま維持したが，日税連への特別会費の納入と大税政への拠出金の交付を決議した部分の無効の主張に対してはそれは退ける点では同一ながら，その理由は異にしている。すなわち最高裁は当該決議部分は，『被上告人（大税会。ただし前述のようにその後名称の変更があり，判決時は近畿税理士会―筆者）が上告人ら会員から徴収する会費の使途を定めたものにすぎず，これに相当する金員を会員から徴収することを定めたものではない。したがって，仮にこれらが無効であるとしても，そのことは，上告人ら会員が被上告人に対

し右金員の支払を求める法的根拠にはならないことが明らかである」というのである。

　一般的な会費の増額決議はなされたが，それ以外には日税連への特別会費に充てるため2000円を徴収することや大税会への拠出金の資金を会員から徴収することの決議がなされた事実はなく，単に一般会費として徴収された大税会の資金の一部を特別会費や拠出金として納入，交付するという使途の決議がなされたにすぎないから，仮にそうした決議が無効であるとしても，そのことはそうした決議に基づく使途分の返還請求権を会員に生じさせるものではなく，だとすれば上告人らのいう特別会費と拠出金の納入，交付の決議の無効原因について判断するまでもなく上告人らの請求は棄却を免れないとするものであるが，いささか形式論理的で真の争点を避けている気配がないでもない。

　ただ三好裁判官のみは上に述べた上告人らが争っている決議部分は会費の使途を定めたものにすぎず，会員からそれに相当する金員を徴収することを定めたものではないとの法廷意見の説示には賛成しつつ，補足意見でこの使途の問題にふれ，強制加入団体である税理士会が政治活動をし，又は政治団体に対し金員を拠出することは税理士会の権利能力の範囲を逸脱することは明らかであるとして，政治団体である大税政への拠出金の交付を決議した部分は無効というほかはなく，また日税連に納入される特別会費が日税連において政治活動の費用に使用され，あるいは政治団体である日税政に拠出されるものであって，しかも大税会の総会がこれらのことを知って納入を決議したとするならば，その決議もまた無効というべきものとするが，筆者も基本的にはこの三好裁判官の補足意見に賛成する。

　こうして大阪合同税理士会事件では上にみたような判決の態度のため本格的には判断されなかった税理士会の政治的事項についての権利能力の問題が正面切って論じられたのが，周知の南九州税理士会事件である。

　この南九州税理士会事件の事実そのものは比較的シンプルで，南九州税理士会（以下単に「南九税会」という）が昭和53年6月の総会で，税理士法改正運動に要する特別資金とするため各会員より特別会費として5000円を徴収し，それを全額南九州各県税理士政治連盟（以下単に「南九各県税政」という）へ会員数を考慮して配付すると決議したのに対し（昭和51年にも同様の決議がなされている。

第6章 「法人の人権」に関する一考察

なお南九税会は熊本国税局の管轄する熊本，大分，宮崎，鹿児島4県の税理士によって構成され，各県税政とはこれら4県の税理士政治連盟のことである），税理士法改正に反対し，総会でも決議案に反対意見を表明した原告が期限までにこの特別会費を納入しないでいたところ，南九税会の役員選挙の選挙権・被選挙権を停止されたため（南九税会の役員選任規則では会費滞納者には役員選挙の選挙権及び被選挙権を付与しないとされていた），税理士会が政治団体に寄付することはその目的外の行為であり，また税理士法改正運動に反対する原告から強制的に特別会費を徴収することは原告の思想信条の自由を侵すことなどを理由に決議を無効と主張して，特別会費納入義務の不存在確認，選挙権・被選挙権停止処分の無効確認，役員選挙の無効確認及び慰謝料の支払い等を求め，提訴したというものである。

本件ではこのように大阪合同税理士会事件の場合と異なり政治団体である4県税政へ配付するため5000円を特別会費として徴収することを明示した上で決議がされたため，大阪合同税理士会事件1・2審判決のように，決議はそれが政治献金の資金に充てられることを認識してなされたわけではないとはいえず，また，最高裁判決のように，決議は使途を定めただけであって，徴収を決議したわけではないともいえず，下級審判決も最高裁判決も否応なしにこうした決議が税理士会の目的の範囲内であるか否か，すなわち税理士会の政治資金の寄付という行為が適法であるか否かを論じざるを得なくなったのである。

ただ三判決とも事件そのものは比較的シンプルである割にはなかなか理解が容易ではない判示をしているが，筆者のみるところそれは事案が表面的にはシンプルであるものの，その実重要な問題を含んでいると捉えられ，判示がやはり慎重になったためではないかと思われる。

また，1審判決と最高裁判決は八幡製鉄政治献金事件最高裁判決と国労広島地本事件最高裁判決を関連する先例として挙げつつ，前者は本件には妥当しないとしながら，後者の趣旨は何とか本件判示に取り込もうとしているが，後にみるようにそのことも判決の理解を難しくしている原因ではないかと思われる。

以下こうしたことを前置きとして三判決を順にみていくと，1審判決は[22]，先ず，「税理士会は，税理士の使命及び職責にかんがみ，税理士業務の改善進歩に資するため会員の指導，連絡及び監督に関する事務を直接の目的とし，日税

連及び被告の各会則2条……もほぼ同様の規定をしていること，しかも税理士会が間接とはいえ強制加入団体の公益法人であって，その運営に当たって，会員の思想，良心の自由に格別の注意を払うべきことが要請されていること，税理士会とは別に，その政治活動の実働部隊としての政治団体たる税政連組織の形成は，税理士会の政治活動に制約があることを慮った結果でもあったことにかんがみれば，税理士会が，会員の思想，良心の自由を侵害しかねない行為について慎重でなければならないのはいうまでもない。税理士会が公益性を有する社会的実在であることから，社会通念上期待ないし要請されるものが，公益性，という観点から，営利性を有する会社とは別異の理解をされることは，止むをえないであろう。税理士会が政党や特定政治家の後援会に政治資金を寄附することが，税理士会の右目的（権利能力の範囲内）に含まれない，ということも，税理士会の有する公益性から，当然に導きうるものと思われる」という。この判示の後半部分はいうまでもなく，八幡製鉄政治献金事件最高裁判決を意識し，その用語例に従いつつ，本件は八幡製鉄政治献金事件とは性質が異なることを指摘するものであり，事実判決は続けて，政治資金を寄付することは税理士会に社会通念上期待ないし要請されていることとはいえないという点で，公益法人たる税理士会は営利法人たる会社と質的な相違があり，八幡製鉄政治献金事件最高裁判決の結論は本件においては妥当しないとさらに踏み込んで明言している。

　こうした判断自体はこれまで筆者が述べてきたことと重なるものであり，基本的には賛成であるが，この1審判決の判旨を今後の行論のためという意味も込めて筆者なりの捉え方でいい直すと，先ず前述のように「参加しない自由」という意味での「結社の自由」を制限されて士業に従事する者が税理士会や司法書士会等に加入を強制されるのは，それらの会の目的（活動内容）が特定・限定されていることを意味すると理解することが何よりも肝要であるということである。すなわちどのような活動がなされるか想定できない団体に人は加入を強制されることはないのであるから，いわば加入の強制と会の目的の特定・限定はセットになっているのである。

　そして税理士会の場合は税理士法で，他の会の場合もそれぞれ関係法でそうした特定・限定された目的が明示的に示されるのであるから，そうして明示的

に示された目的に該当しない会の活動はすべて目的の範囲外の活動ということになるわけである。しかし税理士会についていうと、会の活動が文字どおり「会員に対する指導，連絡及び監督に関する事務」のみに限定されるかといえば実際には必ずしもそうとはいえないであろう。例えば税理士法では税理士会は当然事務所を置くことが想定されているが，事務所を構えるとなれば必然的にそのための施設の賃借や建設，職員の雇用管理という活動はもちろん必要になるのである。そしてこうした税理士会の存立や維持のために必須の活動に加えて，例えば会の財政的運営に支障のない範囲で会費を利用した会員への貸付事業等の福利厚生のための共済事業を行うことも許容されるであろうし，また，会員の協力により税務についての市民への啓発・教育活動を行い，災害支援金の提供といった社会貢献活動を税理士会が会費の一部を割き，加えて会員の募金の取りまとめ役となって行うことも，多人数（の専門家）が結集した組織の活動として社会通念上は特に異は唱えられないであろう（以下こうした活動を「社会通念上許容される活動」という）。問題はこうした法が定める目的の範囲内とはいえないが，業務内容を同じくする者の多人数の集団として社会通念上許容される活動の範囲をどう画するかであるが，そのようにして許容される活動であるためには，少なくとも，当該活動が他者や他団体の利益と抵触しないこと，会員に会員であることに伴う経済的負担以上の負担を強制するものではないこと，参加，協力，利用等は各会員の任意の選択とすること，政治的，社会的，倫理的に意見が分かれ，対立が予想される，あるいは現に対立している事柄に係るものではないことなどの条件をクリアすることが必要であろう。

　こうした理解からすれば税理士会が政党や特定政治家の後援会に政治資金を寄付することはもちろん，特定政治団体に対する寄付も，法が定める目的の範囲内の活動でないことはもとより，社会通念上許容される活動にも該当しないと判断されるから，いずれにしろ本件南九税会の決議は無効といわざるを得ないことになるのである。ともあれこのように１審判決のような道筋であれ，筆者のような行論であれ，政治団体である南九各県税政への寄付であることを明示してなされた本件決議が無効であれば，それで訴えについて判断するには充分であるから，その余の点について判断するまでもなく原告の請求を認容する結論が導き出せるはずであるが，判決は直ぐにそうはせず，さらに仮に決議が

税理士会の権利能力の範囲内に属する事柄についてなされたものと解するとしても，なお検討を要する問題があるといい，判断を終わらないのである。

すなわち判決は仮に本件決議が有効であるとしても，「会員の協力義務の範囲」という問題がなお残るとして，国労広島地本事件最高裁判決の判旨に類似した行論を展開し（判決自身当該判決が参考になると明言している），結論として，「もともと団体構成員の多数決に従って政治的行動をすることを目的として結成された政治団体……と異なる被告としては，その多数決による政治的活動に対して，これと異なる政治的思想，見解，判断等をもつ個々の会員の協力を義務づけることには謙抑であるべきである」といい，こうした角度から本件決議の効力について改めて判断している。そして税理士法の改正に賛成するか否かは，「被告の会員としては，各税理士が国民の1人として個人的，かつ，自主的な思想，見解，判断等に基づいて決定すべき事であるから，それについて多数決でもって会員を拘束し，反対の意思表示をした会員に対しその協力を強制することは許されず，しかもまた右運動に要する特別資金とするため南九各県政へ寄附するための特別会費の納付を強制することは，反対の意思表示をした会員に対し一定の政治的立場に対する支持の表明を強制することに等しく，この面からもやはり許されないものというべきである」と結論している。

判決の意図としてはこれは，本件決議が違法無効である所以をさらに強調するための判示ということであろう。その意図は理解できないわけではないが，国労広島地本事件はすでに述べたように一応労働組合法で目的が述べられてはいるが，それは活動を限定するためではなく，労働組合法の適用を受けるための要件として掲げられているだけであって，実際に行う活動についてはほとんど無限定ともいうべき労働組合の事例であり，最高裁判決は労働組合がこうして行う活動のうちには，労働組合の活動としてコアの部分（社会通念上労働組合の当然の活動と理解されるもの）とコアとはいえない部分（労働者の利益に直接関わることが明白ではない活動）があり，後者の活動も自主組織である労働組合自体は許されるものの，そのうちの資金の提供という形での選挙における政党や候補者の支持のような個人的な政治的思想，見解，判断等に基づいて決定すべき事柄については組合員に協力の強制をすることまでは許されないとするのに対し，本件南九州税理士会事件はそもそも義務的に設立され，その活動範囲も明

確に法によって定められた税理士会の事例であるから，ただ納入の強制という点で共通していることのみに着目して本件において国労広島地本事件最高裁判決を引用するのは必ずしも適切妥当ではないのではなかろうか（また，国労広島地本事件最高裁判決が個人的な政治的思想，見解，判断等により自主的に決定すべき事柄としているのは上述のように選挙においてどの政党又は候補者を支持するかであり，そう判断する理由は政党や議員の活動は労働者の生活利益とは関係のない広範な領域にも及ぶことであるのに対し，南九州税理士会事件では税理士法改正についての賛否が同様な理由により自主的に判断されるべき事柄とされているが，そうしたアナロジーもやや強引であろう）。先に述べた筆者の立場からすれば，国労広島地本事件最高裁判決は，税理士会の政治団体への資金の寄付がその活動の外縁として許される社会通念上許容される活動に該当するかの判断の参考として用いられるべきであろうと思われるのである。

　ともあれ1審判決はこうして原告の特別会費納入義務の不存在確認や慰謝料の請求を認容したが，2審判決[23]は一転して南九税会が南九各県税の活動を助成するために寄付を行うことはその目的の範囲内であるとして，南九税会の1審敗訴部分を取り消した。

　この2審判決も相当多岐にわたっているが，紙幅の都合上，特別会費5000円を徴収し，それを政治団体である南九各県税政に配付するとの南九税会総会の決議は税理士会の目的の範囲内か否かについて論じた部分のみを紹介することにする。

　2審判決が注目するのは税理士法が定める税理士会の活動のうち，上に繰り返しふれた「会員に対する指導，連絡及び監督に関する事務」という主たる事務以外の事務である。具体的にいうと税理士法はこれらの事務の他に，「税理士会は，税務行政その他国税若しくは地方税又は税理士に関する制度について，権限のある官公署に建議し，又はその諮問に答申することができる」と定め，南九税会会則はこのことをより具体化して，講習会や研究会の開催，会員の品位の保持や監督のための施策の実施等の事務に次いで，「税理士の義務の遵守及び税理士業務の改善進歩に関して税務官公署と連絡協議する」ことや，「税務行政その他国税若しくは地方税又は税理士に関する制度について調査研究を行い，必要に応じ，権限のある官公署に建議し，又はその諮問に答申する」こ

となども会の業務と定めているが，2審判決はこうした定めから，各会員より特別会費5000円を徴収し，それを南九各県税政へ配付するとの本件決議はその目的の範囲内であるという結論を導くのである。

すなわち2審判決は，「これらの諸規定のほか，控訴人の法人としての性格にかんがみると，控訴人が，税理士に関する制度について調査，研究を行い，税理士制度に関する税理士法の規定について改正の必要があるとする場合や，その改正が現実の課題となっている場合に，求める方向への法改正を権限のある官公署に建議する̇ほ̇か̇，税理士業務の改善，進歩を図り，納税者のための民主的税理士制度及び租税制度の確立を目指し，法の制定や改正に関し，関係団体や関係組織に働きかけるなどの活動をすることは，控訴人の目的の範囲内であり，法律上許容されているというべきである。したがって，右の目的にそった活動をする団体が控訴人とは別に存在する場合に，控訴人が右団体に右活動のための資金を寄附し，その活動を助成することは，なお控訴人の目的の範囲内の行為であると考えられる」（傍点筆者）というのである。

しかしこれは税理士法や税理士会会則の税理士会の活動に関する関係規定（それも規定の趣旨や体裁からすれば第1次的活動というよりも副次的活動に関する規定）を最大限拡張解釈し，さらには税政連の規約の一部さえ取り込んでなされた判断であって，賛成することのできないものである。

例えば判決は官公署に建議する「ほか」，関係団体や関係組織に働きかけるなどの活動をすることも認められるというが，その根拠は実は何ら示されていない（あるいは「控訴人の法人としての性格にかんがみると」という判示がそのことと関係しているのかもしれないが，法人であることから当然に多様な活動ができるというものでもなかろう）。また，「建議」はその次に言及されている「答申」と基本的には同じことであって，専門家の団体としての税理士会がそうした立場から自らの発意によって専門的見解を具申することであり，諮問を受けて同様に諮問事項について専門的見解をまとめ伝えるのが答申である。要するに建議と答申は諮問を前提とするか否かの違いがあるだけであって，いずれも専門家の団体から専門的見解を当局に伝え，当局がそれを咀嚼することは当然のことながら有益な結果をもたらすであろうとの期待に基づいて定められた税理士会の業務である。それは決してある事項についての一定方向への誘導の働きかけ，す

なわち運動を意味するものではないのである。さらに,「納税者のための民主的税理士制度及び租税制度の確立を目指し」という文言は税理士法や税理士会会則には登場せず,前述のように日税政,南九税政及び各県税政等の税政連の規約で連盟の目的として示されている文言である。すなわち日税政規約では,「本連盟は,税理士の社会的,経済的地位の向上を図るとともに,納税者のための民主的税理士制度および租税制度ならびに税務行政を確立するため,必要な政治活動を行うことを目的とする」とされていて,税政連が政治活動をすることが定められている。つまり判決は税政連が政治運動体であることを宣言するために用いた文言を本来政治運動体ではない税理士会の活動内容の説明に転用しているのである。いわば判決は税政連という関係政治団体の規定の文言を都合よく借用して本来税理士の能力やモラルの確保向上を目指すものとされた税理士会を運動体のように（少なくとも運動体でもあるかのように）変質させているのである。しかもその運動の対象は官公署からさりげなく関係団体や関係組織という曖昧なものにまで拡張され,加えて同じ目的すなわち同じ運動方針を持った団体が存在するとすれば当該団体（その団体の性格には何らの限定も付されていない）に資金を寄付し,その活動を助成することも許されるというのである。もしこの判決がいうように法改正について税理士会が関係団体や関係機関に働きかけることが認められ,しかも資金の提供も許されるとすれば,税政連への寄付のみならず,ダイレクトに政党に寄付することも許されることになるであろう。判旨からすれば税政連への資金の提供は可であるが,税理士会の目的にそった活動をする政党へのそれは不可であるとする理は生じないのである。

　こうして2審判決は筆者にはいささか不可解な判決にみえる（もっとも2審判決も,南九各県税政への特別会費の配付が税理士会の目的の範囲内であるとの判断を補強するため,南九各県税政は確かに「政治活動」を目的として掲げているが,それは税理士の社会的,経済的地位の向上や民主的税理士制度及び租税制度の確立のために必要な活動に限定されていて,それ以外の何らかの政治的主義,主張を標ぼうして活動するものではなく,また,特定の公職の候補者の支持等を本来の目的とする団体でもないから,南九各県税政の行う活動が政治活動であることや,それが政治資金規正法上の政治団体であることをもって,これに対する寄付が南九税会の目的の範囲外であるとはいえないなどと述べているが,特別会費の政治団体たる南九各県税政への配付が南九税会

の目的の範囲内であるという判断同様, かなり強引な立論であるとの印象を受けるのみである)。そして実際最高裁はこの2審判決を破棄した。

ただこの最高裁判決も一見簡明のようでいて, その実よく読むと却って分かり難いところがある。比較的はっきりしていることから先ず述べておくと,「税理士会は, 会社とはその法的性格を異にする法人であって, その目的の範囲については会社と同一に論ずることはできない」として, 八幡製鉄政治献金事件最高裁判決にふれながら, 会社の政党への政治資金の寄付を目的の範囲内としたその理は本件には妥当しないとしていること, 税理士法は税理士会が税務行政や税理士に関する制度等について権限のある官公署に建議し, 又はその諮問に答申することができるとしているが, 政党など政治資金規正法上の政治団体への金員の寄付をそのことと同視することはできないとしていること, 並びに,「原審は, 南九各県税政は税理士会に許容された活動を推進することを存立の本来的目的とする団体であり, その活動が税理士会の目的に沿った活動の範囲に限定されていることを理由に, 南九各県税政へ金員を寄付することも被上告人の目的の範囲内の行為であると判断しているが,(政治資金—筆者)規正法上の政治団体である以上, 前判示のように広範囲な政治活動をすることが当然に予定されており, 南九各県税政の活動の範囲が(税理士—筆者)法所定の税理士会の目的に沿った活動の範囲に限られるものとはいえない」としていることなどである。

三番目の判示は判示自体が明らかにしているように2審判決の判旨を否定するものであり, 二番目の官公署への建議や答申についての判示も同様の趣旨であることは明らかであるが, 最初の判示も1審判決と同じく一応先例として八幡製鉄政治献金事件最高裁判決にふれながら, その結論は本件には当てはまらないとするものであって, 筆者の立場からすれば上の二点同様当然の判断であり, 敢えていえば, そうであるならばわざわざ述べる必要もない判示ということになる。

また,「税理士会が政党など規正法上の政治団体に対して金員の寄付をすることは, たとい税理士にかかる法令の制定改廃に関する要求を実現するためであっても,(税理士—筆者)法49条2項所定の税理士会の目的(前記の「税理士の義務の遵守及び税理士業務の改善進歩に資するため, 会員の指導, 連絡及び監督に関す

る事務を行うこと」―筆者)の範囲外の行為といわざるを得ない」とする結論も，税理士法所定の税理士会の目的そのものからしてすでに政治資金の寄付は許されないとしているかのように窺えて，筆者の立場と一致しているかにみえる。しかしよく読むと必ずしもそうではなく，判決はこの目的の範囲外という結論を上述の税理士法所定の税理士会の目的に関する規定からのみならず，その他の税理士法の規定や，国労広島地本事件最高裁判決の趣旨に照らした検討をも踏まえて導き出すという手法をとっているのである。

　すなわち判決は再三引用している税理士会の目的や権限ある官公署に対する建議や答申に関する税理士法の規定に加えて，総会の決議等について大蔵大臣（当時）への報告，大蔵大臣の税理士会に対する権限等に関する規定にふれ，さらに税理士会に入会している者でなければ税理士業務を行ってはならないという，税理士会を強制加入団体とする規定を挙げ，「税理士会は，以上のように，会社とはその法的性格を異にする法人であり，その目的の範囲についても，これを会社のように広範なものと解するならば，法の要請する公的な目的の達成を阻害して法の趣旨を没却する結果となることが明らかである」とするが，それで判断を終わらず，続いて税理士会が強制加入団体であることからすれば，その目的の範囲を判断するに当たっては，会員の思想信条の自由との関係で次のような考慮が必要であるとして，国労広島地本事件最高裁判決の判旨に照らして政治資金の南九各県税政への寄付が税理士会の目的の範囲内か否かを検討するのである。

　1審判決は仮に政治資金の南九税政への寄付が税理士会の目的の範囲内であるとしても，それに反対する原告にそのための特別会費の納入を強制できるかというコンテクストで国労広島地本事件最高裁判決を引照するのに対し，最高裁判決はこのように税理士会の政治団体への資金の寄付がその目的の範囲内であるか否かを判断する手掛りとして国労広島地本事件最高裁判決を用いるのである。このように1審判決と最高裁判決は国労広島地本事件最高裁判決を引照する点では軌を一にしながら，その引照の意義は異にするようにみえるが，ともあれ判決は先ず，「税理士会は法人として，法及び会則所定の方式による多数決原理により決定された団体の意思に基づいて活動し，その構成員である会員は，これに従い協力する義務を負い，その一つとして会則に従って税理士会

の経済的基礎を成す会費を納入する義務を負う。しかし，法が税理士会を強制加入の法人としている以上，その構成員である会員には，様々な思想・信条及び主義・主張を有する者が存在することが当然に予定されている。したがって，税理士会が右の方式により決定した意思に基づいてする活動にも，そのために会員に要請される協力義務にも，おのずから限界がある」という。筆者は繰り返し述べてきたように，税理士会の目的の範囲内の活動は税理士法が定める会員に対する指導，連絡及び監督に関する事務が主であり，付随的に権限ある官公署への建議と答申という事務があるにすぎず，それらについては会員は当然協力あるいは受容の義務を負うと理解し，したがって税理士会のある活動が目的の範囲内であるか否かは，それが「指導」，「連絡」，「監督」，「建議」，「答申」のいずれかに当該するか否かによって決せられると考えるので，税理士会の多数決原理により決定した意思に基づいてする「活動」にも，そのために「会員に要請される協力義務」にも，「おのずから」限界があるという判旨が直ちにはよく理解できない。

　ただこの判旨を前述した税理士会は目的の範囲内の活動の他に一定の社会通念上許容される活動を行うことができるという筆者の立場も踏まえて忖度すると，次のようにいえるのではないかと思われる。すなわち判決も法が定めた会員に対する指導，連絡及び監督の事務や権限ある官公署への建議あるいは答申以外に税理士が何らかの活動をなし得る場合があることを想定し，筆者とは異なりそれも目的の範囲内の行為とし，しかし会員各人が市民としての個人的な政治的思想，見解，判断等に基づいて自主的に決定すべき事柄はそうした場合には入らないとしているのではなかろうか。つまり筆者が社会通念上許容される活動として目的の範囲外ではあるが，税理士会に許容される活動としたものを，判決はどうやらそれも目的の範囲内の行為とし，ただ会員各人が個人的な政治的思想等に基づいて決定すべき事項を税理士会が行うことはこうしたいわば法の字義よりも拡張された意味での目的の範囲にさえ入らないとしていると捉えれば，判旨もそれなりに理解できるように思えるのである。

　それはいい換えれば最高裁が法人はその目的の範囲内で権利能力を有するとの法の規定に忠実に，税理士会がなし得ると想定される行為はすべて目的の範囲内と理解される，あるいは理解されるべきだと考えているということであろ

うが，筆者は前述のように目的の範囲の内容を拡張するのは妥当ではなく，税理士会の目的の範囲内の行為とはあくまでも法で明示された会員に対する指導等に関わる活動のみであり，それについては会員は正規の手続で決定されたものである限り，協力・受容の義務を負うのに対し，そうした目的の範囲外の行為でも税理士会はいわばボランタリーに（すなわち会員に会費以外の出捐を求めるなどの協力・受容を強制するのでなければ）会員の福利厚生を図ったり，社会貢献活動を行ったりすることができると考えるので，最高裁の判断とは異なるところがあるのであるが，ただこうした違いによって恐らく実質的な結果にそれほど差が生じることはないであろう。このことについては次の司法書士会をめぐる事件でも改めて述べるが，判示に戻ると，判決は前述した「税理士会が右の方式により決定した意見に基づいてする活動にも，そのために会員に要請される協力義務にも，おのずから限界がある」という判示に続けて，「特に，政党など規正法上の政治団体に対して金員の寄付をするかどうかは，選挙における投票の自由と表裏を成すものとして，会員各人が市民としての個人的な政治的思想，見解，判断等に基づいて自主的に決定すべき事柄であるというべきである」という国労広島地本事件最高裁判決に倣った判示をし，結論として，「そうすると，前記のような公的な性格を有する税理士会が，このような事柄を多数決原理によって団体の意思として決定し，構成員にその協力を義務付けることはできないというべきであり……（国労広島地本事件最高裁判決参照とされている―筆者），税理士会がそのような活動をすることは，法の全く予定していないところである。税理士会が政党など規正法上の政治団体に対して金員の寄付をすることは，たとい税理士会に係る法令の制定改廃に関する要求を実現するためであっても，法49条2項所定の税理士会の目的の範囲外の行為といわざるを得ない」という。

　結論自体には格別異論はないが，税理士会の政治団体に対する資金の寄付が，税理士法が定める「会員に対する指導，連絡及び監督に関する事務」という税理士会の目的に直接的にはもちろん，間接的にも該当しないことは明らかであり（第一これらの活動は会員に対する対内的活動であって，外部的団体に対して政治資金の寄付をするような対外的活動ではない），また，その他特にそうした行為を目的の範囲内とする根拠もないのであるから，重ねていえば，そうした結論は国

労広島地本事件最高裁判決を引照までして長々と論じるまでもなく導き出される結論ではないかというのが筆者の率直な感想である。なお筆者の立場からいえば，法が定める目的の範囲内の活動ではないことはもちろん，社会通念上許容される活動にも，会員の福利厚生を図る活動や社会貢献活動ではないことなどからして，該当しないものであることは明らかとして，税理士会の政治団体への政治資金の寄付は許されない行為ということになる。

思うに結局問題は自主的，任意的に設立された会社や労働組合の目的と義務的に設立された税理士会の目的の意義や範囲の捉え方を異にすべきであると考えるかどうかということであろう。筆者はこれまで繰り返し述べたように前二者の場合は目的は法自体では何ら定められておらず，それぞれが自主的に定めることになっているのに対し，後者の場合は目的が法自体で特定的・限定的に明示されており，そうした違いを受けて税理士会の場合は加入の強制が定められていると考えている。そうして前二者の場合はそのように自主的に定められた目的の解釈や実施は基本的には当の組織の自治に任され，結果としてその活動はコアの部分からしからざるものまで広範な領域にわたり得るのに対し，税理士会の場合の法が掲げる目的は税理士会の活動の範囲を拘束するものであって，税理士会の会としての活動（会員に協力や受容を強制する活動）は厳格にそうしたコアである活動のみに限られると考えるので，南九州税理士会事件1審判決と最高裁判決の結論は支持するものの，その行論にはやはりいささかのずれを感じるところがあることは否めないのである。

2　司法書士会

司法書士会の権利能力をめぐって争われた事件としてよく知られているのはいうまでもなく群馬司法書士会事件であるが，事案そのものは南九州税理士会事件と同様比較的シンプルで，税理士会と同じく司法書士により義務的に設立され，司法書士の業を行おうとする者はそこに加入することを強制される司法書士会（法務局又は地方法務局の管轄区域ごとに設立される）の1つである群馬司法書士会が，阪神・淡路大震災により被災した兵庫県司法書士会に3000万円の復興支援拠出金（以下単に「拠出金」という）を寄付することとし，その資金は一般会計からの繰入金と会員から登記申請事件1件当たり50円の復興支援特別

負担金(以下単に「負担金」という)の徴収による収入を以て充てる旨の総会決議(以下単に「決議」という)をしたところ,会員である原告らが,拠出金の寄付は群馬司法書士会(以下「「被告」という)の目的の範囲外の行為であること,強制加入団体である被告は拠出金を調達するため会員に負担を強制することはできないことなどを理由に,決議は無効であり,会員には負担金の支払い義務はないと主張して,債務の不存在の確認を求めた事件である。

すなわち事件の構図そのものも基本的には南九州税理士会事件と同様であるが,1審は原告らの請求を認容したのに対し,2審と最高裁は請求を退けた。このように1審と上級審で判断が分かれた上に,後にみるように原告の請求を5裁判官全員一致で認容した南九州税理士会事件の場合と異なり,原告らの請求を退けた本件最高裁第一小法廷判決が2裁判官の反対意見が付されたきわどい判断であったことは,復興支援のための拠出金の寄付が目的の範囲内であるかについての判断の方が政治資金の寄付についての判断よりも難しいことを示している。それは拠出金の寄付が筆者の用語でいえば司法書士会の目的の範囲内とはいえないが,同会の社会通念上許容される活動の1つである社会貢献活動的な側面を持つためであるが,以下三判決を順にみていくことにする。

1審判決は南九州税理士会事件最高裁判決の判旨をほぼそのまま踏襲し,政治資金の寄付を目的の範囲外とする理を拠出金の寄付にほぼそのまま当てはめて,司法書士会の拠出金の寄付も目的の範囲外の行為とするものである。つまり判決は,「会員の品位を保持し,その業務の改善進歩を図るため,会員の指導及び連絡に関する事務を行うことを目的とする」という規定をはじめとする司法書士法の司法書士会に関する定めを列挙した上で,同じ法人でも会社が寄付行為をすることは,客観的,抽象的に観察して会社の社会的役割を果たすためにされたものと認められる限りにおいては,会社の定款所定の目的の範囲内の行為とするに妨げないが,司法書士会は会社とはその法的性格を明らかに異にする法人であり,その目的の範囲についても,これを会社のような広範なものと解するならば,法の要請する公的な目的の達成を阻害して法の趣旨を没却する結果となることが明らかであるとする。そして,「さらに,司法書士会が前記のとおり,強制加入団体であり,その会員に実質的には脱退の自由が保障されていないことからすると,その目的の範囲を判断するに当たっては,特に

会員の思想・信条の自由を害することのないように十分配慮する必要がある」とするのである。みてのとおり南九州税理士会事件最高裁判決にそのまま倣った判示であるが、そうしたスタンスはさらに続き、「法が司法書士会を強制加入の法人としている以上、その構成員である会員には、様々な思想・信条及び主義・主張を有する者が存在することが当然に予定されている。したがって、司法書士会が右の方式（多数決—筆者）により決定した意思に基づいてする活動にも、そのために会員に要請される協力義務にもおのずから限界がある」という。

そしてこうした判断を受けて、結論として、「それが、本件のように阪神大震災により被災した司法書士会・司法書士の復興を支援するために金員を拠出するというものであっても、本来、そのような者を支援するために金員を送るか否か、仮に送るとしても司法書士会を通じて送るか否か、また、どのような方法でいかなる金額を送るか等については、各人が自己の良心に基づいて自主的に決定すべき事柄であり、他から強制される性質のものではない」とし（南九州税理士会事件最高裁判決では政治資金の寄付は、「会員各人が市民としての個人的な政治的思想、見解、判断等に基づいて自主的に決定すべき事柄であるというべきである」とされているが、本件の争点は復興支援の拠出金の寄付であるため、このように「各人が自己の良心に基づいて自主的に決定すべき事柄で」あると簡略化されているという違いはある)、「そうすると、前記のような公的な性格を有する司法書士会が、このような事柄を多数決原理によって団体の意思として決定し、構成員にその協力を義務付けることはできないというべきであり、司法書士会がそのような活動をすることは法の予定していないところである。司法書士会が阪神大震災により被災した兵庫県司法書士会に金員を送金することは、たといそれが倫理的、人道的見地から実施されるものであっても、法14条2項所定の司法書士会の目的の範囲外の行為であるといわざるを得ない」として、原告らの請求を認容したのである。

請求認容の結論自体には筆者も異論はなく、また、判旨も全体としては筆者の見解に近いところがあるが、ただ1の南九州税理士会事件について論じた際に述べた筆者の立場からすれば、拠出金の寄付が、「会員の指導及び連絡に関する事務を行う」という司法書士会の目的の範囲内に入らないことは明らかで

あることから，論じられるべきは，むしろそれが社会通念上司法書士会に許容される活動に該当するか否かであり，その点についていうと通常の会費の一部を割き，また，自主的な会員の募金等を加えて行われる限りは拠出金の寄付も許容されるとしても，司法書士会として拘束力ある決議をし，そのための資金の提供を会員に強制する場合（すなわち本件のような場合）は，それは司法書士会の活動として社会通念上許容される活動ともいえないというのが，筆者の見解ということになる。

こうして行論はやや異なるものの筆者は1審判決の結論は妥当だと考えるが，しかし2審判決は1審判決を取り消して原告らの請求を退けた[26]。

この2審判決の基本になっているのは，「控訴人の活動は法及び会則に明示された『会員の指導及連絡』に限られるものではなく，その目的を遂行する上で直接又は間接に必要な範囲で，司法書士制度に関連する事項につき調査，研究を行うことはもちろん，司法書士業務の改善進歩のために会員に対する研修を行い，関係団体や関係組織に働きかけ，他の司法書士会との間で業務その他について提携，協力，援助等をすることもその活動範囲に含まれるというべきである。また，司法書士会は，司法書士法に根拠を有する法人として，他の法人，諸団体と同様，一個の社会的組織として実在し，一定の社会的役割を果たすことも期待ないし要請されているというべきであるから，上記のような活動に止まらず，例えば災害救援金の寄付，地域社会への財産上の奉仕，各種福祉事業への資金面での協力など（この例は八幡製鉄政治献金事件最高裁判決が，社会的実在としての会社に社会通念上期待される社会的作用の例として挙げているものである—筆者）の面で応分の負担をすることも，社会的に相当と認められる限り，権利能力の範囲内にあるとみることができる。けだし，司法書士法の掲げる『司法書士の品位を保持し，その業務の改善進歩を図る』という司法書士会の目的達成のためには，会員の指導及び連絡という純然たる対内的な活動ばかりでなく，一定範囲での対外的な活動も予定されているというべきであり，これらの対外的な活動も右の司法書士会の目的と関連性がないとはいえず，また司法書士会においてこれらの活動を行うことが会員の一般的利益に反するということもできないからである（むしろ，これらの対外的活動が司法書士の品位の保持，社会的地位の向上に資する場合があることは容易に推測されるところである。）」という判

断である。

　つまり判決は司法書士会の目的の範囲は,「会員の指導及び連絡」という対内的活動に限られず,より広範なものであり,対外的活動にも及ぶものと解すべきことを説き,このことが1審判決と2審判決で結論が分かれる原因となっているのであるが,筆者はやはりこの2審判決の判示は司法書士会の目的の範囲の理解としては妥当ではないと考える。もちろん判決が挙げている活動の中には司法書士制度に関連する事柄につき調査,研究を行うことや会員に対する研修を行うことのように,「指導」そのものである活動や,充実した「指導」の前提として必須の活動もあるし,他の司法書士会との間で業務その他について提携,協力,援助等をすることも,それが会員の「指導及び連絡」につながるのであれば,司法書士会の目的の範囲内であるといっても差し支えないであろう。しかしその他の判決が司法書士会の目的の範囲内として挙げている活動については余りに目的の範囲を拡大しているのではないかという強い疑問を感じるのである。そのことをいい換えれば,判決がこうした活動を司法書士会が行えることの根拠として,「司法書士の品位を保持し,その業務の改善進歩を図るため,会員の指導及び連絡に関する事務を行うことを目的とする」という司法書士会の目的に関する規定のうちの,「司法書士の品位を保持し,その業務の改善進歩を図るため」という文言も司法書士会の目的を定めた規定と解しているかにみえることと,司法書士会と他の法人,団体との性質の違いを特には念頭に置いていないかにみえることについて強い疑問が抱かれるということである。前者についていえば,ここで目的というのは権利能力のことであるから,そうした立場からみれば,「司法書士の品位を保持し,その業務の改善進歩を図るため」という文言は目的を定めた規定ではなく,「指導及び連絡に関する事務」という目的の根拠を示すものにすぎず,そうした品位の保持や業務の改善進歩という文言から司法書士会が行うことができる活動(目的)を導き出すのは正しい解釈態度ではないであろう。

　また,後者についていえば,税理士会について述べたように,司法書士会も他の任意に設立された法人や団体とは異なり義務的に設立され,その目的が法で特定・限定されていることとセットになって関係者の加入が強制される特別な法人であって,性質の異なる法人についての理(前述のように八幡製鉄政治献

金事件最高裁判決が説いていることが応用されているようにみえる）を当てはめて司法書士会の活動の範囲を云々することも妥当ではないというべきであろう。

　ただ判決もこのように司法書士会の目的の範囲を広範なものとしつつも，流石に，強制加入団体という特性からして，司法書士会が多数決により決定した意思に基づいてする活動にも，そのために会員に要請される協力義務にもおのずから限界があるといわなければならないとし，政党など政治資金規正法上の団体に金員を寄付することのように，その活動自体が司法書士会の目的の範囲外であると認められる場合もあるし，司法書士会の活動として目的の範囲内でないとはいえないとしても，そのことから直ちに会員の協力義務を無条件で肯定することができない場合もあり得ると一応はいう。南九州税理士会事件や国労広島地本事件の最高裁判決の趣旨を取り込もうとしているわけであるが，判決はこうした立場から本件をみても，「本件決議は，被災した司法書士会・司法書士の復興を支援すること，具体的には被災司法書士会・司法書士の業務の円滑な遂行を経済的に支援することにより司法書士会・司法書士の機能の回復に資することを目的として3000万円を控訴人会から兵庫県司法書士会に寄付すること，その財源は控訴人の共済会計から震災特別会計への借入れをもって行い，その償還は，一般経費の節約による余剰金と受託１件当たり50円の割合による特別負担金をもって充てることを内容とするものであるが，一般に災害救援等の目的のために寄付すること自体は，前記のとおり控訴人の権利能力の範囲を超えるとはいえない。そして，特定の災害被災者支援のための寄付の財源とすることを明示してそのための会費あるいは特別の負担の拠出を会員に求めても，その使途について例えば一定の政治的又は宗教的立場に沿った運用がなされるなど会員の政治的，又は宗教的立場や信条に対する影響が直接かつ具体的であるような特段の事情が認められない限りは，会員が金銭的負担を負わされることが直ちに一定の政治的，又は宗教的立場や信条の表明に直結するということもできないから，控訴人会が多数決によって会員に被災者支援のための金銭的負担を求めることは，これが会員の思想，信条の自由に対する何らかの制約となるとしても，その程度は軽微であって，思想・信条等の自由を根本的に否定するほどのものではないというべきである」ということになるとし，ここでいう特段の事情は本件には認められないから，多数決によって決定された

第6章 「法人の人権」に関する一考察

以上会員が寄付金に充てる費用負担について協力義務を負うことを否定すべき理由はないと結論する。

災害救援金の寄付を司法書士会の目的の範囲内の行為とすれば、こうした判旨も了解できるが、上に述べたように判決がこうした活動を司法書士会の目的の範囲内とするのは、司法書士会に性質の異なる法人についての理をそのまま当てはめているからであり、そもそも筆者はそのことに賛成できないから、当然2審判決のこうした結論にも賛成することはできない。

しかし最高裁判決も上にみた2審判決とほぼ同じ立場をとり、原告らの請求を退けた[27]。すなわち判決は、「司法書士会は、司法書士の品位を保持し、その業務の改善進歩を図るため、会員の指導及び連絡に関する事務を行うことを目的とするものであるが……、その目的を遂行する上で直接又は間接に必要な範囲で、他の司法書士会との間で業務その他について連携、協力、援助等をすることもその活動範囲に含まれるというべきである。そして、3000万円という本件拠出金の額については、それがやや多額にすぎるのではないかという見方があり得るとしても、阪神・淡路大震災が甚大な被害を生じさせた大災害であり、早急な支援を行う必要があったことなどの事情を考慮すると、その金額の大きさをもって直ちに本件拠出金の寄付が被上告人の目的の範囲を逸脱するものとまでいうことはできない。したがって、兵庫県司法書士会に本件拠出金を寄付することは、被上告人の権利能力の範囲内にあるというべきである」というのである。

しかしこの判旨はまことに曖昧であって、原告の請求を退ける理由としては甚だ不充分であるように筆者にはみえる。「会員の指導及び連絡に関する事務を行う」という目的を遂行する上で直接又は間接に必要な範囲で他の司法書士会と連携、協力、援助等をすることもその活動範囲に含まれるという判示自体は理解できるが、そうした活動とはふつうに解すれば、例えば共同で研修会を催し、あるいは調査研究を行い、あるいはまた研修会や法が改正された場合の解説の資料を融通・交換し合うといった類のことであろう。援助に金銭的なそれを含めるとしても、考えられるのは例えば群馬司法書士会が研修等に利用させてもらっている隣県の司法書士会の施設の改修費の一部を負担するといった種類のことではなかろうか。しかし群馬司法書士会が阪神・淡路大震災で被災

した兵庫県司法書士会に3000万円の復興支援拠出金を寄付することはこれらのいずれにも該当しないのである。つまり群馬司法書士会が行う拠出金の寄付が,いかなる意味で同会が「会員の指導及び連絡を行う」という目的を遂行する上で直接,間接に必要な他の司法書士会との提携,協力,援助等になるのか,判旨からは明らかとはいえないのである。判決は金額が多額であるからといって目的の範囲を逸脱するものではないといっているが,問題はそのことではなく,会の正規の決定方式に則り拠出金の寄付とそのための会員の協力義務を決議することそのものであるから,上にみた最高裁の判旨は結局肝心な点については何も答えていないように筆者には思われる。「このような紛争（法人の機関が行った決定に対する構成員からの異議申立てという法人内部の紛争―筆者）は,法人の行為の対外的な効力が目的の範囲との関係で争われる紛争と区別する必要がある。災害の被害者に対する寄付も,贈与契約の効力が争われるのではなく,当該法人がなすべき行為についての内部的な統制（ガバナンス）の場面で問題とされる限り,目的の範囲の解釈は,まさに本来の目的にそくしてなされるべきである。とりわけ,強制加入団体の場合は,構成員の自由を侵害しないように厳格な解釈がなされるべきである。その意味で,群馬司法書士会事件の最高裁判決には疑問がある」という評があるが[28],筆者も同感である。

なお先に述べたようにこの判決には2つの反対意見が付されているが,そのうち深澤裁判官の反対意見を紹介すると,それは2つの理由から成っている。その1つは群馬司法書士会も社会的組織として相応の社会的役割を果たすべきものであり,拠出金の寄付も相当と認められる範囲においてその権利能力の範囲内にあると考えられるとしつつ,本件拠出金の寄付は,その額が過大であって強制加入団体の運営として著しく慎重さを欠き,会の財政的基盤を揺るがす危険を伴うもので,群馬司法書士会の目的の範囲を超えたものとするものであるが,先にも述べたように筆者は拠出金の額は本質的な問題ではないと考えているので,この理由は評価しない。

しかし深澤裁判官の反対意見のもう1つの理由は筆者の見解とやや共通するところがある。すなわち深澤裁判官は,「本件拠出金の寄付は,被上告人について法が定める本来の目的……ではなく,友会の災害支援という間接的なものであるから,そのために会員に対して（2）記載のような厳しい不利益（決議

に従わない会員に対しては会長がその10倍相当額を会に納入することを催告するなどの措置をとり，また，究極的には総会決議の尊重義務を定めた会則に違反するものとして法務局又は地方法務局の長の行う懲戒の対象にもなり得ること—筆者）を伴う協力義務を課すことは，その目的との間の均衡を失し，強制加入団体が多数決によって会員に要請できる協力義務の限界を超えた無効なものである」というのである。つまりこの深澤裁判官の説く理由は，筆者なりの見方でいえば，筆者が先に説いた税理士会や司法書士会の目的の範囲内の行為ではないが，社会通念上許容される活動を間接的に目的に関わる行為として，目的の範囲内に入れつつ，そこには本来の目的の範囲内の行為に当てはめられる会則によった多数決がなされた場合の協力義務というルールは妥当しないとするものであって，目的の範囲内に入れるか，入れないかという違いはあるものの，結果的，実質的には筆者の理解とそれほどの違いはないように思える。いずれにしろ深澤裁判官のこうした反対意見には，法が明文で特定・限定的にその目的を掲げている場合に，そこに当てはまらない行為をなお単純に目的の範囲内の行為といい切ることへのためらいが反映されているように思えるのである。

3　行政書士会

　行政書士会の目的の範囲をめぐる紛争事例として筆者が把握しているのは兵庫県行政書士会事件と和歌山県行政書士会事件であるが，前者は兵庫県行政書士会（以下単に「兵庫県書士会」という）が総会において規制緩和対策費及び法改正対策費の名目で計130万円を支出することを含む一般会計予算案の承認決議をし，この決議に基づき当該費を兵庫県行政書士政治連盟（以下単に「兵庫県政連」という。なおこの組織は日本行政書士政治連盟—以下「日政連」という—の下部組織として，政治活動を行うことを目的とする政治資金規正法上の政治団体である）に寄付金・助成金として交付したことが兵庫県書士会の目的の範囲外の行為であるとして争われ，後者は和歌山県行政書士政治連盟（以下単に「和歌山県政連」という）がその事務所を和歌山県行政書士会（以下単に「和歌山県書士会」という）の中に置き，事務員の人件費，事務所賃料，光熱料等の費用につき応分の負担をしていなかったこと等は，和歌山県書士会が和歌山県政連の経費を負担することにより，実質的には会員から徴収した会費の一部を和歌山県政連に対する

寄付に使用していることになるから,こうした支出は兵庫県行政書士会事件同様,和歌山県書士会の目的の範囲外の行為であることなどが主張された事件である。

具体的には前者では総会の予算案承認決議中の兵庫県政連への寄付を目的とする支出を承認した部分の無効確認と不法行為を理由とする損害賠償が求められ,後者では現行会費は月6000円であるところ,上記のような和歌山県政連への違法な寄付(便宜供与)をカットすれば会費は月3000円で済むとして,会費の支払義務が月額3000円(2審では5800円)を超えて存在しないことの確認などが求められているが,結論をいうとこれらの請求はいずれも退けられている。もっとも後者の事件では上に示した事実以外にも多くのことが争われ,その分請求の認否も完全に却下・棄却ばかりというわけではないが,ここではそうした細かい点は省略し,ただ両県書士会の両県政連に対する寄付について判決がどのように判断したかを,その中心部分のみにしぼって紹介することにする。

兵庫県行政書士会事件についての判決は,[29]無効確認の訴えについては,本件確認の訴えに確認の利益があるとは認められないとした上で,本件寄付が原告に対する不法行為を構成するかを詳しく論じ,「行政書士会は,前記のとおり,その目的が会則の定めをまたず,あらかじめ法律により定められ(行政書士法で,「行政書士会は,会員の品位を保持し,その業務の改善進歩を図るため,会員の指導及び連絡に関する事務を行うことを目的とする」という,司法書士法の司法書士会の目的についての定めと同様な定めがなされている—筆者),その設立も法律により義務付けられ,行政書士が間接的に加入を強制されているなど,公的な性格を有する団体であり,その目的の範囲を会社のような広範なものと解すると,法の要請する公的な目的の達成を阻害し,法の趣旨を没却する結果となるから,行政書士会の目的の範囲の解釈に当たって,会社と同様に考えることはできない」として,先ず先例のうち八幡製鉄政治献金事件最高裁判決等の会社の目的の範囲に関するそれは本件に妥当しないとする。そして国労広島地本事件最高裁判決を引用して,行政書士会が強制加入団体であり,したがって会員個人の思想,信条の自由を害することのないように十分配慮する必要があるとし,「特に,政党など政治資金規正法上の政治団体に対して金員の寄付をするかどうかは,選挙における投票の自由と表裏を成すものとして,会員個人が市民としての個

人的な政治的思想，見解，判断等に基づいて自主的に決定すべき事柄であり……行政書士会が政治的目的のために組織された団体ではなく，会員には様々な思想，信条及び主義，主張を有する者が存在することが当然予想されるのであるから，会員の自主性が尊重されるべき要請は大きいというべきである」と続ける。

その結果判決は結論として，「上記団体の性格，事柄の性質等に照らせば，行政書士会において，政治団体に寄付することを団体の意思として決定することは，行政書士の業務拡大，権益擁護のための法改正，規制緩和を実現するためであっても，行政書士会の目的の範囲外の行為といわざるを得ない」という。いわば南九州税理士会事件最高裁判決とほぼ同じ行論で兵庫県書士会の兵庫県政連への寄付はその目的の範囲外の行為であるというわけである。

さらに判決は踏み込んで兵庫県書士会が兵庫県政連にした寄付の目的や使途についても具体的に論じ，「本件寄付は，……，実質的には，被告自身も認めるとおり，被告が自身では行えない行政書士の政治的要求を実現するための政治資金規正法上の政治団体に対して金員を寄付するものであり，かかる寄付を受けた（兵庫―筆者）県政連が，実際に，日政連の下部組織として，特定の政党が公認する公職候補者の応援活動を行うなど党派性を帯びた活動を含め，広範な政治活動を行っているのであるから，本件寄付は，被告の目的の範囲外の行為であるといわざるを得ない」と，本件寄付が違法である所以を重ねて力説する。

しかし判決はこのようにいいながらも，原告の請求を認容はしない。すなわち，「思うに，本件寄付が被告の目的の範囲外の行為であるとしても，本件寄付自体が民法43条（当時―筆者）に違反し，無効となるにとどまり，原告の被告に対する一般会費の納付義務が消滅するわけではないのであるから，被告が本件寄付を行っても，原告に何らかの財産的な損害が発生するとは認められない」とし，そうすると，「本件寄付が，被告の目的の範囲外の行為であるとしても，そのことから直ちに本件寄付が原告に対する不法行為を構成するということはできない」とするのである。

そして判決はなおも，「被告が，その一般会計から寄付金を支出し，これを県政連に寄付する場合には，県政連への寄付に充てる目的で会員から特別会費

を徴収してこれを県政連に寄付する場合とは異なり，被告が，会員個人に対し，その思想，信条に反する思想表明を強制したり，その意思に反して県政連への寄付のための金員の拠出を義務づけることになるものではない。また，会員個人による被告への会費の納入としての金員の支払と被告による寄付のための金員の支出との間には直接の結び付きも認められない」と，同旨を角度を変えていう。

　兵庫県書士会は兵庫県政連に対する寄付のために特に会員に金員の納入を義務づけたわけではなく，会員が当然の納付義務を負う一般会費から寄付を支出したにすぎないのであるから，寄付自体は違法無効であっても，原告に財産上，精神上の損害が生じたとは認められないとしたこのような判旨は，表現こそやや異なるものの、大阪合同税理士会最高裁判決と軌を一にするものといえよう。

　ただ上にみたように兵庫県行政書士会事件地裁判決は兵庫県政連への寄付が兵庫県書士会の目的の範囲内の行為であるか否かを審査し，目的の範囲外の行為とした上で，原告の損害賠償請求は認容できないとしているのに対し，大阪合同税理士会事件最高裁判決は前にみたように目的の範囲内か否かの検討をすることなく原告らの支払請求を退けているという違いはある。その意味では兵庫県行政書士会事件地裁判決は，むしろ，結論においてはこのような法廷意見に同調しつつ，大税政へ金員を拠出することを決議した部分は無効というほかはないとし，日税連への特別会費の納入決議についても総会がそれらが政治活動の費用に使用され，あるいは政治団体に拠出されることを知って決議したとするならば当該決議もまた無効というべきものと考えるとした三好裁判官の補足意見を受け継ぐものというべきであろう。

　もう１つの行政書士会をめぐる事件である和歌山県行政書士会事件２審判決[30]（１審判決[31]は特に目的の範囲の問題にはふれていない）でも，こうした兵庫県行政書士会事件判決とほぼ同様な判断態度がとられている。

　すなわち同事件の大阪高裁判決は，南九州税理士会事件最高裁判決を引用して，「被控訴人書士会が政治資金規正法上の団体に金員の寄附をすることは，たとい行政書士に係る法令の制定改廃に関する政治的要求を実現するためのものであっても，行政書士会の目的の範囲外であり」，「実質的に金員の支出と同視できる行為もこれと同様に解すべきである。したがって，被控訴人書士会が

同(和歌山—筆者)県政連に対する金員の寄附と同視しうる行為をした場合,その行為は同書士会の目的外の行為として違法・無効である」と先ずいう。

しかし次に今度は大阪合同税理士会事件最高裁判決を引用して,「しかし,仮に被控訴人書士会の同県政連に対する支出行為が違法・無効であるとしても,この支出行為は,被控訴人書士会が会員から徴収した会費のうちの一部につき具体的使途を定めて執行したにすぎず,これに相当する金員を別途会員から徴収したり,徴収するとしたものではないから,その違法・無効のために,会員の被控訴人書士会に対する会費支払義務の一部又は全部が無効となることはない」といい,支出行為の違法・無効と会員の会則により定められた額の会費支払い義務は区別されるべきことを説くのである。

こうして税理士会や行政書士会に関わる事件をみると,それらの公益法人が政治団体に寄付をしても,その寄付の資金とするため特別,臨時に会員に金員の納付が求められた場合は格別,一般会費から政治資金の寄付が行われた場合は,そうした寄付自体は違法無効であっても,会員に損害賠償や会費返還等の請求権を生じさせることはないというのが,判例法理となっているといえよう。

1) 例えば,芦部信喜・憲法学Ⅱ159〜178頁。
2) 樋口陽一・憲法(第3版)182〜184頁,同「憲法学の責任?」(法律時報60巻11号143〜145頁)。
3) 東京地判昭和38・4・5判時330号29頁。
4) 東京高判昭和41・1・31判時433号9頁。
5) 最大判昭和45・6・24民集24巻6号625頁。
6) 大阪地判平成13・7・18判タ1120号119頁。
7) 大阪高判平成14・4・11判タ1120号115頁。
8) 大阪地判平成13・7・18金融・商事判例1145号36頁。
9) 福井地判平成15・2・12判時1814号151頁。
10) 名古屋高金沢支判平成18・1・11判時1937号143頁。
11) 八幡製鉄政治献金事件の判批は多いが,代表的なものは,鈴木竹雄「政治献金事件の最高裁判決について」(商事法務研究531号2〜8頁),同「会社の政治献金」(会社判例百選〔第5版〕8〜9頁),服部栄三「会社の政治献金」(商法の判例〔第3版〕9〜13頁)等である。
12) 広島地判昭和42・2・20判時486号72頁。
13) 広島高判昭和48・1・25判時710号102頁。
14) 最判昭和50・11・28民集29巻10号1698頁。

15) 最判平成8・3・19民集50巻3号615頁。
16) 熊本地判昭和61・2・13判時1181号37頁。
17) 江頭憲治郎・株式会社法（第4版）31頁。
18) 法人は定款等で定められた目的の範囲内において権利を有するという民法の規定（旧43条）が，その体裁からして公益法人を直接の対象とする規定とみなされ得たところ，平成18年の改正により株式会社を含むすべての法人にこうした制限が妥当すると明定されたことを，江頭教授は「立法論としてははなはだ遺憾」とするが（上掲書31頁），筆者も同感である。
19) 大阪地判昭和61・8・21判時1207号37頁。
20) 大阪高判平成元・8・30判時1332号76頁。
21) 最判平成5・5・27判時1490号83頁。
22) 前掲注16）で示している熊本地裁判決。
23) 福岡高判平成4・4・24判時1421号3頁。
24) 最判平成8・3・19判時1571号16頁。
25) 前橋地判平成8・12・3判時1625号80頁。
26) 東京高判平成11・3・10判時1677号22頁。
27) 最判平成14・4・25判時1785号31頁。
28) 内田貴・民法Ⅰ（第4版）246頁。
29) 神戸地尼埼支判平成19・7・17判時1995号104頁。
30) 大阪高判平成20・11・12判時2085号96頁。
31) 和歌山地田辺支判平成20・3・14判時2085号102頁。

◆ 著者紹介

安 藤 高 行（あんどう・たかゆき）

　1941年　生まれ
　1965年　九州大学法学部卒業
　1967年　九州大学大学院法学研究科修士課程修了
　1971年　佐賀大学経済学部助教授
　1983年　佐賀大学経済学部教授
　1996年　九州大学法学部教授
　2004年　九州国際大学法学部教授
　現　在　佐賀大学名誉教授・九州大学名誉教授（法学博士）

《著　書》

『近代イギリス憲法思想史研究』（1983年，御茶の水書房）
『一七世紀イギリス憲法思想史』（1993年，法律文化社）
『情報公開・地方オンブズマンの研究』（1994年，法律文化社）
『憲法の現代的諸問題』（1997年，法律文化社）
『基本的人権』（2002年，法律文化社）
『基本的人権〔改訂増補版〕』（2005年，法律文化社）
『現代の行政活動と市民』（2007年，法律文化社）
『人権判例の新展開』（2010年，法律文化社）

《編　著》

『基本憲法学』（1992年，法律文化社）
『憲法Ⅱ　基本的人権』（2001年，法律文化社）
『新基本憲法学』（2002年，法律文化社）
『憲法新教科書』（2007年，法律文化社）
『エッセンス憲法』（2012年，法律文化社）

Horitsu Bunka Sha

憲法と自治体争訟

2015年1月10日 初版第1刷発行

著者　安　藤　高　行
発行者　田　靡　純　子
発行所　株式会社　法律文化社

〒603-8053
京都市北区上賀茂岩ヶ垣内町71
電話 075(791)7131　FAX 075(721)8400
http://www.hou-bun.com/

＊乱丁など不良本がありましたら、ご連絡ください。
　お取り替えいたします。

印刷：亜細亜印刷㈱／製本：㈱藤沢製本
装幀：前田俊平
ISBN978-4-589-03646-9
Ⓒ2015 Takayuki Ando Printed in Japan

|JCOPY|〈㈳出版者著作権管理機構 委託出版物〉

本書の無断複写は著作権法上での例外を除き禁じられています。複写される
場合は、そのつど事前に、㈳出版者著作権管理機構(電話 03-3513-6969、
FAX 03-3513-6979、e-mail: info@jcopy.or.jp)の許諾を得てください。

安藤高行編	日本国憲法の重要なテーマや基本的事項などのエッセンスを，最新の学説・判例をとりいれて，わかりやすく簡潔に解説した入門テキスト。重要判例等をトピック的にとりあげて叙述にアクセントをつけ，より読みやすく工夫。
エッセンス憲法 A 5 判・280頁・2500円	
安藤高行著	国籍法，景観法，住基ネット，議員定数不均衡，集合住宅へのビラ投函など，最高裁判決を中心に抽出，整理し，近年の判例の流れや傾向を含む全体像を分析，考察する。人権論研究に不可欠の一冊。
人権判例の新展開 A 5 判・314頁・5400円	
安藤高行著	現代の行政活動の展開と規制のありさまを，日本とイギリスの違いに着目して論究。著者の長年の実務と研究で培った問題意識に基づき，情報公開・地方オンブズマン・センサスに関する判例や制度の問題点を具体的に指摘する。
現代の行政活動と市民 ―情報公開・地方オンブズマン・センサス法の研究― A 5 判・224頁・4500円	
村上英明著	ドイツの各州憲法において採用されている州民投票制度のしくみ，採用に際しての議論および運用の実態を紹介し，わが国における住民投票制度をめぐる議論のための理論的かつ実践的な検討素材を提供する。
ドイツ州民投票制度の研究 A 5 判・518頁・8500円	
中川義朗著	伝統的公(行政)法学の基本要素である「公権」の理論の生成からその歴史的展開過程を綿密にたどり，ドイツ近代の国制および公権保護を目的とする行政裁判制度との関連のなかでその課題を検証する。
ドイツ公権理論の展開と課題 ―個人の公法的地位論とその権利保護を中心として― A 5 判・352頁・8500円	

―法律文化社―

表示価格は本体(税別)価格です